narr **STUDIENBÜCHER**

Michaela Sambanis

Fremdsprachenunterricht und Neurowissenschaften

narr
VERLAG

Prof. Dr. Michaela Sambanis ist Inhaberin des Lehrstuhls für Didaktik des Englischen an der FU Berlin, hat lange als Lehrerin unterrichtet und war mehrere Jahre am TransferZentrum für Neurowissenschaften und Lernen der Universität Ulm tätig.

Bibliografische Information der Deutschen Nationalbibliothek

Die Deutsche Nationalbibliothek verzeichnet diese Publikation in der Deutschen Nationalbibliografie; detaillierte bibliografische Daten sind im Internet über http://dnb.dnb.de abrufbar.

Dischingerweg 5 · D-72070 Tübingen

Gedruckt auf chlorfrei gebleichtem und säurefreiem Werkdruckpapier.

Internet: http://www.narr-studienbuecher.de
E-Mail: info@narr.de

Printed in the EU

ISSN 0941-8105
ISBN 978-3-8233-6800-7

Inhaltsverzeichnis

Vorwort

Vom Lernorgan Gehirn und seiner Erforschung geht eine beachtliche Faszination aus. Diese ist wohl zumindest zum Teil darauf zurückzuführen, dass wir lange recht wenig über die Blackbox Gehirn wussten. Als dann die Neurowissenschaften in den zurückliegenden Jahren, besonders dank der Entwicklung der bildgebenden Verfahren, z.B. der funktionellen Magnetresonanztomographie, mehr Licht in das bisherige Halbdunkel bringen konnten, steigerte sich das Interesse, und die Faszination nahm sogar noch zu. Das Verständnis hat sich inzwischen erweitert, aber neben den euphorischen melden sich auch kritische Stimmen zu Wort, die in jüngster Zeit mit wachsender Deutlichkeit vor dem „Gehirn-Übertreibungssymptom“ warnen, d.h. davor, „überzogenen Erklärungsansprüchen“ zu verfallen (Rose 2013: 14).

So nachvollziehbar die Faszination auch ist und in Form von großem Interesse von der Verfasserin dieses Buches geteilt wird, muss auch die Warnung vor einer Überbewertung oder vor vorschnellen und ungeeigneten Übertragungen in die Praxis ernst genommen werden. Daher stellen wir uns gleich zu Beginn die Frage, in welcher Hinsicht Erkenntnisse der Neurowissenschaften für das Lehren und Lernen im Fremdsprachenunterricht von Bedeutung sein können.

Laut John Hattie (2012: 19) zeichnen sich „powerful, passionate, accomplished teachers“ dadurch aus, dass sie ein vertieftes Verständnis davon besitzen, wie Lernen funktioniert. Es liegt auf der Hand, dass die Hirnforschung hierzu einen wichtigen Beitrag leisten kann. Sie stellt Informationen zur Verfügung, die bei didaktischen Entscheidungen (Was soll gelehrt und gelernt werden?) und bei unterrichtsmethodischen Entscheidungen (Wie soll gelehrt und gelernt werden?) bedeutsam und hilfreich sein können. Dabei findet das Erfahrungswissen guter Lehrkräfte in vielerlei Hinsicht Bestätigung und kann oftmals durch die Erkenntnisse der Neurowissenschaften belegt werden. Die Möglichkeit, fundierte Argumente für Entscheidungen anführen zu können, empfinden Lehrkräfte zu Recht als große Hilfe, da von ihnen erwartet wird, dass sie reflektiert vorgehen und ihr unterrichtliches Handeln begründen können. Auf der Grundlage des zunehmenden Wissens um kognitive Prozesse liefern die Neurowissenschaften Hinweise darauf, „welche der zahllosen psychologischen, pädagogischen und soziologischen Konzepte des Lernens für ein normal funktionierendes Gehirn sinnvoll sind und welche nicht“ (Scheich in *Die Zeit online* 2003). Beispielsweise können sie zeigen, dass es der Arbeitsweise des Gehirns entgegenkommt, wenn bei der Entwicklung bestimmter Kompetenzen und Teilkompetenzen viele Wiederholungen stattfinden, wenn Bewegung beim Üben als Unterstützung eingesetzt wird, wenn anstelle von Belohnung von außen Herausforderungen geschaffen und wenn zu Fehlern Rückmeldungen gegeben werden etc. Aus der Grundlagenforschung lassen sich also einige Schlüsse ziehen, die in einem weiteren Schritt in recht konkrete Hinweise für die Praxis des Fremdsprachenunterrichts übertragen oder mit der Praxis abgeglichen werden können. Die Übertragung verlangt eine ernsthafte Auseinandersetzung mit der Forschung sowie die Zusammenführung verschiedener Perspektiven beim Übersetzen in die Praxis (Neurowissenschaften, teilweise mit ergänzendem Blick in die Erziehungswissenschaften, Fremdsprachendidaktik und Praxis des Fremdsprachenunterrichts). Die berufliche Biografie der Verfasserin von *Fremdsprachenunterricht und Neurowissenschaften* führt genau diese Perspektiven zusammen.

Das vorliegende Buch betrachtet das Thema *Lernen* aus dem Blickwinkel des Fremdsprachenunterrichts unter Berücksichtigung neurowissenschaftlicher Erkenntnisse. Es macht aktuell verfügbares Wissen zugänglich, möchte Denkanstöße und Impulse für die Praxis geben und weist daneben auch auf noch Ungeklärtes hin. Die beiden Fragen *Was wissen wir?* und *Was bedeutet das für den Fremdsprachenunterricht?* stehen dabei im Zentrum, wobei Letztere insbesondere in Form sogenannter *Praxisfenster* bearbeitet wird. Diese erlauben es, Brücken zur Unterrichtspraxis zu schlagen und dabei zugleich die verschiedenen Betrachtungsebenen (Ebene der Erkenntnisse und Ebene möglicher Deutungen) sichtbar zu machen. Man kann *Fremdsprachenunterricht und Neurowissenschaften* wie das Skript zu einer Reihe von Fortbildungsveranstaltungen lesen: Es bildet den Vortragstext der Referentin sowie Auszüge aus dem kollegialen Austausch einiger Teilnehmerinnen und Teilnehmer der fiktiven Fortbildungsreihe ab. Claudia, Hanna, Peter und Uli reflektieren nach Sinnabschnitten das Gehörte, fassen dabei Einzelaspekte nochmals kurz zusammen, teilen ihre Praxiserfahrungen miteinander, sprechen mögliche Probleme an oder tauschen *Best Practice*-Beispiele aus. Wie in der Dramapädagogik erlaubt sich *Fremdsprachenunterricht und Neurowissenschaften* mit den *Praxisfenstern* also die Schaffung einer Als-ob-Situation. Dabei wird vorgegeben, dass sich die vier Lehrkräfte bereits kennen und sich, obschon oder gerade weil sie in unterschiedlichen Schulstufen und Schularten unterrichten, gerne miteinander austauschen:

Claudia hat vor kurzem ihre erste Stelle als Lehrerin an einer Grundschule angetreten.
Hanna ist Lehrerin an einer Integrierten Sekundarschule/Integrierten Gesamtschule und bereits mehrere Jahre im Schuldienst.
Peter ist Lehrer an einem Gymnasium und verfügt über langjährige Erfahrung.
Uli ist in einem sonst weitgehend weiblichen Kollegium als Lehrer an einer Grundschule in den Klassen 1 bis 6 tätig. Er unterrichtet seit vier Jahren.

Diese vier Lehrkräfte, die in den *Praxisfenstern* immer wieder zu Wort kommen, sind frei erfunden und können das Spektrum möglicher Lehrerpersönlichkeiten natürlich nicht abbilden. Es wurde bewusst mit einer Auswahl gearbeitet. Sollten Leserinnen und Leser streckenweise eine gewisse Tendenz zur klischeehaften Darstellung wahrnehmen, so sei versichert, dass dies stets im Dienste der exemplarischen Herausarbeitung möglicher Folgerungen für den Fremdsprachenunterricht mit allergrößter Wertschätzung für Lehrkräfte und ihre Arbeit geschieht.

Das vorliegende Buch möchte Lehrkräften, Referendaren, Studierenden, Personen, die in der Lehrerausbildung und -fortbildung tätig sind sowie allen weiteren an der Thematik interessierten Leserinnen und Lesern einschließlich Personen aus dem Bereich der Bildungspolitik Informationen zu verschiedenen relevanten Aspekten des Lehrens und Lernens zur Verfügung stellen und Anstöße für den Fremdsprachenunterricht geben.

Kapitel 1 befasst sich mit Vorgängen im Gehirn, die für das Verstehen von Lernprozessen von grundlegender Bedeutung sind. Die Kapitel 2 bis 4 setzen sich mit zahlreichen Fragen in Zusammenhang mit Emotionen und Lernen, Teenagern als besonderen Fremdsprachenlernern und der Verbindung von Bewegung und Lernen auseinander. Das abschließende fünfte Kapitel führt wesentliche, in den Kapiteln 1 bis 4 thematisierte Aspekte aus dem Blickwinkel des dramapädagogischen Fremdsprachenunterrichts zusammen und widmet sich in besonderem Maße der praktischen Umsetzung.

Bevor wir uns im Folgenden Neuronen, Synapsen und anderen am Lernen beteiligten Strukturen zuwenden, kommen wir zu einer kurzen Danksagung:

Bei allen, die mich durch ihr Interesse, ihre beeindruckende Neugier und ihre vielen klugen Fragen dazu gebracht haben, dieses Buch zu schreiben, möchte ich mich an dieser Stelle ganz herzlich bedanken. Mein Dank gilt außerdem Frau Laura Wendland und Herrn Stephan Kampa für die kritische Lesung des Manuskripts und die Unterstützung bei der Formatierung.

Berlin, im Sommer 2013 Michaela Sambanis

1. Wie Lernen das Gehirn verändert

Was bedeutet eigentlich Lernen für das „Organ des Lernens“ (Spitzer 2003: XV), das Gehirn? Lernen bedeutet vor allem Aktivität, Wachstum und Umbauarbeiten durch vielfache Kommunikation mittels elektrischer und chemischer Signale. Lernen ist eine Art Grundbedürfnis des Gehirns, und das menschliche Gehirn scheint geradezu unersättlich zu sein! Dabei ist das Gehirn übrigens „nicht zum Auswendiglernen von Sachverhalten, sondern zum Lösen von Problemen optimiert“ (Hüther 2010: 42). Mit Lernen ist also nicht vorrangig das Anhäufen von Wissen gemeint, sondern der Aufbau und die Optimierung von Handlungs- und Problembewältigungskompetenzen. Aus Erfahrungen lernt das Gehirn am besten, und Erfahrungen verändern das Gehirn individuell (vgl. 1.1). Es passt sich an, was ihm dank seiner plastischen Eigenschaften möglich ist (*Plastizität*). Synapsen, Nervenzellen und sogar ganze Hirnareale können sich verändern. Plastizität bildet die Grundlage des Lernens. Im Gegensatz zur noch in den 1980er Jahren vertretenen Auffassung, das Gehirn verhalte sich weitgehend statisch, kann die Forschung inzwischen nachweisen, dass vielmehr von einer hohen Dynamik des Gehirns auszugehen ist. Wie diese Dynamik zustande kommt, wird im Folgenden erklärt.

Neuronen bilden „die grundlegende Einheit aller Nervensysteme. Das menschliche Gehirn enthält rund 100 Milliarden Neurone“ (Kandel 2006: 471). Legte man sie aneinander, reichten sie zwölfmal um die Erde herum. Wie alle Zellen im Körper, sind auch Neuronen für eine bestimmte Aufgabe zuständig und dafür optimiert: „Neurone [...] haben die ganz besondere Fähigkeit, sehr rasch, über große Entfernungen und äußerst genau miteinander über elektrische und chemische Signale zu kommunizieren“ (Kandel 2006: 471). Sie können zwar unterschiedliche Formen haben, bestehen jedoch in der Regel aus folgenden drei Bestandteilen: dem Zellkörper (Soma) samt Nukleus, den Dendriten, d.h. vielen verästelten Fortsätzen, die Signale von anderen Neuronen empfangen, und einem einzelnen Axon, das Informationen an andere Nervenzellen leitet. Das Axon, die „meist lange Output-Faser des Neurons“ (Kandel 2006: 460), die beim Menschen einen Meter oder sogar länger werden kann, endet in mehreren Verästelungen. Diese enden wiederum kugelförmig in einem präsynaptischen „axon terminal or bulb“ (Wolfe 2001: 16), dem sogenannten axonalen Bouton. Sie reichen nahe an die Dendriten anderer Nervenzellen heran, die übrigens ebenfalls mit winzigen Fortsätzen, den dendritischen Spines, ausgestattet sind. Die Verästelungen des Axons der einen Zelle berühren die Dendriten der anderen Zelle jedoch nicht direkt, wodurch der synaptische Spalt entsteht. „Axonale Boutons und dendritische Spines sind die im Mikroskop sichtbaren Strukturen der Kontaktstellen zwischen Neuronen: die Synapsen“ (Hübener & Klein 2011: 14). Fassen wir kurz zusammen:

Dendriten nehmen auf

↓

Zellkörper verrechnet, summiert räumlich und zeitlich

↓

Axon leitet weiter

↓

Synapse überträgt

Die ca. 20 Milliarden Neuronen des Großhirns bilden ein gigantisches Netzwerk, dem Denken und Fühlen, Handeln und Lernen entspringen.

Neben den Neuronen gibt es im zentralen Nervensystem noch einen zweiten wichtigen Zelltyp, nämlich die Gliazellen oder Neuroglia. Zwar erscheint ihre Funktion weniger spektakulär als die der Neuronen, aber sie erfüllen ebenfalls wesentliche Aufgaben. Bisher ging man davon aus, dass Gliazellen den Neuronen zahlenmäßig sogar überlegen seien (etwa 10 : 1). Neuere Studien bringen diese Annahme zwar wieder ins Wanken, stellen dafür aber die klassische Vorstellung der Arbeitsteilung, der zufolge Neuronen Informationen verarbeiten, „während Gliazellen nur für Reparatur- und Stützaufgaben zuständig sind“ (Schleim 2013: 8) infrage. Bei Untersuchungen des visuellen Cortex‘ von Frettchen konnten Forscher nachweisen, dass nicht nur die Neuronen, sondern auch bestimmte Gliazellen auf die eingehenden Signale reagierten (vgl. Schleim 2013: 8-9). Außerdem ist belegt, dass eine Art der Gliazellen eine wichtige Rolle in der Gehirnentwicklung des Fötus‘ spielt, eine andere trägt maßgeblich zur Myelinisierung bei (vgl. 1.3). Andere Gliazellen wiederum unterstützen den Abtransport von abgestorbenen Zellpartikeln. Eine weitere Art wirkt schließlich wie ein Filter für toxische Substanzen und unterstützt den Blutfluss im Gehirn. Damit geht die Funktion der Gliazellen auf jeden Fall über eine rein mechanische Stabilisierung der Nervenzellen hinaus, der sie ursprünglich ihren Namen (frei übersetzt als Nervenkleister) verdanken.

Um verstehen zu können, wie Lernen funktioniert, ist es wichtig, nicht nur einen Blick auf die Bestandteile des Neurons als der kleinsten Funktionseinheit des Gehirns zu werfen, sondern auch nachzuvollziehen, wie auf neuronaler Ebene Kommunikation stattfindet. Dort geschieht Lernen nämlich in Form von neuronaler Erregung und der Weiterleitung von Erregung. Wie muss man sich diesen Ablauf vorstellen? Das Neuron ist von einer Zellmembran begrenzt, die sozusagen seine Haut bildet. Durch die Verteilung unterschiedlicher Ionen, d.h. elektrisch geladener Teilchen (vor allem einfach positiv geladenes Kalium und Natrium sowie einfach negativ geladenes Chlorid), diesseits und jenseits der Zellmembran besteht eine elektrische Spannung oder genauer gesagt eine Spannungsdifferenz: „Das Zellinnere ist gegenüber der Außenseite negativ geladen, die Größe dieses sogenannten Ruhepotenzials beträgt etwa -70mV, also etwa ein Zwanzigstel einer Taschenlampenbatterie“ (Hübener & Klein 2011: 16). Durch die Erregung des Neurons steigt die elektrische Spannung für den Bruchteil einer Sekunde sprunghaft an und es kommt zu einer extremen Depolarisierung. „Diese plötzliche Spannungsänderung in Neuronen wird als Aktionspotenzial bezeichnet“ (ebd.). Sie ist, ohne zu sehr ins Detail zu gehen, auf das Diffundieren von Natriumionen (Na^+) ins Zellinnere zurückzuführen. Aktionspotentiale sind starke elektrische Signale, die immer dieselbe Intensität besitzen und stets in dieselbe Richtung weitergeleitet werden, nämlich dem Axon folgend zu den präsynaptischen Endigungen. Dass der Weg entlang des Axons nicht ganz eben ist und warum das Aktionspotential vielmehr „hüpft“ (Hübener & Klein 2011: 18) als gleitet und damit eine Geschwindigkeit von bis zu 120m/s erreicht, wird später noch kurz erklärt (vgl. 1.3).

Aktionspotentiale bewegen sich also am Axon entlang hin zur Synapse, die, wie gesagt, die Kontaktstelle zu anderen Zellen bildet. Dort werden die elektrischen Impulse in der Regel in chemische konvertiert, indem das eingehende Aktionspotential die Ausschüttung von Neurotransmittern auslöst. Diese biochemischen Stoffe breiten sich im synaptischen Spalt aus, bis sie, auf der anderen Seite des Spalts angekommen, Kontakt zur nächsten Nervenzelle, dem sogenannten postsynaptischen Neuron herstellen. Dort docken sie an die Rezeptoren auf den Dendriten des Empfängerneurons an. Die Rezeptoren müssen passgenau sein, denn:

> „Each neurotransmitter has a different shape, and the receptors are specifically designed for the shape of the neurotransmitter they are receiving, as precisely as a key is made for a lock.“ (Wolfe 2001: 55)

Bei Neurotransmittern ist zwischen erregenden und hemmenden zu unterscheiden. Je nach Neurotransmitter spricht man von erregenden/exzitatorischen oder hemmenden/inhibitorischen Synapsen, d.h. je nach Transmitter und passendem Rezeptor wird die Erregbarkeit der nächsten Nervenzelle erhöht oder gehemmt (vgl. Hübener & Klein 2011: 20-21). Da Aktionspotentiale stets dieselbe Stärke haben, entscheidet ihre Anzahl darüber, wie viel Chemie an der Kommunikationsstelle freigesetzt und, sehr verkürzt formuliert, wie effektiv gelernt wird.

> „Though all action potentials have the same intensity, the strength of the message can vary, depending on how frequently the action potential is generated.“ (Wolfe 2001: 52)

Die normale Feuerrate liegt zwischen 30 und 100 Aktionspotentialen pro Sekunde und kann einen Spitzenwert von 500 erreichen (ebd.). Neben der Menge der freigesetzten Neurotransmitter an präsynaptischer Stelle – man unterscheidet stärkere und schwächere Synapsen – ist auch die Anzahl der Rezeptoren auf der postsynaptischen Seite für die Signalverarbeitung von Bedeutung. Wie es zur Ausprägung unterschiedlich starker Synapsen kommt, wird weiter unten erklärt (vgl. 1.2).

In den Dendriten des Empfängerneurons wird das chemische Signal schließlich wieder in ein elektrisches übertragen, ein Prozess, der in der Regel an einer Vielzahl von Dendriten zugleich abläuft.

> „Thus, the process begins as an electrical reaction in the neuron and axon, changes to a chemical reaction in the gap, and then reconverts to an electrical response in the dendrite.“ (Schunk 2012: 33)

Von den Dendriten werden die elektrischen Signale zum Zellkörper geleitet, wo sie sich summieren oder, genauer gesagt, miteinander verrechnet werden. Erreichen sie bei der Verrechnung einen bestimmten Schwellenwert, wird wieder ein Aktionspotential generiert. Bleibt der Impuls zu schwach, feuert das Neuron nicht (Alles-oder-Nichts-Verhalten).

Vor dem Hintergrund dieser Informationen können die wichtigsten Abläufe, die die Grundlage für die Veränderung des Gehirns und für das Lernen bilden, nachvollzogen werden. Wie bereits angedeutet, können sich Veränderungen auf verschiedenen Ebenen manifestieren. Lernen bedeutet oftmals Wachstum, aber mitunter auch Rück-, Um- und Abbauaktivität im Gehirn. Im Folgenden werden in Zusammenhang mit der Frage, was Lernen bedeutet, die gebrauchsabhängigen Spuren im Gehirn, der nutzungsbedingte Auf- und Abbau von Synapsen und der Prozess der Myelinisierung genauer betrachtet.

1.1 Gebrauchsabhängige Spuren

Schon oft wurde betont, dass das Gehirn ständig lernt, wenn auch nicht immer das, was die Lehrkraft bei ihrer Unterrichtsplanung vorgesehen hat. Dennoch scheint es richtig, dass das Gehirn im Dauerlernmodus ist. Bisweilen lernt es durch den Unterrichtsstoff oder indem es sich mit einem neuen Eindruck auseinandersetzt, der per Zufall die Aufmerksamkeit des Lernenden auf sich gezogen hat. Es lernt auch durch Wiederholen der Bewegungsabläufe beim Eintippen von Textbotschaften ins Smartphone unter dem Tisch oder beim Nachbereiten im *Offline*-Modus des Tagträumens, um nur einige Möglichkeiten zu nennen. Das Gehirn lernt bei alledem, allerdings stehen Lehrererwartungen und Stundenziele in solchen Momenten nicht unbedingt in Einklang mit der Hirnaktivität der Schülerin oder des Schülers, was wiederum die Lehrkraft, die im Bewusstsein der Vorgaben handelt, die es zu erreichen gilt, nicht unbedingt beruhigt. In der Tat ist entscheidend, womit sich der Lernende befasst, wie intensiv, mit welcher kognitiven und emotionalen Involviertheit und in vielen Fällen auch wie oft. Manfred Spitzer verwendet in seinen Vorträgen und Publikationen (u.a. 2010b: 54) gerne das Bild einer verschneiten Landschaft, um die Bedeutung der wiederholten Nutzung derselben Bahnen für die Bildung von Spuren im Gehirn zu veranschaulichen. Wird auf einem frisch verschneiten Platz z.B. eine Currywurst-Glühwein-Bude eröffnet, neben der sich in einer gewissen, olfaktorisch zumutbaren Entfernung auch eine Toilettenkabine befindet, dann ist davon auszugehen, dass sich recht bald ein Trampelpfad zwischen Bude und Toilette bilden wird. Der Trampelpfad entsteht als eine gebrauchsabhängige Spur, d.h. dadurch, dass mehrere Menschen denselben Weg nehmen und dabei die Spur durch die Benutzung immer weiter ausprägen, sie gewissermaßen festigen. Auch im Gehirn bilden sich Spuren, je nachdem, womit man sich befasst und was man wiederholt trainiert. Dies ist einer der Gründe, warum Lehrkräfte frustriert sind, wenn die Gehirne der Lernenden sich ganz offenbar mit anderem auseinandersetzen als mit dem Unterrichtsstoff. Sie lernen zwar, was natürlich eine ermutigende Erkenntnis ist, aber nicht das, was sie eigentlich lernen sollen. Angesichts der Begrenztheit der Unterrichtszeit und der Vorgabe von Zielen bzw. zu erreichender Kompetenzen ist es nachvollziehbar, dass Lehrkräfte Handlungsbedarf empfinden und versuchen, die Aufmerksamkeit der Lernenden auf den Unterricht zu lenken, sie emotional anzusprechen und ihre Lernmotivation zu stützen. Das nämlich sind wesentliche Faktoren, die das Lernen beeinflussen und zentrale Herausforderungen für jede Lehrkraft. Wenn Lernen Spuren im Gehirn hinterlässt, dann wünscht sich die Fremdsprachenlehrkraft natürlich Spuren für die Zielsprache.

Wiederholt benutzte Spuren verfestigen sich: „Whenever students participate in a mental or physical activity that activates a specific pathway of neurons, the pattern that binds the connections is strengthened" (Willis 2010: 59). Nicht benutzte Spuren werden nach einiger Zeit schwächer oder verschwinden sogar.

Verbindungen werden bei Nichtnutzung in der Regel rückgebaut, und sogar die Neuronen selbst werden, wenn die zugehörigen Eingangsmuster ausbleiben, anderem zugeordnet oder eliminiert. Ausbleibende Nutzung kann also zum Um- oder zum Abbau führen. Beim Abbau scheinen übrigens, so der derzeitige Kenntnisstand, die oben erwähnten Gliazellen eine Rolle zu spielen. Wird umgebaut, beispielsweise, wenn ein Geigenspieler, der jahrelang fleißig geübt hat, plötzlich seine Geige an den

Nagel hängt, bedeutet dies, dass kortikale Reorganisationsprozesse (*cortical remapping*) in Gang gesetzt werden. Von den Fingern der linken Hand, die mehr Platz im Geigenspielergehirn einnehmen, d.h. der mehr Neuronen zugeordnet sind und die zumeist nutzungsabhängig stärkere Verbindungen ausgeprägt haben, verringern sich die Impulse bzw. es bleiben spezifische Impulse ganz aus. Dadurch wird die funktionale Reorganisation der Repräsentation der Finger der linken Hand auf der Hirnrinde des einstigen Geigenspielers angestoßen. Man darf sich die Umorganisation nicht als ein plötzlich eintretendes Ereignis vorstellen, sondern als einen Prozess. Erst nach einer Phase des Ausbleibens der Impulse übernehmen einige der Neuronen eine andere Zuständigkeit. Die Prozesshaftigkeit der kortikalen Reorganisation spielt übrigens auch eine Rolle bei sogenannten Phantomschmerzen nach einer Amputation. Oftmals durchleben Patienten eine Phase, in der sie den amputierten Körperteil so intensiv wahrzunehmen glauben, als wäre er noch vorhanden. Manche empfinden tatsächlich Schmerzen, andere ein Kribbeln, Hautreizungen oder Ähnliches. In der Phase der Reorganisation, nämlich dann, wenn manche Neuronen andere Funktionen übernehmen, kann es auch vorübergehend zu Fehlwahrnehmungen kommen. Der Patient glaubt dann, z.B. einen Regentropfen an anderer Stelle wahrzunehmen als er sich tatsächlich befindet.

Diese Phänomene stehen in Zusammenhang mit der Plastizität der Großhirnrinde (Neocortex, meist kurz: Cortex oder Kortex). Im Gegensatz zur synaptischen Plastizität, auf die in 1.2 kurz eingegangen wird, bezeichnet kortikale Plastizität Veränderungen auf Ebene ganzer Neuronennetzwerke.

Der Neocortex überzieht als mehrere Millimeter starke, gefurchte graue Schicht nahezu das gesamte Gehirn. Durch die vielen Windungen, Furchen und Faltungen vergrößert sich die Oberfläche, sodass die Großhirnrinde fast die Hälfte des Hirnvolumens ausmacht. Mehr Oberfläche und dadurch ein größeres Volumen trotz der Enge im Schädel bedeutet mehr Raum für die vielfältigen Verarbeitungsprozesse, für die die Großhirnrinde zuständig ist (Repräsentation und Verarbeitung von Sinneseindrücken, Speicherung von Informationen, Handlungsplanung etc.). „Der Cortex wird in 52 verschiedene Areale unterteilt" (Borst & Grothe 2011: 47), darunter die Areale, die Bewegungen steuern (Motorcortex) und die sensorischen Areale (Repräsentation der Sinneseindrücke). Die eingehenden Signale werden im Gehirn gemäß ihrer Art, Ähnlichkeit und Häufigkeit geordnet repräsentiert. So kommt es zur Ausprägung von kortikalen Karten. Bereits in den 1920ern wurden im Zuge von Gehirnoperationen Reizversuche am Cortex von Patienten durchgeführt, die die Grundlage zur Erstellung von Karten bildeten, mit denen veranschaulicht werden konnte, wie die Körperoberfläche auf der Großhirnrinde repräsentiert ist. Bekannt ist vor allem der Penfieldsche Homunculus (vgl. Spitzer 2003: 101, 2010b: 63). Er projiziert bildhaft die Körperoberfläche auf die Großhirnrinde, wobei das sich ergebende Bild die Körperproportionen derart verzerrt, dass sensorisch besonders sensible bzw. motorisch besonders feine und beanspruchte Körperteile viel Platz auf der Hirnrinde beanspruchen als weniger sensible Körperoberflächen. So nehmen beispielsweise Gesicht oder Hände viel Raum ein, der Rücken weniger Raum, obwohl er im Hinblick auf die Proportionen des Körpers natürlich größer ist als z.B. die Lippen.

Kortikale Karten werden bei Bedarf immer wieder reorganisiert und zwar im Grunde das ganze Leben lang. Um auf das Beispiel mit dem Geigenspieler zurückzukommen: Das Beenden seiner musikalischen Tätigkeit würde in jedem Alter Um- und Abbauprozesse im Gehirn zur Folge haben. Lange Zeit bestanden Zweifel daran, ob die kortikale Plastizität, also die Anpassungsfähigkeit an die individuellen, sich durch

Anforderungen, Tätigkeiten, Lernen, leider in manchen Fällen auch durch Verletzungen und Erkrankungen wandelnden Umwelteindrücke im Alter erhalten bleibe. Es stand zu befürchten, dass degenerative Prozesse im Gehirn die Fähigkeit zur Anpassung im Alter maßgeblich verringern könnten. Mehrere Studien liefern jedoch mittlerweile Hinweise darauf, dass das Gehirn auch im Alter seine Plastizität nicht verliert. Beispielsweise wurden Ratten untersucht und man fand heraus, dass die Hinterpfotenrepräsentation bei alten Tieren nicht der von jungen Tieren entsprach. Beobachtungen zeigten, dass ältere Tiere ihre Hinterpfoten deutlich weniger nutzten als jüngere. Die Repräsentation der Hinterpfoten änderte sich durch die Verringerung der sensorischen Eingangsmuster derart, dass sie exakt den im Alter verminderten Gebrauch der Hinterpfoten spiegelte. Durch den Nichtgebrauch bzw. den verringerten Gebrauch der Hinterpfoten wurden Rückbauaktivitäten im Gehirn in Gang gesetzt. Wurde den Ratten jedoch ein Medikament verabreicht, das es ihnen erlaubte, die Hinterpfote wieder wie ein jüngeres Tier zu gebrauchen, veränderte sich die Topographie der Großhirnrinde wieder bis sie der eines Jungtieres vergleichbar war (Godde, Berkefeld et al. 2002). Genau genommen lernte die Ratte den Gebrauch ihrer Hinterbeine wieder und das führte zu Veränderungen im Gehirn.

Wie bereits erwähnt, zeigen sich Veränderungen auch auf Ebene der Neuronen bzw. ihrer Synapsen. Damit kommen wir zu einer weiteren der drei Ebenen von Plastizität (Synapsen, Neuronen, kortikale Karten), nämlich zur synaptischen Plastizität.

1.2 Synaptische Plastizität

Auch Synapsen können aufgebaut (Synaptogenese) oder ausgedünnt (Pruning) werden. Ferner lassen sich Veränderungen auf Ebene der einzelnen Kontaktstellen nachweisen, nämlich „Veränderung der Stärke der synaptischen Verbindungen zwischen Nervenzellen“ (Spitzer 2003: 94). Lernen bedeutet in dieser Hinsicht die Veränderung der Neuronen bzw. der Synapsen, von denen jedes Neuron 1000 bis 10 000 ausbildet (vgl. Kandel 2006: 471). Strukturveränderungen an der Synapse können darin bestehen, dass sich bereits vorhandene Synapsen aktivitätsabhängig teilen und auf diesem Weg eine neue Synapse bilden oder darin, dass sich an den Endigungen der Axone und Dendriten weitere Kontakte bilden. Durch elektromikroskopische Vergrößerung lassen sich diese Veränderungen sichtbar machen, und zwar in Bild und Film. Die Verdichtung der synaptischen Verbindung beruht eigentlich auf einer Vergrößerung der Fläche, über die der Kontakt zwischen den Nervenzellen hergestellt wird. Die Flächenvergrößerung bzw. Verdichtung der Kontakte kann durch Wachstum an den axonalen Boutons und den dendritischen Spines erreicht werden und wirkt sich funktionell günstig aus.

Wie schon bei den kortikalen Karten erwähnt, ist Plastizität auch auf Synapsenebene kein unidirektionales Phänomen, sodass sich Anpassungsprozesse nicht nur als Verdichtungen der synaptischen Verbindungen manifestieren können, sondern ebenso als Abbau wenig genutzter Kontaktstellen. Interessanterweise betreffen Rückbauaktivitäten neuesten Erkenntnissen zufolge eher die entsprechenden Synapsen, die bei Nichtnutzung wieder geschwächt werden, als die Fortsätze an den Dendriten. Es wird vermutet, dass hiermit das Phänomen des rascheren Wiedererlernens von bereits Erlerntem (Fähigkeiten, Wissensinhalte), das längere Zeit nicht genutzt wurde, dann aber wieder gebraucht wird, zu erklären ist (vgl. Korte & Bonhoeffer 2011: 74-75).

Der kanadische Psychologe Donald Hebb gilt hinsichtlich der Erklärung des Phänomens der synaptischen Plastizität als ein Vordenker. In seinem 1949 veröffentlichten Werk *The Organization of Behavior* legte er seine Idee dar, der zufolge „Zellen, die häufig zusammen aktiv sind, eine besonders enge Verbindung eingehen“ (Korte & Bonhoeffer 2011: 66). Wird ein postsynaptisches Neuron wiederholt durch dasselbe präsynaptische Neuron aktiviert, dann setzen an dieser Stelle Wachstumsprozesse ein (synaptische Plastizität). Mit der Hebb'schen Regel lässt sich auch erklären, wie Assoziationen zusammenwirken können. Korte & Bonhoeffer veranschaulichen dies am Beispiel einer Rose. Tatsächlich kann schon der Duft einer Rose alleine sowohl das Bild der Rose als auch „die gesamte Empfindung der Rose“ (2011: 66) einschließlich persönlicher Erlebnisse, die in Verbindung mit Rosen gemacht wurden, auslösen. Dies ist auf synaptische Plastizität im Sinne der Hebb'schen Regel zurückzuführen, die von der Neurobiologin Carla Shatz in die einprägsame Formel *what fires together, wires together* gebracht wurde (vgl. Doidge 2007: 427). Die Ausbildung von Assoziationen geschieht erlebnis- und aktivitätsbasiert und ist für die Didaktik natürlich interessant, da gilt: je vielfältiger die Sinneseindrücke, je tiefer die Qualität und Intensität der Auseinandersetzung und je häufiger die Befassung desto besser die Verankerung und Abrufbarkeit. Wenn für die Rose gilt, dass ihr Duft das gesamte korrespondierende, nutzungsabhängig verdichtete Zellensemble aktiviert, d.h. dass durch den Duft nicht nur die Nervenzellen, die für den Duft zuständig sind, aktiviert werden, sondern überdies die Neuronen für das Bild usw., dann ist das für den Fremdsprachenunterricht eine wichtige Erkenntnis. Im Kapitel zu *Lernen und Bewegung* (Kap. 4) kommen wir auf diese Zusammenhänge zurück.

Die ursprünglich visionäre Vorstellung, die der Hebb'sche Lernregel zugrunde liegt, ist inzwischen belegt. Dabei konnte in simulierten Lernvorgängen nachgewiesen werden, dass „die verstärkende Wirkung nur zustande kommt, wenn prä- und postsynaptische Zellen gleichzeitig aktiviert werden“ (vgl. Korte & Bonhoeffer 2011: 67). Zwei Neuronen reagieren umso besser aufeinander, je häufiger sie gleichzeitig aktiv sind. Warum es sich so verhält, lässt sich nur sehr vereinfachend zusammenfassen: Auf molekularer Ebene sind verschiedene Botenstoffe beteiligt (Kandel, Schwartz & Jessell 2000), u.a. verlängert Glutamat, „der wichtigste erregende Transmitter“ (Rüegg & Bertram 2010: 6), die Öffnung eines Rezeptors, wodurch die „postsynaptische Antwort erhöht“ (Korte & Bonhoeffer 2011: 68) und die Synapse verstärkt wird.

Abgesehen von entwicklungsbedingten Änderungen der Synapsen, die erstmals vorgeburtlich bei der Hirnentwicklung etwa zur Mitte der Schwangerschaft als „‘explosionsartiges‘ Verschalten von Nervenzellen in der Großhirnrinde“ (Dawirs & Moll 2011: 90) stattfinden, ist synaptische Plastizität aktivitätsabhängig (*use it or lose it*-Prinzip) und ein nie vollständig abgeschlossener Prozess. „Das Gehirn ändert sich laufend mit seinem Gebrauch“ (Spitzer 2010b: 50), wobei oft gilt: Ein einziges Ereignis hinterlässt noch keine Spur. Erst wenn wiederholt ähnliche Impulse eingehen, die aufgrund ihrer Ähnlichkeit über denselben Pfad laufen, um das Bild aus 1.1 aufzugreifen, hat es Auswirkungen auf die Synapsenstärke. Und wenn es dann zu Synapsenverdichtungen kommt, entstehen neue Spuren oder festigen sich bereits angelegte. „The more often the pattern of neurons is activated, the more efficient the synapse becomes“ (Wolfe 2001: 119). Dennoch ist das kein Argument, um im Fremdsprachenunterricht zur Konditionierung als einem leitenden Unterrichtsprinzip zurückzukehren, denn das menschliche Gehirn besitzt die Fähigkeit, aus verschiedenen Einzelerlebnissen das Konstante, Sich-Wiederholende herauszufiltern, sodass selbst bei variierenden Einzelerlebnissen ähnliche Impulse im Gehirn entstehen können.

Damit diese verarbeitet werden können, müssen sie kommuniziert werden, d.h. sie müssen die unter 1.1 beschriebene Reise über das Axon und die Kontaktstelle hin zur nächsten Nervenzelle durchlaufen, und zwar so schnell wie möglich. Um die Schnelligkeit der Reizweiterleitung und damit der Kommunikation zu gewährleisten, bildet sich um Nervenfasern eine Art Schmierschicht, die sogenannte Myelinschicht.

1.3 Isolierschicht Myelin

Das Gehirn braucht, um effizient verarbeiten und schnell Reaktionen auf Reize auslösen zu können, eine hohe Leitungsgeschwindigkeit, die einen raschen Austausch von Informationen ermöglicht. Dies gelingt, was auf den ersten Blick vielleicht überrascht, dadurch, dass die Impulse nicht gleiten, sondern vorzugsweise in kleinen Sprüngen geleitet werden. Weiter oben wurde bereits erwähnt, dass Aktionspotentiale hüpfen und nicht etwa glatt an der Nervenfaser entlanglaufen. Die springende Fortbewegung der Impulse wird als saltatorische Erregungsleitung bezeichnet und verlangsamt keineswegs die Geschwindigkeit, was man auf den ersten Blick möglicherweise glauben könnte, weil es eine holprige Art der Fortbewegung zu sein scheint. Dies ist jedoch nicht der Fall, vielmehr beschleunigt das Springen die Erregungsleitung. Wie dies funktioniert, wird gleich erklärt.

Axone können von einer Art Fettschicht, der Schwann'schen Scheide, auch Myelinschicht oder Markscheide (das griechische Wort μυελός bedeutet Mark) genannt, überzogen werden. Im Gehirn wickeln sich im Zuge der Myelinisierung die sogenannten Schwann'schen Zellen (eine Art der Gliazellen) abschnittsweise um das Axon. So wird die Nervenfaser myelinisiert, allerdings zeichnet sich die Myelinscheide dadurch aus, dass sie keine komplett durchgängige Schicht bildet, sondern in regelmäßigen Abständen kleine Spalten oder Einschnürungen, die Ranvier'schen Schnürringe, aufweist. Dies zwingt die Impulse dazu, sich hüpfend über die Schnürringe fortzubewegen, wodurch die Leitungsgeschwindigkeit enorm erhöht wird. An den Einschnürungen wird das elektrische Signal durch die Akkumulation von Ionenkanälen (vgl. White et al. 2009: 49) erneuert. Nicht myelinisierte Nervenfasern ohne Einschnürungen leiten deutlich langsamer, nämlich maximal drei Meter pro Sekunde, während myelinisierte Fasern durch die saltatorische Erregungsleitung eine Geschwindigkeit von „bis zu 110 Metern pro Sekunde" (Spitzer 2003: 230) erreichen. Dies ist ein bedeutender Unterschied! Myelinisierte Nervenfasern, „commonly known as ‚white matter' of the brain" (Wolfe 2001: 18), sehen aufgrund des hohen Lipidgehalts der Ummantelung weiß aus.

Eine Schädigung der Myelinschicht z.B. durch entzündliche Prozesse, verlangsamt die Reizweiterleitung oder führt sogar dazu, dass an geschädigten Stellen elektrische Impulse in das umgebende Gewebe oder die Flüssigkeit austreten. Defekte der Myelinschicht können zu Erkrankungen führen. Bei Multiple Sklerose (MS) wurden „mithilfe der Kernspintomographie [...] Entzündungsherde an vielen Stellen im Gehirn, vor allem in der weißen Hirnsubstanz" festgestellt (Villringer 2011: 161). Der derzeitige Stand der Forschung stützt die Annahme, dass bei MS Immunzellen die Myelinschicht angreifen (Autoimmunerkrankung), was den streckenweisen Abbau der Myelinschicht (Demyelinisierung) zur Folge hat. Dieser führt zu den sich je nach Krankheitsverlauf in Schüben oder schleichend manifestierenden Symptomen wie Schwindel, Empfindungs-, Seh- und Gangstörungen etc.

Die Myeliniserung ist einer der Wachstumsprozesse, auf den die enorme Gewichtszunahme des Gehirns nach der Geburt zurückzuführen ist. Das Gehirn eines Neugeborenen wiegt etwa 350 Gramm, das ausgewachsene weibliche Gehirn etwa 1.250 bis 1.300 Gramm, das Gehirn eines Mannes 1.350 bis 1.400 Gramm. Sollten sich die männlichen Leser an dieser Stelle stolz zurücklehnen, während Leserinnen vielleicht besorgt die Stirn in Falten legen, so sei ihnen ganz rasch folgende Ergänzung zur Verfügung gestellt: Setzt man das absolute Hirngewicht in Beziehung zum Körpergewicht, dann besitzen Frauen ca. zwei Gramm mehr Gehirn pro Kilogramm Körpergewicht als Männer, was jedoch ein reines Rechenspiel ist und keine Rückschlüsse auf die Funktionalität erlaubt. Amerikanische Wissenschaftler sollen übrigens entdeckt haben, dass Albert Einsteins Gehirn mit nur 1.230 Gramm leichter war als das durchschnittliche männliche Gehirn und damit dichter beim weiblichen Gehirn lag als beim männlichen (vgl. *Focus online* 2005). Allerdings wies Einsteins Gehirn keine geringere Anzahl an Nervenzellen auf, und es soll in frontalen und seitlichen Regionen besonders kompakt und dicht organisiert gewesen sein. Dies sei nur am Rande als Warnung vor voreiligen Schlussfolgerungen aus Gewichtsangaben und als kleiner Exkurs ins Grenzgebiet zwischen ernsthafter Forschung und Neuromythen erwähnt.

Obschon beim Neugeborenen „sowohl die Nervenzellen als auch deren Verbindungsfasern bereits vorhanden sind" (Spitzer 2010b: 103), vervielfacht das Gehirn im Zuge der weiteren Entwicklung sein Gewicht und seine Größe. Die Produktion neuer Nervenzellen fällt dabei weniger ins Gewicht, denn nach der Geburt werden tatsächlich kaum noch Nervenzellen gebildet. Allerdings weisen neue experimentelle Studien darauf hin, dass dies auf einige Hirnregionen nicht zutrifft. Vor allem im Hippocampus werden durchaus in Abhängigkeit von Lernen und Bewegung Neuronen neu gebildet (vgl. Korte & Bonhoeffer 2011: 74), allerdings sterben dort Nervenzellen aufgrund der dauernden Beanspruchung auch eher ab. Somit ist das Phänomen vielmehr dem Bereich der Regenerationsprozesse (Nachwachsen von Neuronen), als dem des Gehirnwachstums (Wachsen von neuen Neuronen) zuzurechnen.

„Innerhalb des ersten Jahres nach der Geburt verdoppelt sich das Gehirngewicht auf etwa achthundertfünfzig Gramm" (Dawirs & Moll 2011: 92). Die Zunahme ist neben der Myelinisierung auf die Weiterentwicklung der Neuronen zurückzuführen, die sich u.a. an den Verästelungen der Dendriten und an der Verdichtung der Synapsen zeigt, „occurring at different ages in different areas of the brain" (Baars & Gage 2010: 477). Bei der Geburt sind bestimmte Hirnregionen schon myelinisiert. Der Prozess der weiteren Myelinisierung durchzieht dann die gesamte Kindheit, die Pubertät sowie zumindest das junge Erwachsenenalter und führt dazu, dass das Gehirn erst in der späten Pubertät bzw. im frühen Erwachsenenalter voll funktionell verbunden ist. Im Gehirn des Neugeborenen sind „die primären sensorischen und motorischen Areale myelinisiert" (Spitzer 2003: 231), d.h. die Bereiche, die für den Säugling in dieser ersten Phase nach der Geburt von Bedeutung sind. Der Säugling bringt bei der Geburt einige wenige grundlegende Fertigkeiten mit. Er kann mit den bereits myelinisierten Arealen visuelle, auditive und sensorische Eindrücke verarbeiten und Bewegungen ausführen. Die Beschränkung auf wenige grundlegende Fertigkeiten hat einerseits zur Folge, dass der Säugling zum Überleben auf die Fürsorge von Bezugspersonen angewiesen ist, was die Basis für den Aufbau von Bindungen schafft, die nicht nur im Kleinkindesalter von großer Bedeutung für die Entwicklung sind. Andererseits ist die sich schrittweise vollziehende Gehirnreifung des Menschen zugleich eine notwendige Strategie der Natur: Man stelle sich einen Säugling vor, dessen Gehirn ab dem Moment seiner Geburt nicht anders könnte, als sämtliche Reize, die die neue Umwelt in Fülle und Überfülle zur Verfügung stellt, zu verarbeiten. Das führte zur Überlastung des Systems! Die sich über viele Jahre ziehende Gehirnreifung samt Myelinisierung stellt sich letztlich als ein notwendiger und cleverer Schachzug dar. Sie gewährleistet, dass zunächst nur einfache Reize verarbeitet werden, sodass sich im Grunde eine natürliche Progression ergibt. Obschon die Neuronen, wie erwähnt, bereits vorhanden sind, ermöglicht ihre sukzessive Verschaltung diese Progression. Was noch nicht verarbeitet werden kann, bleibt ausgeblendet. Dies zeigt, wie sinnvoll und effektiv das Gehirn fürs Lernen optimiert ist und dass das Nicht-Empfangen noch unverarbeitbarer Reize ein ebenso wichtiger Mechanismus ist, wie das aktive Auswählen und Herausfiltern von relevanten Reizen, aus dem, was potentiell bereits verarbeitet werden kann. Man geht davon aus, dass pro Sekunde etwa zehn Millionen Informationen von außerhalb und innerhalb des Körpers zum Gehirn gelangen. Das Gehirn muss radikal ausfiltern, sodass von den zehn Millionen nur geschätzte 20 Impulse zur bewussten Verarbeitung kommen. Das Herausfiltern sorgt einerseits dafür, dass wichtige Impulse verarbeitet werden können und nicht durch Unwichtiges notwendige Kapazitäten blockiert werden. Außerdem ist das Herausfiltern beim Durchlaufen unterschiedlicher Entwicklungsphasen ein wichtiger Mechanismus, der es erlaubt, bestimmte Reize phasenweise besonders zu fokussieren. Entwicklungsprozesse verlaufen oftmals im Rahmen zeitweiser Spezialisierung, und Verdichtungsprozesse in bestimmten Bereichen gehen, z.B. auf Ebene der Synapsen, vielfach mit Ausdünnungen in anderen Bereichen einher: „Bursts of synaptogenesis in some parts of the brain often imply reductions in the synaptic density of other regions. Additive and regressive processes are continually in progress" (Baars & Gage 2010: 478).

Angesichts der vielfältigen Aktivität sowie der Wachstums- und Umbauprozesse wundert es eigentlich nicht, dass das Gehirn einen beachtlichen Teil der in Form von Nahrung zugeführten Energie verbraucht. In diesem Sinne gilt: Das Gehirn isst mit! Erstaunlich klingt es dennoch, wie viel es verbraucht: „Säuglinge benötigen etwa sechzig Prozent des gesamten Stoffwechsels für ihr Gehirn. Beim Erwachsenen sind es immerhin noch zwanzig Prozent" (Dawirs & Moll 2011: 92). Betrachtet man diese zwanzig Prozent oder sogar etwas mehr vor dem Hintergrund der Relation zwischen Gehirngewicht (weniger als 1,5 Kilogramm) und Körpergewicht, dann wird das Ausmaß des Energieverbrauchs erst deutlich: Das Gehirn macht nur ca. zwei Prozent des Körpergewichts aus, verbraucht aber zwanzig Prozent der Energie (mind. fünfzig Prozent der Glucose) nebst zwanzig Prozent des Sauerstoffs.

Praxisfenster

Claudia: In diesem Sinne: Will jemand was von meiner Schokolade ab? Geht immerhin zu 50% ans Gehirn! Es ist schon beeindruckend, zu hören, wie das Gehirn sich vielfältig entwickelt, auf- und umbaut und dafür sorgt, dass es hocheffizient arbeiten kann.

Uli: Mit Impulsen, die über eine Fettschicht die Axone runterhoppeln, um schneller zu sein. Und wenn viele davon über dieselben Stellen laufen, dann verdichten sich Kontaktstellen, die Synapsen wachsen bzw. an den Synapsen zeigt sich Wachstum. Eigentlich ist das mit der nutzungsabhängigen Veränderung des Gehirns eine gute Nachricht: In gewisser Weise haben wir es selbst in der Hand, wie sich unser Gehirn entwickelt. Und wenn Synapsen abgebaut werden, sind wir auch selbst schuld: hätten wir die Verbindung eben öfter genutzt.

Peter: Wirklich gut, dass wir aktive Mitgestalter unseres Gehirns sein können, also dem nicht ausgeliefert sind, sondern das Gehirn in Bereichen, die uns wichtig sind, durch eifrige Nutzung verdichten und dadurch wohl auch leistungsfähiger machen können.

Hanna: Wie der Geigenspieler. Eigentlich sollte man das den Schülerinnen und Schülern so erklären, dass sie den Zusammenhang verstehen und sich bewusst werden, dass Lernen, auch Wiederholen und Trainieren, Auswirkungen hat, die nach einer Weile tatsächlich Spuren im Gehirn zeigen.

Claudia: Und diese Spuren lassen sich immer wieder nutzen.

Hanna: Ja. Ich glaube, gerade meinen Klassen im Teenageralter, die ohnehin häufig das Gefühl haben, alles Mögliche ertragen zu müssen und viel zu wenig beeinflussen zu können, täte es gut, diesen Zusammenhang zu kennen und zu verstehen, dass sie ihr Gehirn in gewisser Weise formen können.

Peter: Von unseren Schülern gehen doch viele in die Mucki-Bude. Dort glauben sie auch daran, dass das Gewichtheben und die Work-outs Spuren hinterlassen, die Muskeln stärken usw. Der Vergleich mit dem Gehirn hinkt zwar etwas, weil sie die Resultate an den Muskeln irgendwann sehen, am Gehirn aber nicht. Umso wichtiger scheint es mir, dass sie es wissen und sensibel werden dafür, dass bestimmte Verarbeitungsprozesse oder Abläufe mit zunehmender Übung leichter und müheloser gelingen. Eigentlich hat doch jeder damit schon Erfahrungen gemacht, müsste nur noch die Erklärung hinzukommen, was dabei im Gehirn passiert.

Uli: Und sie bräuchten Hinweise, wie sie ihr Gehirn trainieren können, einige Techniken, die sie anwenden können, um sich zu konzentrieren, sich besser zu organisieren, Wiederholungen trotz gleicher Inhalte abwechslungsreich zu gestalten und die Merkfähigkeit zu steigern. Dabei muss man wohl bei der Organisation des Arbeitsplatzes und beim Zeitmanagement ansetzen. Können wir mal ein paar Vorschläge für Konzentration, Wiederholung usw. zusammentragen?

Hanna: Klar, bei meinen Schülerinnen und Schülern ist der Knackpunkt oft der, dass sie gar nicht ins Arbeiten kommen, sich ideenlos fühlen und den inneren Schweinehund kaum überwinden können. Deshalb setze ich gerne *Freewriting*-Aktivitäten ein. Jeder nimmt ein leeres Blatt und einen Stift, ich gebe ein Impulswort oder Thema und ein Zeitlimit von zwei bzw. drei Minuten vor. Dann stelle ich meinen alten Küchenwecker – ich könnte auch einfach auf die Uhr schauen oder das Handy nehmen, ich weiß aber, die Schüler mögen den Wecker lieber: *Was'n das? Warn'Se im Museum? Lass mal ausprobieren. Krass, der tickt ja!* Und wenn er dann tickt, lautet die Aufgabe: schreiben, ohne den Stift abzusetzen, alles aufschreiben, was zum Thema durch den Kopf rauscht und nicht aufhören mit Schreiben bis der Wecker rasselt. Das mobilisiert sie wirklich, nimmt die Blockaden und fördert Ideen zutage.

Peter: Wenn sie auf Englisch schreiben, was sie wohl nach Möglichkeit sollten, aktivieren sie zugleich thematischen Wortschatz und identifizieren vielleicht Lücken, also Wörter, die sie erfragen oder nachschlagen möchten. Zum Strukturieren nutzen meine Klassen Visualisierungen im Sinne von *Graphic Organizers*, das ist ein fester Bestandteil meines Unterrichts. Die *Graphic Organizers* können je nach Gegenstand unterschiedliche Formen haben, von Tabellen über *Spider Webs*, bei denen sich die Einträge um einen zentralen Begriff anordnen, bis hin zu *Mindmaps*, Diagrammen usw. Bei einem Freund, auch ein Lehrer, aber in Amerika, habe ich einmal gesehen, dass er einfach ein weißes Blatt nimmt und mehrfach faltet, um ohne weiteren Aufwand durch die Faltlinien eine Struktur vorgeben zu können. Mache ich jetzt auch öfter.

Claudia: Und die Schüler können das übernehmen und für sich weiterentwickeln, z.B. beim Wiederholen einsetzen. Wir wissen schließlich, dass Wiederholung wichtig ist, und dass das Gehirn auch aus ähnlichen Eindrücken das Konstante herausfiltern kann. Das bestätigt mich darin, dass ich eigentlich ständig versuche, neben bewährten Formen zur Wiederholung immer wieder neue, abwechslungsreiche zu finden. Außerdem fühle ich mich durch die Einblicke in die Mechanismen des Lernens ermutigt, Wiederholungen in meinem Englischunterricht weiterhin einen festen Raum zu geben. Wir machen regelmäßig *Review Lessons*, in denen Visualisierungen genutzt werden, wie du sie eben beschrieben hast, aber auch verschiedene spielerische Formen. Zum Beispiel habe ich eine Spielvorlage, ein Brettspiel mit Würfeln. Darauf rücken die Kinder vor, gelangen auf Wissens- und Aktivitätenfelder, die der Wiederholung dienen, und dürfen, wenn sie sich bis zum letzten Kästchen im Inneren des Spielplans vorgearbeitet haben, eine kleine Box öffnen, aus der ein niedliches Gespenst, *Goldie the Ghost*, auftaucht.

Uli: Wiederholungen kommen bestimmt oftmals zu kurz, auch z.B. das Üben neuer Vokabeln. Ich ertappe mich manchmal dabei, zu schnell davon auszugehen, neue Wörter wären verfügbar oder das Vokabellernen als Hausaufgabe zu geben, was nicht bei allen wirklich gut funktioniert. Die Kinder wissen nämlich gar nicht, wie sie sich die Wörter merken sollen. Auch hier glaube ich, brauchen sie Orientierungshilfen, sonst sind sie ziemlich verloren. Neben spielerischen Formen des Übens, bei denen oftmals Bewegung ein Element ist, nutze ich im Unterricht auch *Graphic Organizers*, aber nicht nur, um zu sammeln und zu visualisieren, sondern auch zum Üben und Wiederholen. In einem Buch habe ich von der *Fading*-Technik gelesen und das hat mich auf eine Idee gebracht:[1] Wir nehmen ein erstelltes *Mindmap*, Diagramm oder was auch immer entstanden ist, versuchen es uns einzuprägen, und dann werden einzelne Einträge gelöscht.

Peter: Wie löschst du?

Uli: Bei Postern oder an der Tafel nehme ich einfach Tesa und Papierstreifen zum Verdecken, sonst übertrage ich *Mindmaps* gerne, wenn ich ein Whiteboard oder einen Beamer habe, in eine Folie, sodass ich dann die einzelnen Einträge nach und nach herausnehmen kann. Beim OHP, wenn der noch vorhanden und instand ist, würde ich mit löslichen Stiften arbeiten. Ziel ist es jedenfalls, das Gelöschte aus der Erinnerung zu ergänzen und zwar Schritt für Schritt immer mehr. Das ist ein Vorgehen, das die Kinder, wenn sie erst einmal damit vertraut sind, auch alleine oder in Partnerarbeit nutzen können. Einerseits braucht das Gehirn, um lernen zu können, viele Erfahrungen, also nicht nur Belehrungen, andererseits sind Kinder so vielen Eindrücken und sogenannten Angeboten ausgesetzt, dass ich glaube, etwas Orientierung schadet nicht, damit sie, wie war das noch, jede Se-

1 Vgl. Schiffler 2012: 87.

kunde 20 Impulse, und zwar möglichst die wirklich wichtigen, aus mehrere[...] lionen herausfiltern und weiter verarbeiten können.

Claudia: Mit dem *Fading* bringst du mich auf eine Idee für jüngere Lerner: M[...] könnte bei Mitlesetexten einzelne Wörter durch Bildsymbole ersetzen. Das gibt [...] auch in Büchern für Erstleser, kennt ihr alle. Da heißt es zum Beispiel: *Der kleine Bär wohnt in einem schiefen Haus*, aber anstelle des Wortes *Haus* ist im Text ein kleines Bild von einem Haus. Im Englischunterricht der Grundschule lässt sich das auch nutzen. Man kann in Texten progressiv gemeinsam Wörter durch Bilder ersetzen, dann die Wörter wieder aus dem Gedächtnis oder mit Unterstützung erinnern und schreiben. Muss ich ausprobieren!

Peter: Bei Größeren könnte man Liedtexte verwenden, gemeinsam Wörter löschen, die Lücken neu füllen, also *Song Rewriting* veranstalten, und danach die neuen Versionen wieder mit dem Original abgleichen.

Hanna: Zum Schluss noch ein ganz anderer Gedanke: Mich hat das mit dem Aktivieren von Netzwerken aufhorchen lassen. Man sieht die Rose, verarbeitet also einen visuellen Stimulus, der aber zugleich anderes mitaktivitiert. Für mich ist das ein Hinweis darauf, dass das Gehirn durch die vielfachen Vernetzungen ganzheitlich arbeitet, wir also im Unterricht nicht auf Multisensorisches verzichten sollten.

1.4 Zusammenfassung

Lernen braucht Intensität, Vielfalt und Wiederholung (vgl. 1.1). Die Berücksichtigung mehrerer Sinne ist zwar keine neue Idee und auch nicht die einzige, um Lernprozesse zu ermöglichen bzw. zu stützen, kann sich aber mittlerweile auf Erkenntnisse der Hirnforschung berufen: „Each of the senses has a separate storage area in the brain. In multisensory learning, more areas of the brain are stimulated […]. Activities that use multiple senses mean duplicated storage of information and thus more successful recall" (Willis 2010: 60).

Lernen basiert, wie im vorangegangenen Kapitel dargelegt, auf vielfältigen Kommunikationsprozessen zwischen Nervenzellen, die dann wiederum die Struktur des Gehirns beeinflussen (vgl. 1.2, 1.3). Das Gehirn ist darauf ausgerichtet, den Erfordernissen der Umwelt bestmöglich gerecht zu werden, schnell und effektiv zu funktionieren. Es arbeitet sozusagen bedarfsorientiert und passt sich den jeweiligen Anforderungen an. Folglich ist von größter Bedeutung, womit sich Kinder und Erwachsene befassen, wie häufig, wie intensiv und auf welche Weise. Da Menschen nicht nur denkende, sondern auch fühlende Wesen sind und zwischen beidem, Kognition und Emotion, vielfältige Wechselwirkungen bestehen, kann die Frage, was Lernen bedeutet, nicht allein mit Synapsen, dendritischen Spines, Myelin etc. und den damit verknüpften Vorgängen beantwortet werden. Aber die Kenntnis dieser Vorgänge ermöglicht es uns, weiteren spannenden Fragen zum Lernen im Fremdsprachenunterricht nachzugehen.

2. Emotionen und Lernen im Fremdsprachenunterricht

An Lernprozessen ist nicht nur die Kognition, sondern es sind auch Emotionen beteiligt. Darüber besteht inzwischen Konsens, wobei die Erforschung von Denkprozessen als ein Zusammenspiel von Emotionen und Kognition ein lange vernachlässigtes Thema war (vgl. Kieweg 2003, Börner & Vogel 2004):

> „Erst seit den 1990er Jahren erforschten Psychologie, Neurologie und Evolutionsbiologie die menschlichen Denkprozesse als ein Zusammenspiel von E.[motion] und Kognition, in Teilen sogar mit einer Dominanz emotionaler Prozesse." (Surkamp 2010: 45)

Spitzer weist in Zusammenhang mit der Erforschung von Emotionen zurecht darauf hin, dass es bislang keine wirklich „allgemein akzeptierte Theorie der Emotionen gibt" (2003: 157) und dass überdies eine gewisse definitorische Unschärfe des Untersuchungsgegenstands „Emotionen" besteht. In Orientierung an Uhlich & Mayring (1992) können Emotionen als vorübergehende Gefühlsregungen definiert werden, die meist auf ein spezifisches Ereignis zurückzuführen sind, z.B. die Freude eines Kindes, wenn das entlaufene Haustier wohlbehalten zurückgebracht wird. Zur Unterscheidung und Systematisierung verschiedener Emotionen wurden von Hascher (2005) Kriterien herausgearbeitet, die auch für das schulische Fremdsprachenlehren und -lernen relevant erscheinen: Valenz, Intensität, Häufigkeit, zeitliche Dimension, Referenz und Kontext. Valenz klassifiziert Emotionen als positiv, negativ oder ambivalent. Intensität ordnet Emotionen danach ein, ob sie als stark, mittel oder schwach einzustufen sind. Das Kriterium der Häufigkeit erschließt sich ohne weitere Erklärung. Mit zeitlicher Dimension wird die Emotion in Bezug auf das Ereignis, auf welches sie sich bezieht, als prospektiv, aktuell oder retrospektiv klassifiziert. Durch das Kriterium der Referenz wird danach unterschieden, ob sich eine Emotion auf die eigene Person oder auf andere bezieht. Bei Kontext richtet sich das Augenmerk auf die Situation, in welcher eine Emotion auftritt. Diese Kriterien erlauben es, Emotionen bei Bedarf systematisiert darstellen und beschreiben zu können, was insbesondere für theoretische Arbeiten relevant ist, aber auch in der Unterrichtspraxis für die Einordnung und Deutung von Emotionen durchaus hilfreich erscheint.

Die Möglichkeiten, Emotionen zu erforschen, haben sich durch die Entwicklungen auf dem Gebiet der bildgebenden Verfahren, die sogenannten *Brain Scans* etc., und die Zugänglichmachung von Erkenntnissen der Neurowissenschaften erweitert. Natürlich werden von Fachdidaktiken, Erziehungswissenschaften, der Psychologie usw. nach wie vor auch Verfahren der Retrospektion und Introspektion (Interviews, Fragebögen, Tagebücher, Laut-Denk-Protokolle etc.) genutzt und diese sollen keineswegs infrage gestellt werden, denn bildgebende Verfahren sind mit o.g. Erhebungsmethoden nicht gleichzusetzen. Der Blick in die Neurowissenschaften erlaubt es jedoch zusätzlich durch die sogenannten Methoden des *Neuroimaging* im Zuge der Erforschung des Zusammenspiels von Emotionen und Kognition beim Lernen weitere Zugänge zu nutzen. Die Fremdsprachendidaktik hat, neben zahlreichen anderen Wissenschaften, die Möglichkeit, diese Erweiterung des Blicks anzunehmen.

Durch *Neuroimaging*, d.h. bildgebende Verfahren, hat die kognitive Neurowissenschaft deutlich an Aufmerksamkeit gewonnen, und sie wird seit einigen Jahren zumindest zu bestimmten Themen und in Ansätzen auch von der Fremdsprachendidaktik wahrgenommen. Vor allem durch die funktionelle MRT (fMRT) (Englisch: fMRI), die 1991 erstmals am Menschen angewandt wurde, rückten Erkenntnisse der Neurowissenschaften in den Fokus anderer Wissenschaften sowie der Öffentlichkeit (zum Aufstieg der Neurowissenschaften in der neoliberalen Wissensgesellschaft vgl. Heinemann 2012). Die funktionelle MRT stellt eine von mehreren Methoden dar, um die Funktionsweise des Gehirns zu erforschen. Sie ist nicht invasiv und bedarf inzwischen keiner radioaktiven Exposition der Probanden mehr. Die fMRT misst Gehirnsignale bei der Bearbeitung von Aufgaben und bildet diese ab. Weitaus länger schon – etwa 70 Jahre – steht durch die Elektroenzephalographie (EEG) eine andere Methode zur Verfügung, die auch weiterhin, insbesondere zur Ableitung ereigniskorrelierter Potentiale (EKPs), genutzt wird, um die Hirnaktivität zu erforschen. Um EKPs zu erhalten werden Änderungen der elektrischen Hirntätigkeit an der Kopfhaut gemessen. Diese Änderungen können dadurch ausgelöst werden, dass das Gehirn Reize verarbeitet, die durch die Sinnesorgane aufgenommen worden sind. In der Folge kommt es zu Spannungsänderungen. Um Änderungen der Hirntätigkeit herbeizuführen, werden in der Forschung Experimente eingesetzt, bei denen die Probanden beispielsweise unterschiedliche Aufgaben lösen müssen. Während sie die Aufgaben lösen, wird ein EEG geschrieben. Diese Daten bilden die Grundlage zur Errechnung der EKPs.[2]

Die „bemerkenswerte Konjunktur“ (Heinemann 2012: 261) der Neurowissenschaften setzte nicht mit dem EEG, sondern erst vor etwa zwanzig Jahren ein, also mit der fMRT, dem inzwischen bekanntesten bildgebenden Verfahren. Während die EEG elektrische Potentiale bzw. Potentialschwankungen misst, wobei sie übrigens eine hohe zeitliche (ms) Auflösung erreicht bei mäßiger räumlicher Auflösung,[3] erfasst die funktionelle Magnetresonanztomographie lokale Unterschiede im Sauerstoffgehalt, liefert Bilder der Stoffwechselprozesse und damit der Hirnaktivität. Sauerstoffreiches Blut gilt dabei als Indikator für Aktivität (BOLD-Effekt = blood oxygen level dependent, vgl. Kandel et al. 2000: 374-375, Walter & Erk 2010: 192). Die fMRT erreicht bei begrenzter zeitlicher (sec.) eine hohe räumliche (bis zu sub-mm) Auflösung (eine Darstellung der zeitlichen und räumlichen Exaktheit verschiedener Methoden findet sich bei Heinemann 2012: 129). Die Daten aus fMRT-Experimenten stützen sich zumeist auf eine Gruppe von Probanden, die alle dasselbe Experiment durchlaufen. Da die Daten danach gewissermaßen gebündelt und bei der Darstellung auf ein Gehirn übertragen werden, könnte der Eindruck entstehen, sie bildeten die Erregung oder Hemmung eines einzelnen Gehirns beim Lösen einer Aufgabe ab.

Neben der Funktionsweise des Gehirns werden auch dessen Struktur und die molekulare Ausstattung immer weiter erkundet, wobei unterschiedliche Methoden zur Generierung der Daten eingesetzt und damit zur Erforschung der verschiedenen Aspekte und Zusammenhänge genutzt werden. Es gibt in dieser Hinsicht immer wieder Fehlaussagen und Missdeutungen, insbesondere dann, wenn Studien zum Zweck der Übertragung in andere Wissenschaften oder ins Populärwissenschaftliche referiert werden. Beispielsweise ist die Verwechslung von Funktionsbildern und Strukturbil-

[2] EEG wird als Verfahren dem *Neuroimaging* zugerechnet, ist aber streng genommen nicht als bildgebend zu bezeichnen.

[3] Bildgebende Verfahren erlauben es, Vorgänge im Gehirn mit einer gewissen Genauigkeit zu erfassen. Manche Verfahren bilden exakter ab, wo etwas passiert, andere wiederum, wann oder wie schnell es zum Anstieg und Abfall der Aktivierung kommt. Um die Genauigkeit zu steigern und Schwächen des einzelnen Verfahrens auszugleichen, kombinieren manche Forscher verschiedene Verfahren.

dern, von fMRT und MRT keine Seltenheit. (Ein tabellarischer Überblick über die wichtigsten Verfahren und ihre jeweilige Verwendung findet sich bei Walter & Erk 2010: 188-189).

Im Folgenden wird unter Berücksichtigung von Erkenntnissen, die auf *Neuroimaging* basieren, erklärt, wie sich Freude und Angst auf Lernprozesse auswirken und warum positive und negative Emotionen unterschiedliche Effekte beispielsweise auf das Vokabellernen haben.

2.1 Freude und Angst

„Emotions can help to direct attention, which is necessary for learning [...]."
(Schunk 2012: 60)

Aus eigener Erfahrung können die meisten Menschen bestätigen, dass positive Emotionen beim Lernen förderlich wirken. Man fühlt sich kompetent, genau im richtigen Maße herausgefordert, ist an der Thematik oder Aufgabe interessiert, man vertieft sich, die Aufmerksamkeit bündelt sich wie von selbst und es macht Spaß, zu lernen. Überdies bleiben Inhalte, die mit positiven Emotionen in Verbindung stehen, in der Regel länger und besser in Erinnerung. Aber auch das Gegenteil ist nicht fremd: Bei negativen Emotionen, insbesondere unter sehr großem Druck oder Angst, funktioniert die Aufmerksamkeitsfokussierung und damit das Lernen nicht besonders gut. Das klingt nachvollziehbar, muss aber differenzierend betrachtet werden, denn obschon sich positive Emotionen in der Regel günstiger auf Lernprozesse auswirken als negative, bedeutet dies nicht, dass negative Emotionen generell hinderten. Als entscheidender Faktor ist die Intensität der Emotion in den Blick zu nehmen sowie das jeweilige Lernziel (z.B. kreative Lösungsfindung im Gegensatz zum kurzzeitigen Memorieren einiger Fakten; vgl. hierzu Sambanis 2010: 17-18). Aus pädagogischer, psychologischer und ethischer Sicht verbietet sich ein Evozieren negativer Emotionen, um Lernprozesse zu fördern, dennoch kennt fast jeder auch dieses Zusammenspiel aus der eigenen Bildungsbiografie: Man muss sich etwas einprägen, steht aber unter großem Zeit- oder Leistungsdruck. Trotz der negativen Emotionen gelingt es, sich zumindest kurzfristig einige Vokabeln, Fakten oder andere Wissensinhalte zu merken. Leider fühlt es sich weder beim Lernen noch rückblickend gut an und man erinnert sich nicht gerne. Pragmatisch, aber zugleich evidenzbasiert ließe sich daher formulieren: Wozu Angst als Verstärker einsetzen, wenn positive Emotionen bessere Wirkungen zeigen? Wenden wir uns also für eine differenzierte Betrachtung der Frage zu, aus welchen Gründen und mit welchen Konsequenzen sich positive und negative Emotionen unterschiedlich auf Lernprozesse auswirken.

Zur Erforschung des Zusammenhangs von Emotionen und Lernen liegen inzwischen einige fMRT-Studien vor (vgl. u.a. Erk et al. 2003). Bei den Erhebungen werden oftmals Bilder oder kurze Filmsequenzen eingesetzt, die beim Betrachter unterschiedliche Emotionen auslösen (Kriterium Valenz) und die Studienteilnehmer auf diese Weise emotional beeinflussen. Werden den Probanden z.B. Bilder von gefährlichen, angriffslustigen Raubtieren gezeigt, beeinflusst sie dieser visuelle Stimulus und wirkt sich dabei anders aus als beispielsweise Fotos von niedlichen Tierbabys. Gefährliche Tiere rufen bei den Versuchsteilnehmern negative, Welpen, Katzenbabys usw. positive Emotionen hervor (auch der neutrale Gefühlszustand wird oft als Kontrollbedingung in Studien einbezogen). Die Forschergruppe um Erk et al. hatte für ihre Studie eine Liste mit Wörtern zusammengestellt, die nicht in inhaltlichem Zusammenhang mit den gezeigten Bildern standen, und von den Probanden erinnert werden sollten. Die Wörter wurden den Versuchsteilnehmern im Anschluss an jeden Bildimpuls einzeln präsentiert. Durch diese und ähnliche Studien konnte nachgewiesen werden, dass sich positive und negative Emotionen unterschiedlich auswirken: Bei positiven Emotionen wurden deutlich mehr Wörter behalten als bei negativen. Damit bestätigt sich, was Lehrende und Lernende vermuten, nämlich dass ein Zusammenhang zwischen Emotionen und Lernen besteht, dass Emotionen einen „modulierenden Einfluss auf die spätere Erinnerungsleistung" (Spitzer 2003: 165) haben. Auch zur Beantwortung der Frage nach den Ursachen kann die Studie durch die im Scanner gewonnenen Bilder Hinweise geben.

Sehr verknappt ließe sich die Frage, wie es zu den Unterschieden im Behalten kommt, nämlich wie folgt beantworten: Schuld für die schlechtere Erinnerungsleistung bei negativen Emotionen ist der Mandelkern (Amygdala). Diese, evolutionsgeschichtlich gesprochen, sehr alte Hirnstruktur erfüllt wichtige Funktionen, indem sie eingehende Reize äußerst schnell auf ihre Bedrohlichkeit und emotionale Bedeutung hin prüft und somit die Funktion einer „sehr empfindlichen Alarmanlage" (Ochmann 2012, vgl. Wolfe 2001: 27) oder, in anderen Worten, die des *Affective Filter* (Krashen 1982), erfüllt. Sie löst in potentiell bedrohlichen Situationen sofort den *fight/flight/freeze*-Modus aus, ist im Übrigen auch an Ekelreaktionen als einem wesentlichen Schutzmechanismus des Körpers beteiligt und hat insgesamt eine wichtige, oftmals lebensrettende Funktion. Da die Lebensrettung jedoch in unmittelbarer Verbindung mit dem *fight/flight/freeze*-Modus steht, also einem Zustand höchster Alarmbereitschaft, scheint nachvollziehbar, dass in diesem Zustand kognitive Leistungen und kreative Lösungen schwer fallen, da, um im Bild zu bleiben, die Alarmanlage derart laut schrillt, dass anderes ausgeblendet wird bzw. zumindest etwas mehr Bearbeitungszeit in Anspruch nimmt:

> „The amygdala determines the emotional significance of the stimulus (Wolfe, 2001). This determination is facilitative, because it tells us whether to run, seek shelter, attack, or remain neutral. The frontal cortex provides the cognitive interpretation of the stimulus, but this takes additional time." (Schunk 2012: 60)

Beim Abwägen des möglichen Gefahrenpotentials einer Situation werden mehrere Kommunikationsschritte zwischen verschiedenen Hirnregionen vollzogen (vgl. Wolfe 2001: 27). Schematisiert ließe sich der Prozess wie folgt darstellen:

1. Reiz durch Sinneskanäle aufgenommen
   ↓
2. Thalamus
   ↓
3. gleichzeitig zu Cortex & Amygdala (*Parallel Processing*)
   ↓
4. bei Warnung durch Amygdala:
   Aktivierung des Hypothalamus
   ↓
5. Hypothalamus sendet Botenstoffe (Hormone), um *fight/flight/freeze*-Modus auszulösen (Erhöhung der Herzrate, Muskelanspannung etc.)

Das Schema zeigt die wichtige Rolle des Mandelkerns bei der Bewertung von Situationen, wobei sich die Frage stellt, warum bzw. wie die Amygdala überhaupt in der Lage ist, als Alarmanlage zu fungieren, d.h. eingehende Stimuli emotional zu beurteilen, während der Cortex diese rational bewertet. Zum einen kommuniziert der Mandelkern mit dem Hippocampus, zum anderen gibt es Hinweise darauf, dass einige „emotional memories" (Wolfe 2011: 28), die bei der Bewertung von Situationen relevant sein können, im Mandelkern selbst abgelegt werden. Der Mandelkern kann im Übrigen deshalb schneller die emotionale Bewertung liefern als der Cortex die rationale und damit in kürzester Zeit zur Auslösung einer Reaktion beitragen, weil Thalamus (2. in obigem Schema) und Cortex (3. im Schema) über eine größere Distanz hinweg kommunizieren müssen als Thalamus und Amygdala (vgl. Wolfe 2001: 87) und weil die vom Cortex geleistete Analyse feiner ist als die schnell zur Verfügung gestellte Grobanalyse des Mandelkerns. Amygdala und orbifrontaler Cortex sind miteinander verschaltet, sodass der orbifrontale Cortex als „Kontrollinstanz" des Mandelkerns fungieren kann (Rüegg & Bertram 2010: 7). Der Mandelkern ist neben Hippocampus, Nucleus accumbens sowie weiteren Hirnregionen Teil des limbischen Systems.

Wird nun in Lernprozessen, z.B. beim Lernen von Vokabeln, Druck oder Angst als Verstärker eingesetzt, so läuft die im Schema dargestellte Warnschleife an. Meistens kann sich die Schülerin oder der Schüler nicht durch *fight* oder *flight* der Situation entziehen, verharrt also im *freeze*-Modus und lässt sich, begleitet von negativen Emotionen, zum Lernen zwingen. Die Angst verursachenden bzw. Druck aufbauenden Faktoren können übrigens von außen einwirken, aber auch im Lernenden selbst aufgebaut werden. Trotz negativer Emotionen kann es, wie gesagt, gelingen, bestimmte Aufgaben, wie das Memorieren einiger Vokabeln, zunächst zu erfüllen. Die Übertragung der memorierten Wörter auf Anwendungskontexte hingegen gelingt mit hoher Wahrscheinlichkeit nur schwer, denn die Vokabeln wurden wie Fakten auswendig gelernt und als Wissen abgelegt. Es hätte anderer Verarbeitungsmuster bedurft, um Anwendungsflexibilität durch Übertragen auf Beispiele und variable Kommunikationssituationen zu erreichen, doch diese waren durch die negativen Emotionen während des Prozesses der Einspeicherung blockiert:

> „Jede schwerwiegende Irritation oder Belastung erzeugt im Gehirn eine sich ausbreitende Erregung, die dazu führt, dass nur auf der Ebene der besonders stabilen, durch bisherige Erfahrung bereits gut gebahnten Verschaltungsmuster ein entsprechendes, handlungsleitendes Aktivierungsmuster aufgebaut werden kann. [...] Je größer der Druck [...] desto tiefer geht es [...] auf der Stufenleiter der noch aktivierbaren, handlungsleitenden Muster herab." (Hüther 2010: 45)

Da nicht nur die Lerninhalte, sondern auch die Emotionen, mit denen diese verbunden sind, im Gedächtnis verankert werden, erstaunt es kaum, wenn Neurowissenschaftler darauf hinweisen, dass unter Angst oder Druck Gelerntes isoliert abgespeichert und kaum verknüpft wird (vgl. Spitzer 2003: 161). Im Grunde scheint dies eine Art Schutzmechanismus zu sein: Je weniger ein emotional negativ belegter Inhalt vernetzt wird, desto geringer ist die Gefahr, diesen wieder, z.B. durch die Aktivierung eines verlinkten Knotenpunktes im Netzwerk, zu erinnern und zusammen mit dem Inhalt auch die negativen Emotionen. Als eine Art Umkehrschluss zu „The better something is encoded in memory the easier it is to recall" (Kandel 2006/2010) ließe sich formulieren: Je schlechter etwas enkodiert bzw. vernetzt ist, desto besser lässt es sich vermeiden, ausblenden oder sogar löschen. Daraus ließe sich folgern, „dass Lernen mit positiven Emotionen arbeiten sollte. Angst und Furcht können zwar kurzfristig das Einspeichern von neuen Inhalten fördern, führen jedoch langfristig zu [...] negativen Effekten von chronischem Stress“ (Spitzer 2003: 172).

Emotionen bleiben also im Gedächtnis und beeinflussen das Lernen, aber auch Erlebnisse, die mit Lernprozessen in Verbindung stehen, können Emotionen hervorrufen. Damit beeinflussen sich Lernen und Emotionen, kognitive und emotionale Prozesse also gegenseitig. „Educators need to recognize the power of emotion to increase retention, and plan classroom instruction accordingly“ (Wolfe 2001: 108).

Praxisfenster

Hanna: Ich fand es sehr spannend, zu erfahren, dass wir uns Emotionen zusammen mit Inhalten merken, darüber hatte ich mir noch keine Gedanken gemacht. Ich dachte eher, die Gefühle wären beim Lernen und Üben schon irgendwie dabei, aber wenn man dann mal den Inhalt im Gedächtnis hat, wären die Emotionen dazu verblasst, im Großen und Ganzen wieder vergessen. Jedenfalls war mir nicht klar, dass wir beim Erinnern nicht nur die Inhalte, sondern auch unsere Gefühle dazu erinnern.

Uli: Ein Zusammenwirken von Emotionen und Lernen bemerke ich schon in meinen Klassen und bei mir selbst ja auch. Dabei denkt man oft, dass bei Angst gar nichts gelernt werden könne, das stimmt so also nicht ganz. Aber Lernen unter Angst ist trotzdem kein gutes Lernen, weil die Verarbeitung ziemlich mechanisch läuft, weil kaum vernetzt wird, Übertragung und Anwendung schlecht gelingen. Außerdem leuchtet mir das mit dem chronischen Stress ein. Das wollen wir natürlich nicht, aber wie macht ihr das denn mit den positiven Gefühlen und dem Vermeiden von Angst in eurem Englisch- oder Französischunterricht?

Claudia: Als Grundschullehrerin sorge ich natürlich dafür, dass die Kinder sich sicher fühlen in meinem Englischunterricht. Dazu nutze ich viele Rituale. Wir begrüßen uns beispielsweise in der „Englischzeit“ immer mit einem Lied, dann geben die Kinder einen zotteligen Knautschball herum, der sich gut anfühlt und als Sprechimpuls fungiert, und sie stellen sich in der Runde kleine Fragen, z.B. *How are you today? How was your weekend?* Dadurch erfahren die Kinder etwas voneinander, und es werden auch Gefühle geäußert. So lange ich merke, dass die Kinder es mögen, bringe ich auch die Handpuppe mit, dann leuchten die Augen, und ich kann den Kindern ganze Gespräche zeigen, weil ich mit der Handpuppe einen Gesprächspartner habe, der fließend Englisch spricht. Wir üben natürlich ganz viel spielerisch und binden Musisches und Bewegung in den Unterricht ein. Außerdem achte ich darauf, dass Phasen der Anspannung und Konzentration mit Phasen der Entspannung im Wechsel stattfinden. Meine Mentorin im Referendariat hat mich dafür sensibilisiert, dass man mit dem Biorhythmus arbeiten muss, nicht dagegen.

Hanna: O ja, meine haben auch einen ausgeprägten Biorhythmus, besonders in der Mittelstufe... Entschuldigt, das war jetzt eine eher emotionale Äußerung, zurück zum Sachlichen: Ich habe beispielsweise festgestellt, dass es nicht gut funktioniert, wenn man *Brainstorming, Mindmaps* oder dergleichen einsetzt und dabei Druck aufbaut – abgesehen von einem angemessenen Zeitlimit, das funktioniert gut. Es scheint zwar ein kognitives Vorgehen zu sein, wenn man verlangt, sein Hirn zu durchforsten, um z.B. Schlüsselwörter und Kernaussagen zusammenzutragen, aber trotzdem kommt zumindest in meinen Klassen nur etwas dabei heraus, wenn eine entspannte Atmosphäre herrscht und wenn keine wertenden Urteile über Nennungen abgegeben werden.

Peter: Stimmt, das kenne ich auch.

Hanna: Hat wohl damit zu tun, dass das Abrufen von vernetzten Einträgen im Gehirn eben doch keine rein kognitive Aufgabe ist, sondern eigentlich eine kreative.

Peter: Womit wir wieder bei dem Aspekt wären, dass Lernen mehr braucht als Kognition alleine. Claudia, zu dir wollte ich noch etwas sagen. Das, was du aus deinem Englischunterricht in der Grundschule erzählst, kann ich gut nachvollziehen. Das sind bestimmt sinnvolle Maßnahmen, um im Unterricht bei „den Kleinen" dafür zu sorgen, dass kein unnötiger Stress aufkommt und sie gerne dabei sind. Mir gefällt auch die Verknüpfung von Lehren und Lernen der Sprache mit deinen Ritualen. Bei uns am Gymnasium kann man solche Dinge in den unteren Klassen auch noch ganz gut einsetzen, bei den Älteren sorge ich dafür, dass sie sich sicher fühlen, indem ich Transparenz schaffe, Erwartungen offenlege, sie mit Aufgabenformaten vertraut mache, Feedbackgespräche führe, und außerdem bin ich, das wisst ihr ja schon, ein Befürworter von dramapädagogischen Elementen. Da gibt es ganz viele Impulse für den Fremdsprachenunterricht, Aktivitäten, bei denen Emotionen und Lernen, insbesondere als probeweises Anwenden der Fremdsprache im geschützten Raum, zusammenkommen. Das sind Lernerlebnisse, die wirklich im Gedächtnis bleiben. Ich bin schon gespannt, was wir zu Dramapädagogik im Fremdsprachenunterricht später noch erfahren werden.

2.2 Stimmungsbeeinflussung

Auf die Stimmung kann ganz viel einwirken, z.B. das Wetter, die Umgebungstemperatur, Nahrungsmittel oder auch Farben. Auf Letzteres soll im Folgenden ein Blick geworfen werden, denn Farben werden auch im Fremdsprachenunterricht eingesetzt, u.a. zur Hervorhebung bei Grammatik oder bei der Arbeit mit Texten.

Wie aber wirken Farben auf Menschen? Ist es beispielsweise denkbar, dass uns Rot tatsächlich wachsam macht, Blau dagegen eher kreativ stimmt? Verschiedene Studien versuchten bereits, einen Zusammenhang zwischen Farben und Stimmungen bzw. bestimmten Reaktionen oder Leistungen nachzuweisen (vgl. u.a. Elliot et al. 2007, Meier et al. 2012, Mehta & Zhu 2009). Zur Erforschung der Wirkungen werden oftmals Wortassoziationstests eingesetzt, aber auch das Lösen von Aufgaben, die Worterinnerungsleistung, das Finden von Fehlern in Dokumenten usw. lassen sich nutzen, um mögliche Zusammenhänge zwischen Farben und Stimmungen oder Leistungen zu untersuchen. Die derzeitige Forschungslage ist zwar noch nicht eindeutig, aber es kristallisieren sich einige interessante Trends heraus. Beispielsweise scheint es kein Zufall zu sein, dass Rot zur sogenannten Lehrerfarbe wurde und auch bei Warnschildern genutzt wird, denn während sich die Farbe Blau in verschiedenen Experimenten als eher die Kreativität und Assoziationen fördernd erwiesen hat, wird Rot vielfach eine fokussierende, die Gedächtnisleistung stützende Wirkung zugeschrieben (vgl. Mehta & Zhu 2009). Zur Erforschung wurden u.a. Gedächtnistests eingesetzt, die auf

Wörterlisten basierten. Dabei sollten sich die Studienteilnehmer so viele Wörter von der Liste merken, wie möglich. Bei der Präsentation der Wörterlisten wurde mit rotem bzw. blauem Bildschirmhintergrund gearbeitet. Nach einer Interimsphase etwa im Umfang einer großen Pause/Zehn-Uhr-Pause wurde die Behaltensleistung erfasst und ausgewertet mit folgendem Ergebnis: „Bei rotem Bildschirmhintergrund war die Leistung in diesem Test besser als bei blauem. Darüber hinaus führte ein blauer Bildschirmhintergrund zu mehr Fehlern (false recalls) als ein roter" (Spitzer 2009a: 321). Möglicherweise ließe sich dies im Fremdsprachenunterricht je nach Unterrichtsphase und intendiertem Ziel zumindest hin und wieder nutzen, ein Schaden durch roten oder blauen Hintergrund bei Aufgaben am PC oder auf Arbeitsmaterialien muss wohl nicht befürchtet werden, doch zur Verdichtung der Forschungslage sind weitere Studien, gezielt zum Fremdsprachenunterricht, nötig. In der Abteilung Didaktik des Englischen an der FU Berlin wurde 2013 eine Masterarbeit vorgelegt, die eine kleine, an Mehta & Zhu 2009 angelehnte empirische Studie mit Datenerhebung in zwei zehnten Klassen beinhaltete. Die Zehntklässler sollten in zwei Gruppen eine Liste mit englischen Wörtern und deren deutschen Entsprechungen memorieren. Die eine Version der Wortlisten hatte einen roten, die andere, als Schwarz-Weiß-Kopie vorgelegt, einen neutralen Rand. Die Studienteilnehmer und die Forscherin waren verblindet, d.h. die Schülerinnen und Schüler wurden vorab nicht über die Funktion der Farben informiert, und die Forscherin konnte bei der Datenauswertung nicht zuordnen, zu welcher Gruppe die Datensätze gehörten. Die Ergebnisse sind vorsichtig als Trend zugunsten der Farbe Rot zu interpretieren. In keinem Bereich schnitt die Gruppe mit rotem Rand schlechter ab als die andere, sondern stets etwas besser. Sowohl die Zahl der erinnerten Vokabeln als auch die der korrekt geschriebenen lagen bei der Gruppe mit rotem Rand höher, Gleiches gilt für das Behalten der deutschen Übersetzungen zu den Wörtern (vgl. Ostheroth 2013).

Ein weiterer Faktor, der u.a. in Klassenzimmern wirkt und die Stimmung sowie die Aufmerksamkeit beeinflussen kann, ist das Licht. Dazu wird seit einiger Zeit am TransferZentrum für Neurowissenschaften und Lernen in Ulm eine entsprechende Schulstudie durchgeführt, wobei folgende Hypothese den Ausgangspunkt bildet: Licht mit erhöhten Blauanteilen, vergleichbar mit natürlichem Tageslicht, besitzt eine aktivierende Wirkung. Um diese Hypothese zu prüfen und genauere Aussagen über die möglicherwiese aktivierende Wirkung machen zu können, wurde zunächst „an zwei [...] Schulen je ein Klassenzimmer mit der neuen Beleuchtung ausgestattet. Die Schüler, die in diesen Klassenräumen Unterricht hatten, wurden mit ihren Altersgenossen der Parallelklasse verglichen, die im Raum daneben saßen [...] unter Standardbeleuchtung. Sechs Wochen lang hatten die einen Schüler das neue Licht und die anderen das Standardlicht. Dann wurden die Klassenzimmer getauscht" (Kreis 2012). Die Ergebnisse dieser Studie bestätigen die förderliche Wirkung des Lichts mit hohem Blauanteil und belegen, dass die Gruppe, deren Raum jeweils mit der tageslichtähnlichen Beleuchtung ausgestattet war, eine höhere kognitive Leistungsgeschwindigkeit erreichte als die im standardbeleuchteten Zimmer. Ferner schnitten sie beim Aufmerksamkeitsbelastungstest besser ab. Die Wirkungen werden noch weiter erforscht, die Studie ist jedoch schon zu diesem Zeitpunkt ein interessantes Beispiel dafür, dass viele Faktoren unterhalb der Bewusstseinsschwelle auf Stimmung, Biorhythmus und Leistungsfähigkeit Einfluss nehmen.

Ein weiteres interessantes Phänomen, das zugleich die Wechselwirkung zwischen emotionaler Gestimmtheit und Lernen beispielhaft verdeutlicht, ist als sogenannter Stimmungskongruenzeffekt (*Mood Congruency-Effect*) bekannt. Dieser gilt als empirisch recht gut abgesichert. Der Effekt verweist auf eine Übereinstimmung zwischen Stimmung und fokussierten Lerninhalten bzw. der Lernleistung. Sind Schülerinnen und Schüler positiv gestimmt, richten sie ihr Augenmerk eher auf positive Inhalte, sind offener für Texte mit positivem Gehalt und weitere positiv konnotierte Merkmale oder Inhalte des Unterrichts. Sind sie negativ gestimmt, befassen sie sich eher mit negativen Inhalten. Der Stimmungskongruenzeffekt umfasst auch die Hypothese, dass das Abrufen von Gelerntem bei ähnlicher Stimmung wie zum Zeitpunkt des Einspeicherns besonders gut gelingt. Allerdings ist es insbesondere im Praxisfeld nicht einfach, eine verlässliche Aussage darüber zu machen, ob eine Stimmung tatsächlich bereits vor dem Abrufen bestand und dadurch das Erinnern begünstigte. Ebenso schwierig ist eine Aussage darüber, ob die Stimmung beim Abrufen von Gelerntem mit der zum Zeitpunkt des Lernens tatsächlich vergleichbar ist. Denkbar wäre außerdem, dass die Stimmung, die den Lernvorgang begleitete, durch das Abrufen reaktiviert wird, weil sie zusammen mit den Inhalten in Erinnerung geblieben ist. Ob also im konkreten Einzelfall die Stimmung die Effektivität des Erinnerns beeinflusst, möglicherweise sogar als Filter fungiert oder ob sich die Stimmung durch das Abrufen von Inhalten ändert bzw. beides interagiert, ist nicht einfach und wohl auch nicht allgemeingültig zu beantworten. Für Fremdsprachenlehrerinnen und -lehrer kann jedoch das Wissen um eine Wechselwirkung, die oftmals bereits beim Einspeichern wirkt, wichtig für die Unterrichtsgestaltung sein, wenn zugleich berücksichtigt wird, dass bei positiver Stimmung im Allgemeinen von einer höheren, für das Lernen günstigeren Aktivierung auszugehen ist, deren Effekte sich später als bessere Behaltensleistung und rasche sowie flexible Abrufbarkeit manifestieren. Überdies ist für alle Lehrenden ein dem Stimmungskongruenzeffekt verwandtes Phänomen von Interesse, das als *Facial Feedback Hypothesis* bezeichnet wird. Diese Hypothese besagt letztlich, dass Stimmungen ansteckend wirken (*Principle of Contagion*, Pawlak et al. 2003), indem sie auf dem Weg der Spiegelung von Gesichtsausdrücken gewissermaßen übertragen werden (zu Spiegelneuronen vgl. 5.2). Schülerinnen und Schüler sprechen auf den Gesichtsausdruck der Lehrkraft an. Eine zumeist mürrisch dreinblickende Lehrkraft, deren Mimik, Körpersprache und verbaler sowie paraverbaler Ausdruck z.B. auf Unzufriedenheit, hohes Belastungserleben oder negative Stimmung schließen lässt, hat gute Chancen, von der Klasse gespiegelt zu werden. Geringer sind hingegen die Chancen, schülerseitiger Euphorie, Begeisterungsbekundungen oder schlichtweg fröhlichen, entspannten Gesichtsausdrücken in der Klasse zu begegnen, denn: „[…] wer das Klassenzimmer missmutig, mürrisch und übel gelaunt betritt, darf sich über verdrießliche Schüler nicht wundern“ (Butzkamm 2012: 19). Dass sich die Spiegelung nicht nur auf die Gestimmtheit, sondern auch auf die Erinnerungsleistung auswirkt, dass es je nach Gesichtsausdruck und daraus resultierendem *Facial Feedback* sogar zu unterschiedlicher Verarbeitung im Gehirn kommt, konnte wiederum durch fMRT-Studien nachgewiesen werden.

Pawlak et al. (2003) zeigten den Probanden in ihrer Studie entweder Bilder von glücklichen oder von mürrischen Gesichtern, um auf diesem Wege das Spiegeln anzuregen und die Stimmung der Studienteilnehmer zu beeinflussen. Das Vorgehen erinnert an das weiter oben in Zusammenhang mit der Erforschung von positiven, negativen und neutralen Emotionen beschriebene. Auch bei dieser Studie sollten sich die Probanden eine Liste von Wörtern merken. Im Anschluss wurde überprüft, wie viele der präsentierten Wörter sich die Probanden nach dem Betrachten positiver Gesichtsausdrücke, und wie viele sie sich nach dem Betrachten negativer Gesichtsausdrücke merken konnten. Ihre Aufgabe im funktionellen MRT bestand darin, die Wörter wiederzuerkennen und von solchen zu unterscheiden, die nicht auf ihrer Liste standen. „The results revealed better recall by subjects who viewed the happy faces“ (Pawlak et al. 2003: 53), was darauf schließen lässt, dass sich die Wahrnehmung positiver Gesichtsausdrücke förderlich auf die Aufnahmebereitschaft und das Einspeichern ausgewirkt hatte. Die Bilder der Hirnaktivität zeigten dabei „higher activity in the prefrontal cortex“ (ebd.) als beim Abrufen der Wörter, die unter dem negativen Eindruck eingespeichert werden mussten.

Übertragen auf den Kontext des Fremdsprachenunterrichts liefern solche Studien wichtige Hinweise auf den Einfluss unterschiedlicher Faktoren (Farben, Licht u.v.m.) im Rahmen von Lernprozessen, verweisen zugleich aber auch auf die Komplexität und die Bandbreite möglicher Einflussfaktoren. Die zwischenmenschliche Interaktion samt ihren verbalen und nonverbalen Komponenten nimmt im Fremdsprachenunterricht eine besondere Rolle ein, wobei der Lehrkraft, wie später noch gezeigt wird, eine nicht zu unterschätzende Bedeutung für das Gelingen zukommt. Wie im Vorausgegangenen dargestellt, kann bereits ein freundlicher Gesichtsausdruck positiv auf die Lernbereitschaft rückwirken und den Lernerfolg beeinflussen. Dabei geht es natürlich nicht darum, sich als Lehrkraft zu verstellen und ein maskenhaftes Lächeln aufzusetzen, sondern es geht vielmehr um eine Grundeinstellung, um eine gewisse Gelassenheit gegenüber sich im Alltag oftmals unnötig groß aufblähender Kleinigkeiten, die es der Lehrkraft erlaubt, sich ganz auf die Lerngruppe und die gemeinsame Arbeit einzustellen. Die Lehrkraft soll die mit der Klasse verbrachte Zeit insgesamt, obschon in der Praxis nicht immer alles glatt läuft, als gut verbrachte, wertvolle Zeit erleben („Ich bin gerne in dieser Klasse, ich bin gespannt auf das, was kommt“ usw.). Als Nebeneffekt, und dies ist gerade im Fremdsprachenunterricht nicht unerheblich, wird die Grundhaltung und Ausstrahlung der Lehrkraft von den Lernenden auch auf die Fremdsprache projiziert. Einer entspannten, insgesamt gut gelaunten Lehrkraft spricht der Lerner Akzeptanz, Freude und Begeisterung für die Fremdsprache zu, was sich zumeist günstig auf die Leistungsbereitschaft sowie auf die Offenheit der Schülerinnen und Schüler der Fremdsprache gegenüber auswirkt.

Eine solche Lehrkraft wirkt zuversichtlich, weniger gehetzt und kann die positiven Momente besser wahrnehmen, die andernfalls im Trubel des Unterrichtstages oftmals untergehen. Letztlich gilt nämlich auch für die Lehrkraft, dass im Hinblick auf die Stimmung von einem Kongruenzeffekt auszugehen ist und auch der „Lehrerblick“ sich eher auf das Positive richtet, wenn eine positive Grundeinstellung gelingt. Dies wiederum wirkt sich auf die Unterrichtsatmosphäre aus, die als ein entscheidender Faktor die Risikobereitschaft und die Selbstwahrnehmung der Schülerinnen und Schüler beeinflusst und maßgeblich dazu beitragen kann, dass die Freude am Lernen erhalten bleibt oder gefördert wird, und dass Angst zumindest keine übermäßige Rolle spielt.

Praxisfenster

Peter: Der letzte Halbsatz hat mich eben wach gerüttelt: Wir sprechen ganz viel von dem, was den Schülerinnen und Schülern gut tut und oft bedeutet das für uns Lehrer dann eine Extraportion Arbeit. Dass eine positive Grundstimmung im Unterricht aber zugleich förderlich für das Lernen der Sprache und das Lehren ist, also für alle im Klassenzimmer vorteilhaft, finde ich einerseits logisch und andererseits ermutigend. Die Frage ist dann natürlich wieder, wie schafft man eine positive Grundstimmung im Englisch- oder Französischunterricht?

Hanna: Durch ein *happy face*, denn das scheint sich ja von der Lehrkraft auf die Klasse zu übertragen. Natürlich muss es echt sein und nicht aufgesetzt, daher würde ich eher von einem entspannten Gesichtsausdruck und einer schülerzugewandten Art der Lehrkraft sprechen. Außerdem tragen weitere Faktoren bei, ich denke übrigens, dass die Selbstwahrnehmung der Schülerinnen und Schüler hier eine große Rolle spielt.

Uli: Ja und ich glaube, dass auch darauf der Lehrer wieder Einfluss nimmt.

Claudia: Irgendwie ist es tatsächlich ermutigend, zu hören, dass ich als Lehrerin allein durch meine Ausstrahlung, meine Mimik und Gestik dazu beitragen kann, dass mehr hängen bleibt.

Peter: Spannend fände ich außerdem, einmal auszuprobieren, ob meine Klassen auf Farben reagieren. Ich könnte mir vorstellen, bei Aufgaben mit dem Fokus auf sprachlicher Korrektheit eine Zeit lang einen roten Rand auf den Arbeitsmaterialien, PowerPoint-Folien usw. zu nutzen. Und wenn kreativ gearbeitet werden soll, z.B. wenn wir Szenen schreiben, einen Text entfremden wollen oder Derartiges, dann könnte man tatsächlich einmal mit blauem Papier arbeiten. Ob das wirklich etwas bringt, würde mich schon interessieren. Schaden würde es jedenfalls nicht und die Farbe könnte, wie du, Claudia, vorher in anderem Zusammenhang sagtest, als Ritual genutzt werden, sodass sie die Schüler gleich auf die Aufgabe einstimmt und sich eine entsprechende Antizipation und Arbeitshaltung aufbaut. Ich nutze außerdem gerne *warm-ups* am Anfang der Stunde, aber dazu kommen wir bestimmt später noch.

2.3 Schreiben gegen Prüfungsangst

Im Oktober 2012 wurde von der Kultusministerkonferenz ein Beschluss mit dem Titel „Bildungsstandards für die fortgeführte Fremdsprache (Englisch/Französisch) für die Allgemeine Hochschulreife" veröffentlicht. Die Bildungsstandards lösen die Einheitlichen Prüfungsanforderungen (EPA) für die Gestaltung der Abiturprüfungen ab (vgl. KMK 2012: 3) und „gelten [bald] für alle Bildungsgänge, die zur Allgemeinen Hochschulreife führen. […] Ab dem Schuljahr 2016/2017 sollen die Abiturprüfungen in allen Ländern auf den Bildungsstandards basieren" (KMK 2012: 3, 6). Die Bildungsstandards für das Abitur definieren die „Kompetenzen, die Abiturientinnen und Abiturienten erwerben sollen" (KMK 2012: 5). Ihre Implementierung wird in den kommenden Jahren für einige Bewegung in den betroffenen Disziplinen sorgen (Deutsch,

Mathematik und in der fortgeführten Fremdsprache Englisch oder Französisch), wobei es hoffentlich gelingen wird, diesen Prozess zielführend und zugleich mit der nötigen Sensibilität so zu gestalten, dass die Bildungsqualität gesichert bzw. gesteigert wird und unnötige Irritationen vermieden werden. Denn Prüfungen sollten als potentiell emotionalisierende Situationen insbesondere in Innovationsprozessen aufmerksam in den Blick genommen werden.

Prüfungen können auf kognitive und emotionale Komponenten des Lernens Einfluss nehmen, manchmal im Sinne förderlicher Wirkungen, manchmal aber auch als Belastung. Im Rahmen einer Studie zu Abiturstress und einem günstigen Umgang damit (Ehrhard et al 2008) gaben kurz vor den Abiturprüfungen 20% der Jugendlichen an, unter deutlichem Druck zu stehen und zwar im Ausmaß von einem „klinisch auffälligen Wert an selbst berichteten depressiven Symptomen“ (ebd.). Ziel der Studie war es zum einen, die Symptome genauer zu identifizieren, d.h. herauszufinden, wie sich der Prüfungsstress manifestierte (z.B. in Form von ungewollten negativen Gedanken), und aufzuzeigen, wie sich dieser mit zunehmender zeitlicher Nähe zum Abitur entwickelte. Ergänzt wurde diese Zielsetzung durch einen zweiten Aspekt, nämlich die Erprobung von Strategien, die einen günstigen Umgang mit Abistress ermöglichen sollen. Die Studie fokussierte hierbei das Schreiben als Bewältigungsstrategie. „Der Hintergrund dafür ist, dass sich Schreiben über belastende Situationen als hilfreich für eine günstige Verarbeitung derartiger Erlebnisse erwiesen hat“ (ebd.). Aus diesem Grund wurden zwei unterschiedliche Arten von Schreibtraining entwickelt und erprobt, nämlich das Schreiben über Abi-Ängste einschließlich gedanklicher Umbewertung derselben und das Schreiben über das eigene Zeitmanagement, da vermutet werden kann, dass Druck vor Prüfungen in einigen Fällen ursächlich eher auf ungünstiges Zeitmanagement im Vorfeld als auf die Prüfungssituation selbst zurückzuführen ist. Einige der Abiturienten nahmen an zwei Messungen im Kernspintomographen teil (Prä-Postmessung im Hinblick auf das Schreibtraining), sodass Daten zur Hirnaktivität vor und nach dem jeweiligen Training erhoben werden konnten. Der Ort der neuronalen Aktivierung gibt nämlich Aufschluss darüber, „ob eher rational-gedankliche oder emotionale Vorgänge vorherrschen und wie diese unter unterschiedlichen Bedingungen variieren“ (ebd.).

Die Ergebnisse der Studie weisen auf einen förderlichen Effekt des Schreibens über die vom bevorstehenden Abitur ausgelösten Emotionen hin, was sich in den Noten und den Fehlzeiten der Schülerinnen und Schüler zeigte. Der Effekt war bei den Jugendlichen geringer, die über ihr Zeitmanagement schrieben. Tatsächlich ließen sich auch Unterschiede der Hirnaktivität nachweisen, je nachdem, an welchem Schreibtraining die Jugendlichen teilgenommen hatten. Konfrontiert mit selbstwertbedrohlichen Wörtern wurden „nach dem Schreiben über die Gedanken und Gefühle zum Abitur bestimmte Hirnregionen weniger aktiviert, die mit automatischen emotionalen Reaktionen und der Verbindung mit eigenen emotionalen Erinnerungen in der Vergangenheit zusammenhängen“ (ebd.). Damit kann auf neuronaler Ebene von einem Effekt durch das „Einnehmen einer hilfreicheren Perspektive“ ausgegangen werden, der, so lässt sich schließen, noch verstärkt wird, „wenn man sich schriftlich mit den Gedanken und Gefühlen zur bevorstehenden Prüfung auseinandersetzt“ (ebd.). Da an dieser Studie jedoch nur etwa 50 Jugendliche teilgenommen haben, kann nicht mit statistischen Signifikanzen argumentiert werden, aber die Ergebnisse sind dennoch interessant und die Erkenntnislage verdichtet sich außerdem durch weitere Studien.

Ramirez & Beilock (2011) untersuchten mit zwei Labor- und zwei randomisierten Feldexperimenten ebenfalls die Effekte des Schreibens als Strategie bzw. als psychologische Intervention mit dem Ziel „to improve students' scores on high-stakes exams and to increase our understanding of why pressure-filled exam situations undermine some students' performance“ (Ramirez & Beilock 2011: 211). In den Laborstudien wurden zwei unterschiedliche Schreibstrategien eingesetzt, zum einen das Schreiben über die Prüfungssituation sowie zum anderen das Schreiben ohne thematische Bindung an die Prüfung. In der Feldstudie schrieben die Neuntklässler der Experimentalgruppe über die unmittelbar bevorstehende Abschlussprüfung und ihre damit verknüpften Emotionen. In der Kontrollgruppe wurde nicht geschrieben. Im Unterschied zur oben referierten Studie wurde das Schreiben nicht als Training mit einer gewissen Distanz zu den Prüfungsterminen eigesetzt, sondern unmittelbar davor, und es wurde nicht auf eine gedankliche Umbewertung hingewirkt, sondern der Schreibprozess als solcher in seiner möglicherweise kathartischen Wirkung untersucht. Außerdem unterscheiden sich die Zielaltersgruppen der Studien. Trotzdem zeigen sich, bei aller gebotenen Vorsicht angesichts der Unterschiede zwischen den Studien, gewisse Übereinstimmungen, denn auch in dieser Studie konnten positive Effekte des Schreibens über *Testing Worries* nachgewiesen werden: „expressive writing [...] immediately before taking an important test, significantly improved students' exam scores [...]” (ebd.). Dabei stellt sich die Frage, ob der Effekt auf das Nachdenken über die bevorstehende Prüfung oder auf das an die gedankliche Auseinandersetzung gekoppelte Schreiben zurückzuführen ist, worüber die Teilstudien Aufschluss geben, in denen Schreiben und Nicht-Schreiben gegenübergestellt wurden, und sich die positiven Effekte nur bei der Schreibgruppe zeigten. Es wäre durchaus vorstellbar gewesen, dass die Bewusstmachung der Prüfungsangst unmittelbar vor dem Test zu einer Blockade hätte führen können, d.h. zu einem Misslingen des Zugriffs aufs Arbeitsgedächtnis in der Prüfungssituation, doch die Befunde widersprechen dem: Eine Auseinandersetzung mit Prüfungsängsten, die es dem Prüfling erlaubt, seine Emotionen z.B. durch Schreiben an der Schwelle zur Prüfungssituation zum Ausdruck zu bringen, kann bei der Bewältigung förderlich wirken, sodass der Prüfling in der Prüfung nicht durch unkontrollierte negative Emotionen in seiner Leistung beeinträchtigt wird: „[...] for those students who are most anxious about success, one short writing intervention that brings testing pressure to the forefront enhances the likelihood of excelling, rather than failing, under pressure” (Ramirez & Beilock 2011: 213).

Es scheint, als habe die Auseinandersetzung mit der Prüfungssituation und den dadurch ausgelösten Emotionen, die im Schreiben einen Kanal zur Veräußerung finden, tatsächlich eine die Angst bändigende Wirkung. Offenbar werden die Emotionen, die sich ohne Schreiben als „debilitating anxiety“ (Allwright & Bailey 1991: 172) ausgewirkten, durch die Aktivierung höherer Hirnregionen (Cortex) beim Nachdenken und Schreiben in ihrer Intensität bzw. Valenz (positiv, ambivalent, negativ) beeinflusst. Im günstigsten Fall kann durch ein Wegschreiben lähmender Angst die Anspannung beispielsweise vor der Abiturprüfung sogar in eine die Wachsamkeit steigernde „facilitating anxiety“ (ebd.) konvertiert werden. Bei der Studie von Ramirez & Beilock wurde das Schreiben unmittelbar vor der Prüfung ähnlich wie ein *Prime* genutzt.

Beim *Priming* wird ein unterschwelliger Reiz eingesetzt, der Gedächtnisinhalte aktiviert (oftmals *semantisches Priming*) bzw. die Stimmung beeinflusst oder Emotionen hervorruft (*affektives Priming*) und sich auf die Verarbeitung nachfolgender Reize, die Bearbeitung von Aufgaben etc. auswirkt. Im Grunde nutzen auch Experimente im

Scanner *Priming*, nämlich *visuelles Priming*, wenn, wie weiter oben beschrieben, Probanden in Studien positiv oder negativ konnotierte Bilder oder Filmsequenzen gezeigt werden, um dadurch unterschiedliche emotionale Bedingungen bei der Bewältigung einer Aufgabenfolge zu schaffen. Beim *semantischen Priming* wird einem Zielwort, z.B. Tisch, ein semantisch verwandtes, z.B. Stuhl, als *Prime* vorausgeschickt (vgl. Kiefer et al. 2012: 51). Die Erforschung möglicher Einflüsse von unterschwelligen Reizen erlebte nach der Publikation der Ergebnisse eines berühmt gewordenen Experiments zunächst eine Phase der Irritation sowie im Anschluss daran eine über nahezu zwanzig Jahre andauernde Phase besonderer Vorsicht und Zurückhaltung. James Vicary erregte Ende der 1950er Jahre Aufmerksamkeit mit seiner Studie zur „subliminalen Wahrnehmung" bzw. „subliminalen Werbung" (vgl. Spitzer 2010a: 119), besser bekannt als Iss-Popcorn-trink-Cola-Studie. Um die Wirkung unterschwelliger Reize auf das Konsumverhalten zu erforschen, ließ Vicary in einen Kinofilm in einem bestimmten Intervall jeweils ein zusätzliches Bild einfügen, das Botschaften enthielt wie „Trink Cola" oder „Iss Popcorn". Die Bilder mit diesen Botschaften erschienen bei der Filmvorführung nur so kurz auf der Leinwand – in Millisekunden gesprochen –, dass die nichts ahnenden Zuschauer in einem Kino in New Jersey die versuchte Manipulation ihres Kaufverhaltens nicht bemerkten. Dennoch berichtete Vicary überzeugend von der Wirksamkeit der Maßnahme: „Der Konsum von Coca-Cola sei um 58%, der von Popcorn während des Kinofilms um 18% gestiegen" (Spitzer 2010a: 118). Fünf Jahre nach der Veröffentlichung der Ergebnisse dieses Experiments, das insbesondere von der Werbebranche mit großem Interesse aufgenommen worden war, zugleich aber auch ethische und forschungsethische Fragen aufwarf, musste Vicary in einem Interview einräumen, dass seine Daten gefälscht bzw. zumindest nicht in dem Maße belastbar waren, um die von ihm gezogenen kühnen Schlussfolgerungen zu stützen. Damit war das Forschungsfeld gewissermaßen kontaminiert: „Kein ernst zu nehmender Wissenschaftler [...] wagte es in den nächsten zwei Jahrzehnten mehr, solcherart unbewusste Prozesse zu untersuchen" (Spitzer 2010a: 119) und damit blieben wichtige Fragen zunächst ungeklärt, was wiederum dazu führte, dass Spekulationen um mögliche Wirkungen subliminaler Botschaften zum Teil fragwürdige Früchte trugen, beispielsweise folgende: „So wurde im Sommer 1990 die Rockband Judas Priest angeklagt, weil ihre Musik angeblich die unterschwellige Botschaft „Do it" („Tu's") enthalten und damit den Selbstmord zweier junger Männer verursacht habe" (von Campenhausen in *Die Zeit online* 1996). Rockmusik, Heavy Metal, Punk, teilweise auch Pop gerieten in den Verdacht subliminale Botschaften insbesondere im *Back(ward)masking*-Modus, d.h. in Form von Rückwärtsbotschaften, zu enthalten (vgl. Bäumer 1984, Buddemeister & Strube 1989, Rösing 1992: 163ff.). Die erste Rückwärtsbotschaft soll in einem Lied der Beatles aufgedeckt haben, dass Paul McCartney gar nicht der echte Paul McCartney wäre, *Hotel California* von den Eagles und Led Zeppelins *Stairway to Heaven* wurden insgesamt als höchst verdächtig im Hinblick auf subliminale Botschaften okkulten Inhalts eingestuft und von einigen Fundstellen wird berichtet, bei denen Musiker, offenbar in Reaktion auf die Diskussion über unterschwellige Textbotschaften, bewusst solche in ihre Aufnahmen einbauten. Beispielsweise gibt es eine verschlüsselte Textbotschaft in *Another one bites the dust* von Queen (*start to smoke marihuana*, vgl. Rösing 1992: 174). Außerdem soll *Ein Lied für dich* von den Ärzten die an den Sänger der Toten Hosen gerichtete subliminale Botschaft „Außer Campino" enthalten und bei Pink Floyds *Empty Spaces* ist eine Passage mit Gemurmel unterlegt, die herausgefiltert folgenden Text ergibt: „Congratulations. You have just discovered the secret message. Please send your answer to..." (anzuhören unter http://jeffmilner.com/backmasking/empty-spaces-backwards.html). Solche Beispiele zeigen, ohne an dieser Stelle eine Wertung zur bisweilen mehr, bisweilen weniger exakten Erforschung und Darstellung von subliminalen Botschaften in Musiktexten und -arrangements zu geben, dass eine beachtliche Faszination vom Phänomen der unterschwelligen Beeinflussung ausgeht, obschon unterschiedliche Ansichten darüber bestehen, wann sie vom Gehirn überhaupt entschlüsselt werden können. Möglicherweise ist ein Teil der Faszination für das Phänomen, wie am Beispiel der Textbotschaften in der Musik exemplarisch aufgezeigt, gerade darauf zurückzuführen, dass sich durch die zögerliche Erforschung Annahmen festigen konnten und Mythenhaftes fruchtbaren Boden fand bzw. teilweise weiterhin findet.

Die ernsthafte Erforschung unbewusster Prozesse hat sich schließlich nach Überwindung des Vicary-Debakels in den vergangenen Jahren vielen Fragen gestellt (vgl. Bargh & Chartrand 2009), die zu dem Schluss veranlassen, dass tatsächlich verschiedene unbewusste Faktoren auf uns, unser Handeln und auch den Prozess des Lernens einwirken. Neueste Arbeiten (vgl. Kiefer et al. 2012) gehen teilweise von einem kontrollierenden Einwirken des präfrontalen Cortex bei Unbewusstem aus, sodass die Vorstellung, dem Einwirken unterschwelliger Reize willkürlich ausgeliefert zu sein, gestützt durch weitere Erkenntnisse vor allem mittels fMRT- und EEG-Studien, bald schon einer differenzierten Sichtweise weichen könnte. Einen wichtigen Beitrag zu einem besseren Verständnis möglicher Einflüsse unterschwelliger Reize leistet hierbei die Neurowissenschaft unter Nutzung bildgebeneder Verfahren. Da sich die Hirnforschung als eine „populäre Wissenschaft" (Heinemann 2012: 42) durch hohe Medienpräsenz auszeichnet und neben dem wissenschaftlichen Diskurs ebenso das Ziel des Diffundierens „neurowissenschaftliche(n) Wissen(s) in die Alltagswelt" (Heinemann 2012: 13) verfolgt, sorgt sie seit Jahren für Visibilität und beteiligt sich an Diskussionen über verschiedenste Themen. Damit „für die Gesellschaft relevantes und vor allem für die Öffentlichkeit auch zugängliches Wissen bereitgestellt" (Heinemann 2012: 42) werden kann, tragen einerseits Neurowissenschaftler ihre Erkenntnisse auf medialem Weg nach Außen, andererseits nutzen aber auch die Medien die Hirnforschung, um Bedeutsamkeit sowie Aktualität zu erreichen und sich Quoten zu sichern. Von den Medien werden Erkenntnisse publikumswirksam zugänglich gemacht oder Experimente so nachgestellt, dass die Medien diese als populäre Inszenierungen von Wissenschaft im Sinne einer Bereicherung ihres Programms nutzen können. Beispielsweise wurde von einem TV-Sender folgendes Experiment zur unterschwelligen Beeinflussung (vgl. Bargh et al. 1996) aufgegriffen: Teilnehmer einer Fernsehsendung wurden in zwei Gruppen eingeteilt und erhielten die Aufgabe, die Wörter eines ihnen vorgelegten Textes in die richtige Reihenfolge zu bringen, sodass dadurch sinnvolle Sätze entstanden. Das Augenmerk der Teilnehmer wurde durch diese Aufgabe nicht primär auf den Textinhalt, die Aussage oder Wirkung des Gesamttextes gerichtet, sondern vielmehr auf die Ebene des einzelnen Satzes als syntaktisches Gefüge (zur Theorie der Verarbeitungstiefe vgl. 5.2). Sie schenkten folglich dem inhaltlichen Aspekt des Textes keine gesteigerte Aufmerksamkeit, sodass sie sich nicht darüber bewusst wurden, ob ihr Text einen eher neutralen Inhalt hatte, was in einer der beiden Gruppen der Fall war, oder von Alter, Krankheit und Gebrechen handelte, was für die zweite Gruppe zutraf. Überdies glaubten die Teilnehmer, dass es bei dem Versuch um eine rasche und zielführende Bearbeitung der Aufgabe ginge, was jedoch nicht der Fokus war. Vielmehr diente der Text als subliminale Botschaft. Nach der Bearbeitung sollten die Probanden die Zettel mit den Ergebnissen ihrer Satzordnungsversuche in einen Kasten werfen, der etwas entfernt von ihnen aufgestellt war. Gemessen wurde die Zeit, die die Teilnehmer zum Zurücklegen der Distanz zwischen ihrem Platz und dem Kasten brauchten. In der Tat wurde die Strecke von den Probanden, deren Text von Alter, Krankheit und Gebrechen handelte, statistisch hoch signifikant langsamer zurückgelegt als von den anderen, sodass von einem Wirken der subliminalen Botschaft auszugehen ist. Das Thema des Textes aktivierte offenbar unterhalb der Bewusstseinsschwelle entsprechende Gedächtnisinhalte und wurde auf die Geschwindigkeit des Gehens übertragen (vgl. Elger 2011: 917).

In anderen Studien wurden Wörter als *Prime* verwendet, um zu überprüfen, ob unterschwellige Reize auch das Urteilsvermögen beeinflussen können. Beispielsweise wurden die Adjektive *jung* und *alt* als *Prime* genutzt, ehe zur bewussten Verarbeitung Persönlichkeitsmerkmale in Wortform auf einem Bildschirm gezeigt wurden (vgl. Langer 1999: 109). Die Probanden sollten die Persönlichkeitsmerkmale den Kategorien *positiv* oder *negativ* zuordnen. Im Anschluss sollten sie, gestützt auf eine Liste, urteilen, ob die einzelnen Persönlichkeitsmerkmale eher auf ältere oder auf jüngere Menschen zutreffen. Positive Eigenschaften wurden dabei häufiger jungen Menschen zugesprochen und zwar mit beachtlicher Schnelligkeit der Urteilsbildung insbesondere dann, wenn die Eigenschaft vorher auf den unterschwelligen Wortreiz *jung* folgend präsentiert worden war.

Praxisfenster

Hanna: Zwei Dinge finde ich hier für den Fremdsprachenunterricht besonders interessant – außer, dass es auch irgendwie erschreckend ist, sich bewusst zu machen, wie empfänglich wir alle für Reize sind, die wir gar nicht bemerken, zumindest nicht bewusst. Aus ethischer Perspektive ist Manipulation sicher nicht in Ordnung, aber die beiden Ideen, die ich für meinen Fremdsprachenunterricht hatte, haben damit zu tun, die Erkenntnisse in der Praxis als förderliche und entlastende Maßnahmen nutzbar zu machen:
Zuerst einmal finde ich die Studien zum Schreiben gegen Prüfungsangst wichtig, denn in meinen Klassen gibt es immer einige Schülerinnen und Schüler, die in der Prüfungssituation, z.B. beim Mittleren Schulabschluss oder bei Vergleichsarbeiten, ihre Anspannung nicht in den Griff bekommen. Sie sind da wirklich hilflos und kennen keine wirksame Bewältigungsstrategie. Ich kann mir gut vorstellen, dass es präventiv sinnvoll wäre, wenn ich als Lehrerin von den Ergebnissen der Studien berichtete, sodass die Schülerinnen und Schüler auch an die Wirksamkeit glauben können, und ich dann ein paar Minuten zum Schreiben über eine bevorstehende Prüfung anböte.

Peter: Auch für Abiturienten wäre das vielleicht vor Klausuren gar nicht schlecht, wobei ich glaube, nur einige schrieben konsequent in der Zielsprache.

Uli: Wäre es denn schlimm, wenn sie auf Deutsch schrieben? Soll doch keine Schreibübung sein, sondern eine Bewältigungsstrategie. Wenn's hilft, dass sie danach die Klausur besser bearbeiten können…

Hanna: Denke ich auch, obwohl es natürlich schön wäre, wenn beides zusammenkäme: die Angst wegschreiben und sich in der Zielsprache warmschreiben. Ich meine aber, da muss man flexibel sein.

Claudia: Bei meinen Kleinen ist es mit dem Schreiben anfangs noch schwierig, aber man könnte ja mit einer Mischung aus Zeichnungen und Text arbeiten, ich meine, dass die Kinder etwas zu ihren Gefühlen malen und das Bild mit Sprech- oder Denkblasen ergänzen. Und was war deine zweite Idee, Hanna?

Hanna: Meine zweite hat mit dem Experiment zu tun, bei dem sich die Menschen, je nach Textinhalt, langsamer oder schneller bewegt haben. Das ist schon ziemlich subtil, aber vielleicht könnte man bei der Auswahl von Texten bewusster auf eher beruhigende oder aktivierende Inhalte achten.

Peter: Du meinst, wenn sie z.B. in der siebten und achten Stunde erfahrungsgemäß eher müde und träge sind, könnte man die Kurse oder Klassen vielleicht durch einen aktivierenden Text etwas in Schwung bringen? Könnte sein, nach dem, was wir eben über subliminale Botschaften gehört haben, möchte ich dem nicht widersprechen, zumindest wäre ein Beruhigen oder Aktivieren durch die Textbotschaft als flankierende Maßnahme denkbar. Ich habe vor allem gute Erfahrung gemacht mit Humor, der kann entspannend oder auch anregend wirken.

2.4 Humor

Lernen braucht Aktivierung, und für das Lernen besonders günstig ist eine durch positive Emotionen gestützte Aktivierung. Was aber trägt dazu bei, dass im Fremdsprachenunterricht positive Emotionen entstehen? Das Vermeiden von Angst und die Minimierung oftmals unnötigerweise Druck auslösender Faktoren, ein Klima der Wertschätzung, das ehrliche Rückmeldungen ermöglicht, die Schaffung von Transparenz, gute Orientierung und eine Kultur des Anerkennens und Lobens sind einige wesentliche Merkmale eines Unterrichts, der sich dem Zusammenwirken von Emotionen und Kognition als einer wichtigen Herausforderung stellt (vgl. *ko-aktives* Konzept, Sambanis 2007: 137ff.). Für den Fremdsprachenunterricht ist von einer im Vergleich zu anderen Schulfächern besonderen Situation auszugehen, da Unterrichtsziel und -gegenstand, die Fremdsprache nämlich, zusammenkommen. Die Sprache ist nicht nur Ziel, sondern auch weitgehend Medium des Unterrichts. Die Lernenden müssen bereits im Lernprozess die Sprache als Vehikel nutzen, die sie sich eigentlich erst anzueignen versuchen. Schülerinnen und Schüler gehen daher, wenn sie sich zielsprachlich beteiligen, gewissermaßen das doppelte Risiko ein, sich inhaltlich im Irrtum zu befinden und sprachlich nicht angemessen bzw. kommunikativ nicht erfolgreich zu sein. Umso wertvoller ist eine entspannte Atmosphäre, in der Humor eine Rolle spielen und wichtige Funktionen erfüllen kann.

Eine Zusammenstellung guter Gründe für Humor im Fremdsprachenunterricht legte 2012 Thaler vor, teilweise Bezug nehmend auf die größere Arbeit von Raaf (2005), die eine empirische Studie beinhaltet (Befragung von Lehrkräften an Hauptschulen, Realschulen und Gymnasien in Bayern). Im Folgenden werden einige der Gründe für Humor aufgegriffen und kurz im Hinblick auf den Forschungsstand bzw. mögliche Konsequenzen für den Unterricht kommentiert:

Das lernpsychologische Argument

In Zusammenhang mit dem lernpsychologischen Argument für Humor im Fremdsprachenunterricht führt Thaler aus, dass Lernen am besten bei guter Laune funktioniere, also, wie im Vorausgegangenen dargelegt, in Verbindung mit positiven Emotionen und positiver Stimmung. Weiter heißt es, dass der Hippocampus durch Heiterkeit angeregt werde, wodurch der Gegenspieler Mandelkern nicht blockierend tätig sei (vgl. Thaler 2012a: 5, vielfach wird der Nucleus accumbens, der, genau wie der Hippocampus zum limbischen System zählt, als Gegenspieler des Mandelkerns bezeichnet, vgl. Rüegg & Bertram 2010: 9). Diese Beschreibung vereinfacht zwar die bei Humor ablaufenden Prozesse, vermittelt jedoch eine grundlegende Vorstellung. Der Hippocampus (von griech., später lat. für Seepferdchen, Anspielung auf die Form der Hirnstruktur), eine evolutionär alte Struktur im Temporallappen beider Hemisphären, ist für das „Lernen von Ereignissen sehr wichtig" (Spitzer 2003: 22). Neue Ereignisse, erstmalige Eindrücke, Erlebnisse und Begegnungen etc. werden zunächst im Hippocampus verarbeitet. Tatsächlich filtert er Neuigkeiten heraus, scheidet bereits Bekanntes von noch Unbekanntem und wirkt wie ein Detektor für Bemerkenswertes, also z.B. für Humor und Heiteres, Überraschendes oder Ungewöhnliches. Der Hippocampus nimmt eine zentrale Rolle bei der Bedeutungszumessung ein und identifiziert für den Einzelnen wichtige Informationen, außerdem ist er an der Regulation des Stresshormons Kortisol beteiligt und spielt eine Rolle bei der räumlichen Orientierung. Bei Taxifahrern konnte daher, dies sei nur am Rande erwähnt, eine Erweiterung des Hippocampus nachgewiesen werden (vgl. Maguire & Woollett 2011). Der Hippocampus selektiert, wählt unter den Eindrücken das aus, was persönlich bedeutsam erscheint, neu, bemerkenswert, berührend, lustig usw. und hat damit großen Einfluss auf das, was letztlich weiter verarbeitet wird. Da der Hippocampus als kleine Hirnstruktur eine begrenzte Speicherkapazität besitzt – das Volumen wird i.d.R. mit jeweils 3 – 3,5 cm^3 angegeben, was etwa einem Hundertstel des Volumens des Neocortex entspricht, die Größe wird mit der eines Fingers oder Zehs verglichen (vgl. Spitzer 2003: 23) –, übernimmt er die Funktion eines Zwischenspeichers. „Er ist der Filter für das Langzeitgedächtnis, aber nicht der Ort von Langzeiterinnerungen im Gehirn" (Kandel 2006: 466). Kurzfristig gespeicherte Informationen müssen von dort weitergeleitet und andernorts in langfristige Strukturen überführt werden: „Bewusst abrufbare (explizite) Gedächtnisinhalte können nur über den „Prozessor" Hippocampus auf der „Festplatte" des Langzeitgedächtnisses [...] abgespeichert und von da wieder abgerufen werden" (Rüegg & Bertram 2010: 8). Gelingt es also durch Humor, den Hippocampus für einen Inhalt oder ein Unterrichtsereignis gewissermaßen anzusprechen, dann ist Wesentliches gelungen, denn eine weitere Verarbeitung und längerfristige Speicherung wurde dadurch ermöglicht.

Aus der neurowissenschaftlichen Humorforschung kann ergänzend berichtet werden, dass es im Gehirn kein eindeutig lokalisierbares, begrenztes Humorzentrum gibt (vgl. Wild 2011: 12), vielmehr sei Humor, neurowissenschaftlich gesprochen, etwas Verzweigtes und Vielschichtiges. Das wiederum resultiert daraus, dass Humor in seinen verschiedenen Erscheinungsformen durch die Kombination z.B. von akustischen mit mimischen oder anderen visuellen Signalen jeweils über mehrere Wahrnehmungskanäle aufgenommen und in den jeweils zuständigen Arealen verarbeitet wird. Arbeitsspeicher, Imagination, Vor- und Weltwissen usw. müssen aktiviert werden, um Humor entschlüsseln oder auch produzieren zu können (vgl. Wild 2011: 12). Es lässt sich folgern, dass Humor auf angenehme Weise (Stichwort positive Emotionen) für eine hohe Aktivierung mehrerer Bereiche oder sogar ganzer Netzwerke im Gehirn sorgt, was sich aufs Lernen förderlich auswirken kann.

Witze sind, da sie die am exaktesten fass- und beschreibbare Operationalisierungsform von Humor bilden, am besten in ihrer Wirkung erforscht. Seit etwa zehn Jahren wird auch versucht, Daten mit fMRT zu erheben, um die Erkenntnisbasis zu erweitern und somit Einsichten in die Hirnreaktionen auf Humor, insbesondere auf

Witze, zu gewinnen (vgl. Wild 2011: 12f.). Allerdings muss es den Forschern hierbei gelingen, Bewegungsartefakte durch Lachen im Scanner zu vermeiden und dennoch die Probanden durch die Witze so zu amüsieren, dass eine Reaktion erfolgt (ebd.). Die Auswahl von geeignetem Testmaterial stellt hier, wenn man brauchbare Bilder aus dem Scanner erhalten möchte, eine besondere Herausforderung dar, zumal die tatsächliche Reaktion der Probanden nur bedingt vorhersagbar ist und gerade bei Witzen oft unterschiedlich ausfällt.

Das spracherwerbspsychologische Argument

Neben dem lernpsychologischen Argument für Humor im Fremdsprachenunterricht, lassen sich weitere Gründe anführen, beispielsweise das spracherwerbspsychologische Argument, das von Thaler mit Krashens *Affective Filter* in Zusammenhang gebracht wird. Ist der Filter zu, könne „Input nicht zu Intake und Output weiterverarbeitet werden“ (vgl. Thaler 2012a: 5). Der Filter reagiert, wie bereits weiter oben erwähnt (vgl. 2.1), auf Druck, Anspannung etc. und führt zu Ablehnung und dem Herausfiltern von Informationen. Da Menschen „Informationen [...] nach deren emotionaler Bedeutung sortieren“ (Berger & Normann 2008: 38) und auch aussortieren, kann in diesem Sinne aus spracherwerbspsychologischer Sicht für humorvolle Materialien, Texte, Bilder und humorvolle Lehrkräfte argumentiert werden. Humor kann nämlich entspannend und zugleich positiv anregend wirken, emotional und kognitiv stimulieren und im Gehirn, wie gezeigt, für hohe Aktivität sorgen: „Sprachen lernt man am besten im Zustand konzentrierter Entspannung“ (Butzkamm 2012: 2) und ein solcher Zustand kann durch Humor gefördert werden. „Humor verbessert die Atmosphäre, lockert auf und entspannt“ (Raaf 2005: 36) und hilft dabei, eine „angstfreie Unterrichtsatmosphäre zu schaffen“ (Raaf 2005: 230, vgl. 67).

Die Lehrer-Schüler-Beziehung als Argument

Humor kann die Lehrer-Schüler-Beziehung verbessern (vgl. Raaf 2005: 68), und diese ist von großer Bedeutung für die Atmosphäre in der Klasse und für den Lernerfolg. Im Folgenden werden einige bedeutsame Erkenntnisse zur Relevanz der Lehrer-Schüler-Beziehung, die sich auf *Visible Learning*, „a monumental evaluation of two decades of empirical research on the conditions of successful school learning (Terhart 2011: 433) stützen, knapp dargestellt. Mit *Visible Learning* (2009) sowie mit *Visible Learning for Teachers* (2012) wurden von John Hattie wegweisende, in Deutschland mittlerweile nicht nur von der Wissenschaft, sondern auch von Öffentlichkeit und Presse (vgl. u.a. Spiewak 2013) viel beachtete Publikationen vorgelegt, in denen Faktoren beleuchtet werden, die Lernen beeinflussen. Durch die Meta-Analyse von mehr als 50 000 empirischen Studien bzw. eine Meta-Meta-Analyse (2009) von über 800 Meta-Analysen gelang es Hattie und seinen Mitarbeitern in jahrelanger akribischer Arbeit, Faktoren, die schulisches Lernen beeinflussen („key influences on achievement“, Hattie 2009: 14) zu identifizieren und die Größe ihres jeweiligen Einflusses zu beziffern. Um die Stärke der einzelnen Einflussfaktoren quantifizieren und ausdrücken zu können, nutzte Hattie ein statistisches Maß, nämlich die Effektstärke/*effect size* (d). Mit *d* gelingt es, die einzelnen Faktoren und deren Effekte fassbar und vergleichbar zu machen: „The effect size *d* indicates the strength and, above all, the practical significance of a result“ (Terhart 2011: 427). Die Effektstärke ist aber nicht gleichzusetzen mit einer kausalen Beziehung.

In *Visible Learning* werden 138 Faktoren beleuchtet, die in folgende sechs Kategorien potentieller Einflussfaktoren (bei Hattie sogenannte *major contributors*) zusammengefasst sind: *child, home, school, curricula, teacher, teaching approaches* (vgl. Hattie 2009: 31). Für jeden dieser *major contributors* wird die Effektstärke angegeben, wobei ein Schwellenwert von d = 0.4 festgesetzt wurde. Da aus der Unterrichtsforschung bekannt ist, dass sehr viele Faktoren einen gewissen, wenn auch oftmals geringen Einfluss auf schulisches Lernen haben – beispielsweise könnte die neue Frisur der Lehrkraft einen Einfluss haben, die aktuelle Wetterlage oder das eingenommene bzw. fehlende Frühstück – , verwendet Hattie den höheren Schwellenwert anstelle des Nullpunktes, um gewichtige von weniger gewichtigen Einflüssen zu trennen und anzeigen zu können, wann ein Effekt als schwach und ab wann er als stärker bzw. stark einzustufen ist. Effektstärken, die im positiven Bereich rangieren (etwa ab d = 0.2) jedoch unter dem Schwellenwert von d = 0.4 bleiben, sind als schwache Effekte zu bezeichnen. Ab diesem Schwellenwert ist von einer deutlichen Relevanz auszugehen, „ab d > 0,6 spricht man von einem starken Effekt [...]. Effekte zwischen 0 und 0,2 sind niedrig, negative Werte von d drücken aus, dass eine Maßnahme sogar schädlich war“ (Köller & Möller 2012: 34). Die durchschnittlichen Effekte oben genannter Faktorenbündel belaufen sich auf folgende Werte:

Child	d = 0.40
Home	d = 0.31
School	d = 0.23
Curricula	d = 0.45
Teacher	d = 0.49
Teaching approaches	d = 0.42

(vgl. Hattie 2009: 18)

> „To satisfy the curiosity of the reader right here at the outset: of the six groups of factors mentioned, ‘teacher’ has the strongest effects.“ (Terhart 2011: 426)

Bereits in den 1970ern wurden Studien veröffentlicht, die auf die besondere Relevanz der Variable *Lehrkraft* als einem wesentlichen Gelingens- bzw. Misslingensfaktor von Unterricht hinweisen. Dies findet durch *Visible Learning*, „einem der umfangreichsten Forschungsunternehmen der empirischen Bildungsforschung“ (Köller & Möller 2012: 34), weitere Bestätigung, wobei damit zugleich einige interessante Präzisierungen vorgenommen werden können. Die stärksten Effekte liegen laut Hattie (2009: 22) dann vor, wenn sich Lehrkräfte als Lernende verstehen, wenn Lerner zu Lehrern werden und wenn Rückmeldungen, die die Einschätzungen der Lernenden sichtbar machen (*Visible Learning*!), Gehör finden. Die von der Klasse wahrgenommene Qualität des Unterrichts, die in Rückmeldungen an die Lehrkraft Ausdruck finden sollte (d = 0.72 für Feedback, welches bei Hattie nicht als unidirektionales Modell von der Lehrkraft zum Lernenden gemeint ist), ist ebenso von Bedeutung, wie die Erwartungen der Lehrkraft, die Klarheit des Unterrichts und Transparenz im Hinblick auf Ziele und Erfolgskriterien. Wichtig ist außerdem die Offenheit der Lehrkraft auch im Sinne eines Willkommenheißens von Überraschungen, Spontanem und Nicht-Antizipierbarem (vgl. Lehrerbelastungsfaktor *Störanfälligkeit* durch rigide Planung und geringe Flexibilität, Dauber & Döring-Seipel 2010: 34). Natürlich beeinflusst auch das Klassenklima schulisches Lernen. Es sollte die wertschätzende Anerkennung von Anstrengungen fördern, nicht nur von Erfolgen (vgl. Hattie 2009: 34). Die Lehrer-Schüler-Beziehung rangiert mit einer Effektstärke von d = 0.72 im Bereich der starken bis sehr starken

Effekte, was deren Relevanz eindrucksvoll unterstreicht. „Dass unter den instruktionsbezogenen Faktoren das Lehrer-Schüler-Verhältnis einen besonders positiven Effekt zugesprochen bekommt, ist psychologisch und pädagogisch erfreulich“, urteilen Köller & Möller (2012: 36). Zugleich stellt sich die Frage, was sich auf das Lehrer-Schüler-Verhältnis förderlich auswirkt. Hattie schlüsselt die Effektstärken verschiedener Einzelfaktoren auf, die als Beiträge der Lehrkraft zur Gestaltung der Lehrer-Schüler-Beziehung zu verstehen sind. Folgende Faktoren liegen über dem Schwellenwert und sind nachfolgend von der größten zur geringsten Effektstärke absteigend gelistet: *non-directivity, empathy, warmth, encouragement of higher order thinking, encouraging learning, adapting to differences* (Hattie 2009: 119). Auf mehrere dieser Faktoren kann sich Humor günstig auswirken (vgl. Raaf 2005).

Das Kompetenz-Argument

Da sich nahezu jeder Mensch für humorvoll hält und Humor u.a. in Form vielfältiger Unterhaltungsangebote eine hohe Präsenz in der Gesellschaft besitzt (vgl. „Allgegenwärtigkeits-Argument“, Thaler 2012a), erscheint es folgerichtig, die Effekte von Humor für Lernprozesse in den Blick zu nehmen, das Potential von Humor für die Entwicklung von Kompetenzen zu betrachten, denn: „Mit humorvollen Materialien und Aufgaben lassen sich alle geforderten Kompetenzen der Bildungsstandards aufbauen. [...] In Zeiten der Kompetenzorientierung scheint es nur konsequent, auch für unsere Schülerinnen und Schüler Humorkompetenz anzustreben“ (Thaler 2012a: 6). Humorkompetenz umfasse, in Anlehnung an das Modell literarischer Kompetenz formuliert, Wissen, Fertigkeiten und Haltungen. Aber nicht nur den Schülerinnen und Schülern, sondern auch dem Lehrenden wird Humorkompetenz empfohlen, denn positive Wirkungen von Humor auf den Unterricht seien durch Studien belegt (z.B. Rißland 2002, König 2007; Thaler 2012a: 7). Diese Wirkungen umfassen u.a. die Kompetenz, die Schülerinnen und Schüler ihren Lehrkräften zuschreiben, außerdem sei die Selbstwahrnehmung humorvoller Lehrkräfte positiver und das Belastungserleben geringer (Thaler 2012a: 8).

Dass Humor nicht nur den Lernenden im Fremdsprachenunterricht gut tut, sondern sich auch positiv auf die Lehrergesundheit auswirken kann, soll an dieser Stelle kurz gesondert in den Blick genommen werden. Humor fördert das Aufrechterhalten bzw. Herstellen der inneren Balance, die in Zusammenhang mit salutogenetisch ausgerichteten Ansätzen (Antonovsky 1997) vielfach als entscheidender Faktor zur Erhaltung der Gesundheit dargestellt wird. Im Gegensatz zur Pathogenese richtet die Salutogenese das Augenmerk nicht auf potentiell krank machende Faktoren und negative Stressoren, sondern auf den Erhalt der Gesundheit, der als ein dynamischer Prozess des konstanten Arbeitens an der eigenen Gesundheit verstanden wird. Die Salutogenese setzt, im Gegensatz zu vielen anderen Denk- und Argumentationsmodellen, nicht bei äußeren Faktoren an, sondern beim Gefühl der Kohärenz, das eng mit dem Erleben und Verarbeiten von Situationen verknüpft ist und eröffnet damit eine andere Perspektive als die üblicherweise eingenommene. Im Rahmen einer Studie zum Lehrerberuf und der Situation an Schulen in Deutschland wurden 2012 im Auftrag der Vodafone-Stiftung vom Allensbach-Institut u.a. Lehrkräfte zu ihrem Belastungserleben befragt. 53% der Lehrkräfte an Haupt, Real- und Sekundarschulen gaben an, in ihrem Berufsleben bereits Belastungen erlebt zu haben, die sie als unerträglich einstuften (Süßlin 2012: 17). Übersetzt bedeutet dies, dass sich mehr als die Hälfte aller Lehrkräfte an den o.g. Schularten durch die Ausübung ihres Berufs

Kohärenz · Zusammenhang

bereits über das Maß des Erträglichen, also potentiell pathogen belastet gefühlt haben oder noch fühlen. Bei der Sondierung möglicher Ursachen wird die Verantwortung suboptimalen Rahmenbedingungen zugeschrieben: „Das Hauptproblem an den deutschen Schulen sind aus Sicht der Lehrer die zu großen Klassen" (Süßlin 2012: 9), heißt es in diesem Zusammenhang. Die Forderung nach kleineren Klassen ist verbreitet und durchaus nachvollziehbar, jedoch zugleich ein gutes Beispiel dafür, dass der Blick bei äußeren Faktoren ansetzt und diesen vielfach verhaftet bleibt. Die Verringerung der Klassengröße kann zwar – zumindest eine Zeit lang – als arbeitserleichternd empfunden werden. Dennoch garantiert sie alleine weder die Verbesserung der Unterrichtssituation noch die der Lehrergesundheit (vgl. hierzu den kritischen Kommentar Trautweins zur Allensbach-Studie 2012: 48, von einer geringen Effektstärke der Klassengröße berichtet auch Hattie 2009). Die Forderung soll nicht als falsch bezeichnet werden, es macht durchaus einen Unterschied für die Lehrkraft, ob sie zwanzig oder dreißig Kinder im Blick haben muss, ob sie zwanzig oder dreißig Klausuren am Wochenende zu korrigieren hat usw. Trotzdem ist festzustellen: Obschon verbesserte Rahmenbedingungen ein die Lehrergesundheit begünstigender Faktor sein können, sind sie dennoch kein Garant für mehr Gesundheit oder größeren Unterrichtserfolg, da es sich hierbei um einen multifaktoriellen Zusammenhang handelt. Wie Studien gezeigt haben, ist „berufliche Belastung keineswegs als einfache Widerspiegelung objektiver Anforderungsmerkmale" zu verstehen, sondern vielmehr das Ergebnis „subjetive(r) Bewertungs- und Verarbeitungsmuster" (Dauber & Döring-Seipel 2010: 34), wovon auch die Salutogenese ausgeht. Der Psychologe Schaarschmidt (2005) führte vor einigen Jahren „die in Deutschland wahrscheinlich bekannteste Studie" (Spitzer 2010b: 210) zur psychischen Gesundheit durch und erhob dabei Daten für unterschiedliche Berufsgruppen, darunter auch Lehrkräfte. „Der Vergleich [...] über verschiedene Berufsgruppen hinweg zeigt, dass bei Lehrerinnen und Lehrern die krankmachenden Erlebens- und Verhaltensmuster *Stress* und *Burnout* am häufigsten vorkommen" (Spitzer 2010b: 213). Erschreckend zumindest für alle, die in der Lehrerausbildung tätig sind, ist überdies der Befund, dass bereits 25% der Lehramtsstudierenden das Erlebens- und Verhaltensmuster *Burnout* zeigen, was Spitzer zu dem Schluss veranlasst, dass „viele Lehrer mit Burnout letztlich nie gebrannt haben" (2010b: 216). Die Bedeutung der subjektiven Erlebens- und Verarbeitungsmuster wird durch diese Studien eindrucksvoll unterstrichen. Nicht nur Rahmenbedingungen, sondern ebenso bzw. insbesondere das Erleben und Bewerten von Situationen professionellen Handelns stellt sich auf diesem Hintergrund als ein entscheidender Faktor dar.

Eine humorvoll-heitere Grundhaltung der Lehrkraft, die nicht mit Gleichgültigkeit gleichzusetzen ist, sondern vielmehr mit einer gewissen Entspanntheit, einer positiv-fröhlichen Grundstimmung, dem nötigen Maß an Zuversicht und einer Bereitschaft, neben allem Planbaren auch dem Außerplanmäßigen als Abwechslung oder Herausforderung zu begegnen, stützt den Aufbau günstiger Bewertungs- und Verarbeitungsmuster und fördert Resilienz. Günstige Verarbeitungsmuster tragen wiederum maßgeblich zu einem geringeren Belastungserleben bei. In diesem Sinne scheint es plausibel von einem reziproken Zusammenhang zwischen Grundhaltung und Belastungserleben auszugehen.

Da, wie weiter oben ausgeführt, positive Wirkungen von Humor im Unterricht nachgewiesen werden konnten und sich, wie gesagt, fast alle Menschen als humorvoll bezeichnen, liegt der Schluss nahe, auch jeder Englischlehrkraft eine Portion Humor im oben beschriebenen Sinne zu empfehlen. Erinnert sei in diesem Zusammenhang überdies an die Studie von Pawlak et al. (2003) zur Spiegelung von Gesichtsausdrücken und den positiven bzw. negativen Auswirkungen auf die Lernleistung (vgl. 2.2). Viele Lehrkräfte sind auf wunderbare, erfrischende Art humorvoll, andere trauen sich nicht, weil sie Verständnis- oder Disziplinprobleme befürchten. Dies belegt auch die Arbeit von Raaf (2005: 37), in der die Studienteilnehmer durch eine Filterfrage vor Beginn der eigentlichen Erhebung als Lehrkräfte identifiziert wurden, in deren Unterricht Humor zumindest eine gewisse Rolle spielt, und die, trotz verbreiteter grundsätzlicher Offenheit gegenüber Humor im Englischunterricht, diese beiden möglichen Probleme nennen. Außerdem wird vor Ironie, Sarkasmus und der Gefahr des Verlachens Einzelner gewarnt (vgl. Raaf 2005: 228). Die befragten Lehrkräfte sprechen dem Einsatz von Humor jedoch vor allem positive Wirkungen zu und zwar in affektiver, sozialer wie auch in kognitiver Hinsicht. Am häufigsten wird betont, dass sich Humor günstig auf die Atmosphäre auswirke und diese auflockere (vgl. Raaf 2005: 36 sowie 65, 66, 68). „Auch der Abbau von Spannungen und Angst wird häufig als positive Wirkung von Humor genannt [...]" (Raaf 2005: 67, vgl. 230). Humor wird gerne als „Einstieg in ein Thema" eingesetzt, zur „Auflockerung", als „Lernhilfe und Erinnerungsstütze" und „als Sprechanlass" (Raaf 2005: 228), wobei Letzteres signifikant häufiger von Lehrkräften an Gymnasien und Realschulen erwähnt wurde als von Hauptschullehrerinnen und -lehrern. Ein noch nicht allzu weit verbreitetes Beispiel, um auch in Haupt- und Gesamtschulklassen authentisches Material humorvoll zur Auflockerung, als Sprech- und Denkanlass zu nutzen, sind *Mondegreens*, d.h. *misheard lyrics*, Verhörer, die vor allem bei Liedtexten auftreten. Aus dem Deutschen ist das Beispiel von Owi bekannt, der in *Stille Nacht, heilige Nacht* bei der Passage *Gottes Sohn, oh wie lacht* durch ein Missverständnis personifiziert wird und neben den üblichen Akteuren als kleines grinsendes Männchen bereits manch Kinderzeichnung vom Stall in Bethlehem geschmückt hat. Bei *Mondegreens* werden „Wörter oder Satzteile von Liedtexten [...] durch ähnlich klingende Alternativen ersetzt („Agathe Bauer" statt „I got the power"), die die Lernenden identifizieren und korrigieren müssen" (Thaler 2012b: 166). Weitere Beispiele sind *The ants are my friends* für *The answer my friend*, *Anneliese Braun* statt *All the leaves are brown*, *Olav* für Green Days *Oh love*, *Hau auf die Leberwurst* anstelle von *Hope of deliverance* oder *Venomous Preußen* für Alice Coopers *Venomous poison* (zu Letzterem vgl. Birr 2012: 85).

Praxisfenster

Uli: Ich glaube, als Lehrer kann man jede Menge Humor gebrauchen, ganz ehrlich! Ich habe auch den Eindruck, dass man Lehrerhumor als Thema entdeckt hat. Schaut doch mal in eine Buchhandlung, da findet sich eine ganze Riege an mehr oder weniger humorvollen Büchern rund ums Lehrerdasein.

Claudia: Stimmt, ich habe zum Geburtstag vor zwei Jahren *Chill mal, Frau Freitag* bekommen.

Uli: Und ich *Föhn mich nicht zu* und *Musstu wissen, weissdu!* Und da gibt es noch mehr von der Art. Dass Humor aber auch ein richtiges Forschungsthema für die Fremdsprachendidaktik ist, darüber habe ich mir noch keine Gedanken gemacht. Die Verbindung zu positiven Emotionen samt Förderung eines guten Klassenklimas leuchtet mir ein. Auch der Gedanke, Humor mit Belastungserleben im Lehrberuf zusammen zu betrachten, klingt für mich logisch. Ich verwende im Unterricht gerne Bildmaterial, das die Kinder lustig finden. Es ist ja immer auch wichtig, dass man Humor adressatenorientiert denkt. Er muss für die Zielaltersgruppe zugänglich sein und darf auf keinen Fall Richtung Sarkasmus tendieren, sonst löst das bestimmt eher negative Emotionen aus.

Hanna: Sprachlich muss es auch passen, und da ist es manchmal gar nicht so einfach, geeignetes Material zu finden, gerade bei Texten. Schließlich sollen auch im Englischen weniger herausragende Schülerinnen und Schüler etwas davon haben, und Humor entfaltet seine Wirkung oftmals nur, wenn man schnell versteht und nicht erst mühsam am Verstehen arbeiten muss. *Mondegreens* habe ich noch nicht ausprobiert, aber ich habe gute Erfahrungen mit witzigen Bildern, Cartoons und *Word Icons* gemacht.

Peter: *Word Icons*?

Hanna: Wenn beispielsweise das Wort *look* als Gesicht gezeichnet wird mit den beiden *oo* als Augen. Außerdem finde ich auch *Graphic Novels*, die Texte, ähnlich wie Comics, in Bilder übertragen, gar nicht übel, allerdings ist nicht jede *Graphic Novel* lustig.

Peter: Im Gymnasium nutze ich gerne Texte, von denen ich weiß, dass die jeweilige Altersstufe sie lustig findet, auch Audiotexte und Karikaturen. Außerdem können humorvolle Texte und bildliche Darstellungen ein großartiger Ansatzpunkt für interkulturelles Lernen sein, z.B. wenn sie den *British Humour* transportieren. Daraus können sich sehr interessante Gespräche entwickeln, in denen Sichtweisen geäußert und zum Perspektivwechsel angeregt wird. Aus einer Fortbildung habe ich eine andere Idee mitgenommen, die ich gerne nutze und die Humor und lustige Effekte ermöglicht, nämlich die Verfremdung von Alltagsdialogen. Das lässt sich schon bei einfachen Dialogen umsetzen und prima variieren.

Uli: Wie machst du das?

Peter: Entweder, indem wir uns eine Dialogvorlage vornehmen und diese anderen Personen zuschreiben, sodass hierdurch ein komischer Effekt entsteht. Das funktioniert manchmal auch, indem man das Setting, in dem der Originaldialog stattfindet, ändert oder man stellt eine Gesprächsregel auf, z.B. die, dass ein Gesprächspartner anstelle von Antworten auf Fragen immer die jeweilige Frage zurückgibt.[4] Da entstehen lustige Effekte, es wird zusammen gelacht und das hat, so zumindest meine Wahrnehmung, eine die Atmosphäre lockernde, gruppenstärkende Wirkung bei gleichzeitigem Arbeiten mit und an der Sprache.

Claudia: Das klingt gut. Außerdem gibt es im Internet jede Menge Material, z.B. auf YouTube, aber man muss es finden und dann bin ich oftmals unsicher, was die rechtlichen Fragen angeht.

Hanna: Das geht mir genauso, auch im Hinblick auf den Einsatz von Filmen im Unterricht, denn da gibt es eigentlich ganz viel Humorvolles: Filme, Trailer für Filme, Werbespots aus Zielsprachenländern oder Parodien auf Kinofilme.

Uli: Kennt ihr die DVD *Im falschen Film?* von Vision Kino, dem Netzwerk für Film- und Medienkompetenz, zu Fragen des Urheberrechts und zum Schutz des geistigen Eigentums? DVD und ergänzende Materialien sind zur Medienkompetenzschulung entwickelt worden, können ab Klasse 8 eingesetzt werden und beantworten ganz viele Fragen. Das als Tipp nebenbei. In der Projektwoche habe ich mit einer altersgemischten Klasse einen Ausschnitt aus einer lehrwerkbegleitenden DVD ausgesucht. Es hätte auch anderes Filmmaterial sein können. Jedenfalls haben wir den Ton abgestellt und in Gruppen Erzähltexte für die kurze Sequenz entwickelt. Die Texte wurden dann als *Voice-over* von den Schülerinnen und Schülern über die Filmsequenz eingesprochen. Mit teilweise ganz einfachen Formulierungen sind dabei verschiedene und lustige Sachen entstanden.

2.5 Dopamin, Belohnung und Motivation

Nachdem im Vorausgegangenen Informationen zu den Effekten von Emotionen auf das Lernen und Einblicke in die Forschung gegeben wurden sowie, daran anknüpfend, die Rolle von Humor im Fremdsprachenunterricht umrissen wurde, befasst sich der folgende Abschnitt mit den Vorgängen im Gehirn, sozusagen mit der Chemie positiver Emotionen und Motivation. In diesem Zusammenhang wird auch die Bedeutung von Belohnung und korrektivem Feedback beleuchtet und die Frage aufgegriffen, ob bzw. wann Fehlerkorrektur im Widerspruch zu einer angstfreien Unterrichtsatmosphäre und zu positiven Emotionen steht. Außerdem stellt sich die Frage, welche Bedeutung korrektives Feedback für lernrelevante Vorgänge im Gehirn hat.

An positiven Emotionen, dem guten Gefühl bei Erfüllung eines Wunsches, der überwältigenden Hochstimmung nach gemeisterter Herausforderung, dem Glücksrausch usw. ist Dopamin, ein Neurotransmitter, beteiligt. Dieser bildet neben den Peptiden (Aminosäureketten) Oxytozin und Vasopressin auch die dritte Hauptzutat im biochemischen Cocktail von Liebe. Neurotransmitter sind chemische Substanzen, die als Botenstoffe die Kommunikation zwischen Neuronen ermöglichen (vgl. Kap. 1). Im Gehirn wirkt Dopamin u.a. am köpereigenen Belohnungssystem mit. Der Neurotransmitter wird im Mittelhirn produziert und von dort weitertransportiert, u.a. von der Area A10 zum frontalen Cortex. Dopamin wird im sogenannten meso-limbischen System mittels Aktivierung des Nucleus accumbens, „a structure in the middle of the brain that has large numbers of dopamine receptors and is central to the reward system pathway“ (Wolfe 2001: 195), als Botenstoff genutzt. Der Nucleus accumbens über-

[4] Vgl. Schiffler 2012: 36.

nimmt eine wichtige Funktion innerhalb des Belohnungssystems, denn er vermittelt unter Einwirkung von Dopamin „Glücksgefühle, indem er im Frontalhirn körpereigene Opioide (Endorphine) freisetzt“ (Rüegg & Bertram 2010: 9). „Opium belohnt und macht bekanntermaßen süchtig“ (Spitzer 2003: 179).

Neben dem guten Gefühl kann Dopamin im frontalen Cortex überdies die Klarheit des Denkens steigern (vgl. Spitzer 2003: 177ff.), denn dem Neurotransmitter kommt „eine entscheidende Rolle bei [...] Aufmerksamkeitssteuerung, [...] [und] Kognition“ (Kandel 2006: 462) zu. Im Hinblick auf Lernkontexte sind sowohl die Fokussierung der Aufmerksamkeit und die Steigerung der Klarheit des Denkens als auch das gute Gefühl interessant, weil beides das Lernen begünstigt oder teilweise sogar bedingt. Zwischen Dopamin einerseits, Belohnungserleben und Motivation andererseits besteht ein Zusammenhang. Negativ formuliert: „Wird im Nucleus accumbens zu wenig Dopamin freigesetzt, so verliert ein Mensch jegliche Motivation“ (Rüegg & Bertram 2010: 9). Dies führt zu der Frage, welche Faktoren auf die Dopaminfreisetzung Einfluss nehmen können. Hierzu liegen mehrere Studien vor, die zur Datengewinnung bildgebende Verfahren nutzen und die jeweils einen Umwelteinfluss fokussieren. Beispielsweise könnten Forscher die Hypothese prüfen, ob sich besonders schöne Schuhe auf das Belohnungssystem von Probandinnen stimulierend auswirken. Die Forschungslage im Hinblick auf institutionelle Lernsettings weist hingegen noch Lücken auf, die sich wohl auch nicht so leicht schließen lassen, denn bestimmte Verfahren zur Datenerhebung können in der Schule nicht angewandt werden. Sollen also Aussagen zu Faktoren gemacht werden, die im Klassenzimmer wirken und das Lernen aufgrund der oben beschriebenen Zusammenhänge zwischen Dopamin, positiven Emotionen, Motivation und der Klarheit des Denkens beeinflussen, so muss dies auf der Basis einer vorsichtig-kritischen Übertragung von Erkenntnissen aus Laborexperimenten erfolgen, denen Beobachtungen im Klassenzimmer und Erfahrungen im Praxisfeld zur Seite zu stellen sind. Im Folgenden werden daher zunächst die Ergebnisse einiger Studien zu verschiedenen Umwelteinflüssen kurz resümiert. Daran knüpft die Frage an, was im Klassenzimmer wirkt und welche Anregungen für den Fremdsprachenunterricht exemplarisch gegeben werden können.

Wie Studien zeigen, ist das Spektrum der Umwelteinflüsse, die das Belohnungssystem stimulieren, recht breit. Beispielsweise basiert die Wirkung von Drogen auf diesem Zusammenhang. Die Erforschung der Aktivierung des Gehirns bei Süchtigen im Entzug (Breiter et al. 1997), denen entweder Kokain oder Kochsalzlösung verabreicht wurde (vgl. Spitzer 2003: 179), erbrachte erste genauere Hinweise auf das Belohnungssystem: „Addictive drugs such as cocaine, emphetamine, opiates, and nicotine act like positive reinforcers“ (Kandel et al. 2000: 1010). Die meisten Drogen führen zu einer Erhöhung des Dopaminlevels im Nucleus accumbens, d.h. sie nutzen das Neurotransmittersystem des Gehirns, um ihre Wirkung zu entfalten. Während das Gehirn eines gesunden Menschen Neurotransmitter wohldosiert und in der richtigen Verweildauer einsetzt, führen Drogen zu einer regelrechten Überschwemmung. Inzwischen liegen Nachweise darüber vor, dass auch andere Stimulantien das Belohnungssystem aktivieren, erfreulicherweise auch solche, die die Gesundheit weniger bzw. gar nicht schädigen, nämlich Schokolade (Small et al. 2001), Lieblingsmusik (Blood & Zatorre 2001, Altenmüller et al. 2007), Blickkontakt mit einer attraktiven Person (Kampe et al. 2002), ein emotional positiv besetztes Wort (Hamann & Mao 2002, einige dieser Studien sind bei Spitzer 2003: 184ff. ausführlicher referiert) sowie flotte Autos (Erk et al. 2002): „Bei Autoliebhabern, denen man Bilder verschiedener Sportwagen, Limousinen und Kleinwagen gezeigt hatte, fand man für die Sportwagen eine stärkere Aktivierung in Hirnbereichen, die mit Belohnung in Zusammenhang gebracht werden“ (Schleim 2010: 213).

Auch Extremsport wie Bungee-Jumping wäre ohne das Suchtpotential von Dopamin kaum denkbar und führte auch nicht zum intendierten intensiv-rauschartigen Gefühl (zur Lust an Situationen, die Angst machen vgl. Fischer in *Die Zeit online* 2005). Dopamin wird auch „als Substanz der Neugier und des Explorationsverhaltens“ (Spitzer 2003: 181) bezeichnet. Beim Bungee-Jump, einem zugegebenermaßen extremen Beispiel für Explorationsverhalten, ist das Hochgefühl nach einem glücklich verlaufenen Sprung im Grunde auf einen Überraschungseffekt zurückzuführen. Steht der Springer vor dem Bungee-Jump nämlich am Abgrund und blickt in die Tiefe, wird eigentlich sofort die *flight/freeze*-Reaktion ausgelöst. Zu Recht, denn es kann nicht vernünftig sein, sich in die Tiefe zu stürzen und dabei nur auf ein Elastikband zu vertrauen. Gegen diese eigentlich vernünftigen Alarmsignale steuert der Springer an, sein *Seeking Reward-System*, d.h. die Sucht nach Dopamin, und sein *Fear-System*, die Alarmanlage im Gehirn, treten in Widerstreit. Erfolgt der Sprung schließlich, so geschieht dies unter der Ahnung, es möglicherweise nicht zu überleben. Fängt die Leine dann, kommt es zu einem enormen Dopaminrausch. Das Fangen der Leine wirkt dabei wie eine unerwartete bzw. zumindest nicht sicher geglaubte Belohnung und führt damit zum oben erwähnten Überraschungseffekt.

Bei Belohnung spielt dieser Effekt ebenfalls eine wichtige Rolle, eine Erkenntnis, die auch für Erziehungs- und Bildungskontexte von Bedeutung ist. Die meisten Lehrkräfte kennen den Abnutzungseffekt bei Belohnungen. Während Belohnungen, erfolgen sie überraschend, bei den Schülerinnen und Schülern große Freude, Stolz und langfristiges Erinnern bewirken können, scheinen solche, mit denen das Kind rechnet, wirkungslos oder sogar abträglich. Erwartete Belohnungen haben eher den Charakter einer schon im Voraus kalkulierbaren Bezahlung für eine bestimmte Leistung als den einer Überraschung. Das Motiv, eine Leistung zu erbringen, verlagert sich dann von innen nach außen. An die Stelle der aus eigenem Impuls heraus angenommenen Herausforderung, deren erfolgreiche Bewältigung das körpereigene Belohnungssystem aktiviert, tritt ein Abholen der erwarteten Entlohnung. Dies zeigt jedoch in vielen Fällen, insbesondere mit der Zeit, immer weniger Wirkung. Es scheint, als werde der innere Anreiz, sich einer Herausforderung zu stellen, durch eine als Entlohnung gedeutete antizipierte Belohnung von außen ersetzt. In der Folge kommt es nicht in vergleichbarem Maß zu einer dopaminergen Reaktion. Aus dem Bereich der Motivationsforschung und Motivationstheorien (vgl. u.a. Dörnyei 1994, Deci & Ryan 1985) ist das Begriffspaar intrinsische und extrinsische Motivation bekannt. Es sei „eine allgemein anerkannte These […], dass intrinsische Motivation eine intensivere Auseinandersetzung mit dem Lerngegenstand bewirkt und sie dadurch als die überlegene Form von Motivation angesehen werden kann. Kommt jedoch eine starke extrinsische Motivierung hinzu, kann diese die intrinsische Motivation vermindern“ (Kirchner 2004: 2). Durch Einblicke in die Wirkungsweise des dopamingestützten Belohnungssystems wird die plausibel formulierte These, dass intrinsische Motivation besonders intensiv wirkt und dass extrinsische Motivation, z.B. in Form von zugesagter Belohnung, mitunter sogar als Störfaktor wirken kann, gestützt und ist besser nachzuvollziehen.

Lehrkräfte und Eltern wissen überdies, wie fragil die durch äußere Belohnung aufgebauten Mechanismen sind, denn sie sind anfällig für Störfaktoren und der Mechanismus verkehrt sich rasch ungewollt in Bestrafung statt Belohnung (beispielsweise verspricht die Lehrkraft einen Film, aber der DVD-Spieler ist kaputt oder die verbleibende Zeit reicht nicht oder ein Kind empfindet die Belohnung eines anderen als größer im Vergleich zur eigenen usw.).

Das innere Belohnungssystem ist immer dann aktiv, wenn eine Herausforderung angenommen und gemeistert wird, übrigens ganz besonders dann, wenn die Herausforderung im Bereich der minimalen Überforderung liegt (vgl. Vygotsky 1964 zur *ZPD – Zone of Proximal Development*). Dann nämlich muss der Lernende ein Stück über sich hinauswachsen, geht damit ein gewisses Risiko ein und kann nicht mit Sicherheit vorhersagen, wie es ausgehen wird. Findet sein Einsatz Bestätigung, erlebt er, wenn auch nicht in exakt vergleichbarer Weise, ähnlich wie der Bungee-Springer eine gewisse Überraschung, Bestätigung oder auch Erleichterung: „Dopaminerge Neuronen [...] feuern als Antwort auf den Unterschied zwischen vorhergesagter und tatsächlicher Belohnung“ (Spitzer 2003: 182), was nicht zu dem Schluss veranlassen soll, die Lehrkraft müsse einer angekündigten Belohnung nur jedes Mal ein unerwartetes Sahnehäubchen aufsetzen, um einen Unterschied herbeizuführen – auch das wird sehr rasch antizipierbar. Vielmehr gilt es, Herausforderungen zu schaffen, denen sich die Lerner stellen wollen und können sowie dabei die Heterogenität der Lerngruppen im Blick zu behalten, sodass alle passende Herausforderungen finden.

Das Hinterfragen des Einsatzes von äußeren Belohnungen bedeutet indessen keineswegs, dass mit einer Überraschung dann und wann oder ehrlich anerkennenden Rückmeldungen, freundlichen Worten usw. sparsam umzugehen wäre – im Gegenteil! An dieser Stelle sei an die bereits referierten Studien zum Blickkontakt, zu freundlichen Worten und zum ansteckenden Potential von Gesichtsausdrücken erinnert, wodurch die Lernbereitschaft gestützt und die Lernleistung positiv beeinflusst werden kann. Das sind einige Faktoren, die sozusagen dopaminfreundlich im Unterricht wirken und von der Lehrkraft (mit-) gestaltet werden können. Die Bewusstwerdung der Zusammenhänge beispielsweise zwischen einem freundlich-anerkennenden Wort, dem daraus resultierenden positiven Gefühl und den Auswirkungen auf die Selbstwahrnehmung, die Lernbereitschaft sowie oftmals auch den Lernerfolg, bestärkt darin, Feedback, auch im Sinne der weiter oben referierten Ergebnisse Hatties, intensiv, wertschätzend und zielorientiert zu nutzen.

Nun stellt sich die Frage, ob auf diesem Hintergrund weitere konkrete Anregungen für „dopamine-releasing interventions” (Willis 2010: 57) im Englisch- oder Französischunterricht gegeben werden können, ohne damit in die Grauzone unterrichtspraktischer Fertigrezepte oder spekulativer Übertragungen in die Fremdsprachendidaktik abzurutschen. Dies ist zweifellos eine Gratwanderung, und allzu beherzte Übertragungsversuche in die Unterrichtspraxis werden zu Recht kritisch beurteilt (vgl. Teepe 2005: 54-55). Dennoch können Einblicke in die Forschung die Praxis nur sehr eingeschränkt voranbringen, wenn nicht der Versuch unternommen wird, diese Erkenntnisse als Matrix für kritische Beobachtung und Hinterfragung sowie gegebenenfalls die Erweiterung des unterrichtlichen Handelns zu nutzen. Willis (2010) legt in ihrem Beitrag zu *Mind, brain, and education: neuroscience implications for the classroom* den Versuch einer Konkretisierung vor, an der sich einige der folgenden Anregungen orientieren:

- Fortschritte sichtbar machen, Erfolge feiern, eine Kultur des Lobens schaffen.
- Gelegenheit geben, damit Lernende intrinsisch Stolz und Zufriedenheit über Lernfortschritte, nicht nur über vorgelegte Endprodukte, aufbauen können.
- Wahlmöglichkeiten geben, d.h. zwischen Aufgaben, Texten, Lernpartnern etc. wählen lassen, wann immer sich die Gelegenheit bietet.

- Humor Raum geben, Sarkasmus und Bloßstellen strikt vermeiden.
- Chancen zur Differenzierung bei Klassenarbeiten nutzen (Leistung, Neigung, Zeit), z.B. indem die Lernenden die Möglichkeit haben, unter Einsatz einiger Punkte stützende Materialien zu nutzen oder durch sogenannte Streichaufgaben mitzubestimmen, was und wie viel sie bearbeiten.
- Zu vielen Unterrichtsthemen lassen sich als pragmatische Differenzierungsmaßnahme *Challenge Questions* finden, d.h. Fragen oder Aufgaben, die Aspekte vertiefen bzw. über das eigentliche Thema hinausführen und von Einzelnen oder Expertenteams zusätzlich bearbeitet sowie bereichernd in den Unterricht eingebracht werden können.
- Positive Schüler-Schüler-Interaktionen zulassen und fördern, jedoch Gruppenarbeit nicht als Allheilmittel betrachten, denn: Gruppenarbeit ist nur dann gut, wenn sie hervorragend geplant ist, zur Aufgabe passt und zur Vielfalt des Unterrichts beiträgt.
- Altersgemäße spielerische Unterrichtsformen nutzen, z.B. bei der Wortschatzarbeit Improvisationen oder Pantomime einsetzen (Wörter darstellen und erraten lassen).
- Innehalten, rückschauen, zusammentragen und strukturieren, z.B. indem ein besonderer Gegenstand weitergegeben wird und jeder Sprecher, wie bei einer Blitzlichtrunde, ein Detail beiträgt. Eine *Silent Discussion* führen, bei der gemeinschaftlich ohne Sprechen eine Mindmap erstellt wird, die, wird sie nachbereitet, zugleich als Sprechimpuls dienen kann.
- Einige Klassenrituale etablieren, die Sicherheit geben und gemeinschaftliches Erleben ermöglichen, z.B. eine feste Vorlesezeit, die nur im äußersten Notfall anderen Aktivitäten geopfert wird (hierbei ist die Auswahl von ansprechender, dem Alter und der Sprachkompetenz angemessener Literatur ein wichtiger Faktor für Gelingen oder Misslingen!).
- Die Raumordnung im Klassenzimmer hin und wieder überraschend auf den Kopf stellen, z.B. nicht an der Tafel vorne einen Input geben, sondern sich bewusst an der Rückwand platzieren, sodass sich die Schülerinnen und Schüler rittlings auf die Stühle setzen müssen.
- Neben Whiteboard oder Tafel auch seltener genutzte, haptisch ansprechende Materialien zur Visualisierung nutzen, z.B. mit Markern, Wachsmalkreide oder sogar Fingerfarben auf die Rückseite einer Tapete schreiben.

Die Liste ließe sich fortführen und durch vieles ergänzen, was Lehrkräfte als förderlich für das Unterrichtsklima und dem Lernen zuträglich empfinden. Sie kann und muss nicht vollständig sein, denn sie soll vielmehr zum Weiterdenken, aufmerksamen Beobachten, Reflektieren und zum Austausch anregen.

Praxisfenster

Hanna: Wir könnten gleich einmal versuchen, die Liste mit ein paar unserer Ideen fortzusetzen. Jeder von uns hat in seinem Repertoire Arrangements, bei denen die Klasse mit Feuereifer und höchster Konzentration dabei ist, wobei manchmal richtig schwierige Aufgaben bearbeitet werden.
In der vergangenen Woche habe ich beispielsweise kurzfristig eine Vertretungsstunde in Englisch übernehmen müssen. Es war eine 8. Klasse, die ich nicht kannte. Ich hatte deshalb die Idee, gleich zu Beginn eine Aktivität einzusetzen, die die Schülerinnen und Schüler zum Sprechen bringt und mir ein paar Informationen über sie liefern würde. Also habe ich die Kinder gebeten, dass jeder ein Objekt aussucht, das sie in die Schule mitgebracht haben, und das ihnen etwas bedeutet und damit in den Sitzkreis zu kommen. Ich habe natürlich auch etwas mitgebracht, nämlich mein Notizbuch. Dann hat sich jeder kurz vorgestellt und auf Englisch in manchmal einfachen Worten erklärt, was er mitgebracht hat und warum.

Claudia: Hat's funktioniert?

Hanna: Ja, ich war richtig überrascht. Die Situation war nicht künstlich, es gab sogar lustige Beiträge und kleine Anekdoten. Zuerst habe ich immer wieder Rückfragen gestellt, um das Gespräch ins Rollen zu bringen und zu signalisieren, dass es nicht um monologisches Sprechen geht. Dann hat sich auch die Klasse mit Fragen beteiligt. So haben wir einiges voneinander erfahren und richtig gut miteinander geplaudert. Es ist eine sehr angenehme und zugleich von Neugier geprägte Atmosphäre entstanden, und fast alle wollten etwas von sich erzählen und haben sich Mühe gegeben, also die Herausforderung angenommen. Ich glaube, das ist hier ein Schlüsselmoment: Man spricht miteinander und zwar nicht über Lehrbuchpersonen oder Dinge, die ohnehin jeder in der Klasse schon weiß, vielmehr gibt es Raum für Überraschendes, Ehrliches oder auch Erfundenes.

Peter: Und was hast du beigetragen? Was hat es mit deinem Notizbuch auf sich, das du in den Kreis mitgebracht hast?

Hanna: Darin notiere ich für mich Erfolgsmomente im Schulalltag, bemerkenswerte Erlebnisse, pfiffige Aussprüche und Ideen meiner Schülerinnen und Schüler. Das macht mir Freude beim Schreiben und beim Zurückblättern. Es fühlt sich für mich gut an, wenn ich mir das Positive vor Augen führe und festhalte. Dopamin, ich weiß!

Claudia: Dafür hast du Zeit?

Hanna: Nein, eigentlich nicht, aber ich nehme sie mir, weil's für mich wertvoll ist.

Uli: Ich habe auch eine Idee, um die Liste weiterzuführen. Wir haben gerade gehört, dass Gruppenarbeit kein Allheilmittel ist und gar nicht unbedingt als reizvolles Lernereignis empfunden wird. Dass daran wohl etwas Wahres ist, merke ich an mir selbst, wenn in einer Fortbildungsveranstaltung Gruppenarbeit angesagt wird, dann sträubt sich erst einmal etwas in mir. Ich glaube, das hat mit Negativerfahrungen zu tun, denn eigentlich ist Gruppenarbeit eine prima Sache. Ich versuche deshalb, Gruppenarbeit so oft wie möglich arbeitsteilig einzusetzen und habe die

Form des Gruppenpuzzles dafür entdeckt. Dabei wird ein Thema in Einzelfragen bzw. Arbeitspakete aufgeteilt, wovon jedes von einem Expertenteam bearbeitet wird. So hat jeder sein Spezialgebiet und es kommt zu keinen Doppelungen oder langatmigen Wiederholungen in der Aufbereitungsphase.

Peter: Und wie bereitest du auf? Wie stellst du sicher, dass jeder Lerner am Ende über alle Teilaspekte informiert ist? Durch eine Präsentation im Plenum?

Uli: Manchmal ja, aber eher selten. Ich setze im Anschluss an die Erarbeitung und Aufbereitung in den einzelnen Expertenteams eigentlich lieber gemischte Gruppen ein, sodass die Lernenden die Rolle der Lehrenden einnehmen, weil sie sich gegenseitig in der gemischten Gruppe das zeigen und erklären, was sie vorher im Expertenteam erarbeitet haben. Wenn in den gemischten Gruppen aus jedem Expertenteam nur ein Vertreter ist, müssen alle aktiv beitragen.

Hanna: So eine Art Lernen durch Lehren.[5]

Uli: Genau. Die Effekte sollen groß sein, wenn Schülerinnen und Schüler zu Lehrenden werden.

Claudia: Ob dabei aber tatsächlich Dopamin ausgeschüttet wird? Vielleicht wenn die Aufgaben der Expertengruppen wirklich herausfordernd sind oder auch, wenn die Klassenkameraden in den gemischten Gruppen gerne zuhören und Fragen an den Experten stellen. Ja, dann wahrscheinlich schon, weil dadurch Kompetenzerlebnisse ermöglicht werden. Trotzdem stelle ich mir das Gruppenpuzzle in den Anfangsstadien schwierig vor, wenn die Kinder noch kaum Englisch oder Französisch können, aber vielleicht gibt es eine Variante, die auch schon mit wenig Fremdsprache funktioniert. Ich setze in meinen Grundschulklassen gerne Visualisierungen ein. Beispielsweise tragen wir zu Beginn der Stunde alle Wörter und Wendungen zusammen, die wir zu einem Thema schon kennen. Daran schließt sich z.B. ein *Storytelling* an, und am Ende der Stunde ergänzen wir unsere Visualisierung durch all das, was wir neu dazugelernt haben. Das ist eine wunderbare Wiederholung, man kann vernetzen und sichtbar machen, was erarbeitet wurde. Wir sind dann gemeinsam stolz. Und welchen Tipp hast du, Peter?

Peter: Hm. Wann sehe ich in den Augen meiner Schülerinnen und Schüler diese Begeisterung, den Stolz oder die Gebanntheit, die mich mit einiger Sicherheit vermuten lässt, dass Dopamin im Spiel ist? Ich bin immer vorsichtig mit solchen Zuschreibungen, aber kürzlich haben mich meine Zehntklässler total begeistert – und sie waren auch begeistert und überrascht von ihrer eigenen Leistung. Wir hatten einen Text bearbeitet, der zum Weiterdenken anregen sollte, und daraus zehn Schlüsselwörter herausgefiltert. An dieser Stelle wollte ich weder abbrechen noch direkt zur Diskussion überleiten. Ich wollte einen Zwischenschritt, in dem sie kreativ mit den Schlüsselwörtern umgehen und dadurch tatsächlich ins Weiterdenken kommen, sich von einer reinen Widergabe des Textes lösen. Also sollten sie sich in Zweiergruppen oder alleine, das konnte jeder frei wählen, fünf der Schlüsselwörter aussuchen und daraus ein sogenanntes *Chain Poem* machen.

Hanna: In jede Zeile, eigentlich in jeden Vers, weil es ja Gedichte sind, kommt eines der Wörter, glaube ich.

5 Vgl. Martin (1994).

Peter: Ja. Man packt immer eines der Wörter in eine Zeile, macht drumherum einen kurzen Satz oder ein Satzfragment und braucht sich auch keine Sorgen zu machen, wenn es sich nicht reimt. Muss es nämlich nicht. Alle haben die Aufgabe gemeistert, bei vielen war das Ergebnis überraschend. Da kamen verborgene Talente zum Vorschein. Mittlerweile setze ich *Chain Poems* sogar bei Sachtexten ein, und selbst bei eher trockener Materie kommen tolle Fünfzeiler heraus, viele davon witzig, provokativ oder auch einfach klangvoll und schön.

2.6 Dopamin und ADHS

Dopamin steht in Zusammenhang mit Belohnungsempfinden, positiven Gefühlen, dem Arbeitsgedächtnis, und außerdem ist der Neurotransmitter an der Kontrolle von Muskelbewegungen beteiligt (vgl. Baars & Gage 2010: 5). Erkrankungen wie Parkinson werden in Verbindung mit Dopaminmangel gebracht (vgl. Kandel 2006: 46), und auch bei ADHS (Aufmerksamkeitsdefizit-/Hyperaktivitätsstörung) gibt es Zusammenhänge mit dem Dopaminhaushalt.

Mindestens 3-5% der Kinder und Jugendlichen sind von ADHS betroffen, wobei die Störung bei den meisten im Grundschulalter festgestellt wird, bei einigen bereits im Kindergartenalter. Jungen sind deutlich häufiger betroffen als Mädchen (vgl. Schlander et al. 2010). ADHS kann im Erwachsenenalter fortdauern. Bei nahezu drei Vierteln der Betroffenen tritt ADHS nicht alleine, sondern zusammen mit anderen Erkrankungen als komorbide Störung auf, nämlich mit Angsterkrankungen, Depressionen, sogenannten Tics oder Teilleistungs- und Lernstörungen. Bei 15% bis 40% der von ADHS betroffenen Kinder liegt außerdem eine Lese- und Rechtschreibstörung (LRS) vor (vgl. Schulte-Körne et al. 2006), die sich auch in der Fremdsprache zeigen kann (zu LRS im Fremdsprachenunterricht vgl. Gerlach 2010, Sambanis 2009a, Zander 2002).

Die Ausprägung von ADHS wird neben anderen gegebenenfalls die Störung begünstigenden Faktoren, die unter dem Begriff „veränderte Kindheit" subsummiert werden können (Bewegungsmangel, Reizüberflutung, enge zeitliche Taktung, Verarmung zwischenmenschlicher Interaktionen etc.), darauf zurückgeführt, dass die Verarbeitung von Informationen in bestimmten Hirnregionen bzw., genauer gesagt, die Kommunikation zwischen einigen Nervenzellen nicht einwandfrei funktioniert. Wie Nervenzellen miteinander kommunizieren, wurde in Kapitel 1 erläutert. Das bei ADHS auf dieser Ebene beobachtete Defizit wirkt sich auf lernrelevante Faktoren wie Wahrnehmung und Konzentration sowie auf die Handlungsplanung, Impulskontrolle und weitere sogenannte exekutive Funktionen aus, d.h. mentale Funktionen, die zur Verhaltenssteuerung genutzt werden. Es kommt zu Schwierigkeiten bei der Fokussierung und bei der Filterung von Reizen, was dazu führt, dass Kinder mit ADHS von einer Reiz- und Gedankenfülle nicht selten geradezu überflutet werden. Oftmals gelingt es ihnen nicht, Distraktoren zu identifizieren und auszublenden, um sich ganz zu fokussieren, auf eine Sache dauerhaft zu konzentrieren, einen Gedanken zu Ende zu führen, ohne bereits von weiteren aufblitzenden Gedanken abgelenkt zu werden. Einsichten in diese Zusammenhänge machen besser nachvollziehbar, warum Kinder mit ADHS vielfach ruhelos oder abwesend-verträumt (dann eher ADS ohne Hyperaktivität, hiervon sind häufiger Mädchen betroffen), innerlich ständig getrieben und äußerlich nicht selten zappelig sind.

Eine Störung der Signalübertragung zwischen Nervenzellen, die wiederum auf eine Missbalance zwischen bestimmten Neurotransmittern, nämlich Dopamin und Noradrenalin zurückzuführen ist, wird als eine Ursache für ADHS betrachtet. In der Literatur finden sich zwei mögliche Erklärungsansätze im Hinblick auf die Beteiligung von Dopamin bei ADHS. Der erste besagt, dass im synaptischen Spalt, also an der Kommunikationsstelle zwischen den Nervenzellen, zu wenig Dopamin freigesetzt wird, sodass die Unterversorgung mit dem Botenstoff Störungen bei der Informationsweitergabe zur Folge hat. Der zweite Erklärungsansatz sieht den Auslöser in einer zu geringen Anzahl aktiver Dopaminrezeptoren an den Kommunikationsstellen der Nervenzellen bzw. in einem zu raschen Abtransport von Dopamin aus dem synaptischen Spalt. Beide Ansätze verweisen letztlich auf eine Störung im Dopaminhaushalt, die sich höchstwahrscheinlich auch auf das interne Belohnungssystem auswirkt. Bei medikamentöser Behandlung von ADHS wird im Grunde von einer Unterversorgung mit Dopamin ausgegangen. Der Wirkstoff des in vielen Kinder- und Klassenzimmern wohlbekannten ADHS-Medikaments Ritalin heißt Methylphenidat. Dieser greift entsprechend in den Dopaminhaushalt ein und verbessert dadurch die exekutiven Funktionen der betroffenen Kinder: „Executive function refers to abilities that enable flexible, task-appropriate responses in the face of irrelevant competing inputs [...]" (Farah et al. 2004: 422). Die Kinder wirken ruhiger, es gelingt den meisten besser, planvoll zu arbeiten und die geforderte Konzentration bzw. Fokussierung aufzubringen. Ritalin ist seit den späten 1950ern auf dem Markt und verzeichnet seit einigen Jahren deutlich wachsenden Zuspruch. In den letzten fünf Jahren soll sich der Absatz ums 40fache gesteigert haben oder, wie es in einem Bericht des Deutschlandradios 2012 heißt: „1993 waren es noch 34 Kilogramm pro Jahr in Deutschland, 2010 wurden bereits 1,8 Tonnen verschrieben – mehr als 50-mal so viel wie vor 20 Jahren" (DRadio Wissen am 5.4.2012). Es wird vermutet, dass bei der Diagnose die festgelegten Kriterien (DSM-IV-Kriterien oder ICD-10-Richtlinien)[6] nicht in jedem Fall genau beachtet werden, sodass bei der ADHS-Diagnose von einer gewissen Magnetwirkung auszugehen ist. Es ist denkbar, dass in einigen Fällen entwicklungsbedingte Formen vorübergehender Unruhe, die beispielsweise auf Umbrüche in der Lebensbiografie der Kinder zurückzuführen sind, als ADHS diagnostiziert werden. Ebenso scheint es nicht unwahrscheinlich, dass andere Störungen, geringfügigere ebenso wie schwerwiegendere, mitunter als ADHS diagnostiziert werden. Beides kann den Trend zu Ritalin teilweise erklären, darüber hinaus ist von einer wachsenden Akzeptanz und abnehmenden Skepsis dem Medikament gegenüber auszugehen, das insbesondere ab dem Grundschulalter verschrieben wird – für jüngere Kinder liegen medizinische Daten noch nicht in ausreichender Dichte vor. Insgesamt muss eingeräumt werden, dass es noch keine belastbare Basis an Langzeitstudien gibt, was Ritalin-Skeptiker dazu veranlassen mag, von einer laufenden großangelegten Langzeitstudie direkt im Feld zu sprechen. In einigen Jahren wird sich zeigen, wie sich Ritalin langfristig auswirkt. In der aktuellen Diskussion kristallisieren sich drei Positionen heraus: die der Befürwortung, die der kategorischen Ablehnung von Ritalin und die des Mittelwegs. Vertreter des Letzteren befürworten kurzzeitige Medikamentengabe, die im günstigen Fall ohne längeres Zögern unmittelbar nach der Diagnose erfolgt und von einer Therapie begleitet wird, die die psychologische und die soziale Entwicklung stützt.

---

6 Zur Klassifikation stehen zwei Systeme zur Verfügung, nämlich das Schema der American Psychiatric Association (DSM-IV) und das der World Health Organization (ICD-10).

Methylphenidat (also Ritalin), Amphetamine und Kokain wirken in folgender Hinsicht ähnlich im Gehirn: „[They] raise the level of dopamine in the nucleus accumbens by blocking the dopamine transporter [...], thereby prolonging the time dopamine remains in the synaptic cleft" (Kandel et al. 2000: 1011). Aufgrund der beschriebenen Wirkungsweise werden Medikamente mit Methylphenidat auch von bestimmten Zielgruppen, vielfach Akademiker, ebenso Leistungssportler und mitunter beim Militär, ohne medizinische Indikation zum sogenannten Hirndoping oder *Neuro-Enhancement* eingesetzt. Dies „beschreibt die Möglichkeiten, durch Einnahme von bestimmten Substanzen die kognitive Leistungsfähigkeit und das psychische Befinden bei gesunden Menschen gezielt zu steigern" (Heinemann 2012: 151, vgl. Farah 2004: 421). Auch die physische Leistungsfähigkeit lässt sich beeinflussen. „Rund jeder zehnte Studierende in den USA praktiziert regelmäßig Hirndoping" (vgl. Berger & Normann 2008: 37). Methylphenidat wird „von Studenten inzwischen sogar häufig wie Kokain geschnupft" (Berger & Normann 2008: 41). Internationale Daten (Erhebung durch *Nature* in 60 Ländern) gehen von einer Nutzungsbereitschaft aus, die zumindest bei den Akademikern nahe 20% liegt (vgl. Positionspapier der DHS 2011) – eine zumindest angesichts des derzeitigen Wissensstandes über mögliche Nebenwirkungen alarmierend hohe Zahl. Laut Berger & Normann (2008) lassen sich zwei Wirkgruppen bei *Neuro-Enhancern* unterscheiden, nämlich die Wachmacher und die Behaltensbooster. Ergänzend sind überdies die Substanzen zu erwähnen, die genau das Gegenteil von Behalten bewirken: „Drugs whose primary purpose is to block memories are also being developed [...]" (Farah et al. 2004: 422). Einige der Substanzen greifen nicht in den Dopaminhaushalt ein, z.B. Modafinil, das eigentlich zur Behandlung von krankheitsbedingten Schlafanfällen verabreicht wird. Bei gesunden Probanden kann die Substanz die Impulskontrolle verbessern (vgl. Farah 2004: 422) und weckt aufgrund seiner Wirkungsweise u.a. das Interesse von Justiz und Strafvollzug. Andere Substanzen nehmen Einfluss auf den Dopaminhaushalt, darunter Methylphenidate und das Amphetamin Dexedrin, das als Wachmacher „den Spiegel des Neurotransmitters Dopamin im Gehirn steigen lässt" (Berger & Normann 2008: 41). Zur Wirkung von Methylphenidat auf gesunde Probanden liegen einige Erkenntnisse vor, die darauf hinweisen, dass die Genauigkeit und zielführend-strategische Handlungsplanung zunimmt. Die zugrundeliegenden Daten wurden mit dem *Tower of London*-Test erhoben, einem Planungstest, bei dem unter Beachtung vorgegebener Regeln in möglichst wenigen Zügen durch Umstecken von Kugeln auf Stäbchen ein Ziel zu erreichen ist (vgl. Farah 2004: 422).

In den letzten Jahren wurde auch der Gebrauch von Antidementiva und Tuberkulosemedikamenten zum Zweck des Neurodoping bekannt, wobei Letztere durch die antibiotische Substanz Cycloserin die Vernetzungsvorgänge im Gehirn stimulieren sollen (vgl. Berger & Normann 2008: 39). Insgesamt lassen sich vier eigentliche Indikationen nennen, deren Medikamente zweckentfremdet zum Hirndoping genutzt werden: Medikamente bei ADS bzw. ADHS, bei Schlafkrankheit, Demenzerkrankungen (insbesondere Alzheimer) und Depressionen (vgl. DHS 2011).

Die Wirksamkeit dieser Substanzen als *Neuro-Enhancer* ist noch lange nicht ausreichend erforscht, um Nebenwirkungen, Wechselwirkungen und das Suchtpotential zuverlässig abschätzen zu können (vgl. Gaßmann et al. 2012). Das Forschungsfeld ist groß, denn letztlich muss für jede Substanz das mögliche Wirkspektrum bei gesunden Probanden, und zwar sowohl bei bereits sehr leistungsfähigen als auch bei weniger leistungsfähigen, exakt abgeklärt werden (vgl. Farah 2004: 422). Dabei sehen sich die Forscher mit einer Vielzahl ethischer Fragen konfrontiert, beispielsweise die der Vertretbarkeit von Studien an Menschen, die ohne Einnahme leistungssteigernder Substanzen als gesund einzustufen sind (vgl. Farah et al. 2004: 423-424).

Obschon Forscher, die an der Erweiterung der Evidenzbasis zu Neurodoping arbeiten, vor voreiliger Ablehnung und Hysterie warnen, wobei sie Neurodoping gerne mit plastischer Chirurgie vergleichen, die ebenfalls Risiken birgt und vielfach nicht notwendig wäre, ist bei *Neuro-Enhancement* zumindest von einem noch unkalkulierbaren Risiko auszugehen. Legt man o.g. Zahlen zugrunde, ist jeder zehnte Studierende bereit, dieses Risiko einzugehen. Vor der Einnahme u.a. von Methylphenidaten als *Neuro-Enhancer* wird inzwischen ausdrücklich gewarnt, wobei außer auf die Überschätzung der eigenen Kräfte und Leistungsfähigkeit vor allem auf das Risiko der Abhängigkeit hingewiesen wird: „Neben anderen unerwünschten Nebenwirkungen weisen die stimulierenden Wirkstoffe Methylphenidat und Modafinil ein hohes psychisches Abhängigkeitsrisiko auf" (DHS 2011).

Anhand dieses kleinen Exkurses zu Neurodoping sollte einerseits für ein Thema sensibilisiert werden, das vielfach wie ein Nischenthema – als wäre Neurodoping im Kontext deutscher Schulen und Universitäten gar nicht existent – behandelt wird. Ferner sollte durch den Blick auf Störungen im Dopaminhaushalt bzw. die Beeinflussung des Dopaminhaushaltes die Bedeutung des Neurotransmitters für Lernprozesse nochmals aus einem etwas anderen Blickwinkel heraus hervorgehoben werden.

2.7 Dopamin bei korrektivem Feedback

Dass Dopamin zu einem guten Gefühl und Belohnungsempfinden beiträgt, wurde weiter oben bereits ausgeführt. Der Vorhersagbarkeit einer Belohnung wurde dabei eine entscheidende Rolle zugesprochen: Verläuft ein Ereignis besser als erwartet, erhöht sich die Feuerrate der dopaminergen Neuronen und es kommt zur Belohnungsempfindung. Erwartungen entstehen, weil das Gehirn ständig Vorhersagen macht, vorausberechnet und antizipiert. Tritt das Antizipierte ein, wird es „als unbedeutend verbucht und nicht weiter verarbeitet" (Spitzer 2003: 176). Bei Passung zwischen Erwartung und eingetretenem Ereignis bestätigt sich, dass das Gehirn bereits geeignete Strukturen zur Verarbeitung dieses speziellen Ereignisses besitzt und daher an dieser Stelle nicht weiterlernen muss. Weicht aber ein Ereignis vom Antizipierten ab und ist besser als erwartet, dann liegt ein Vorhersagefehler vor, der das Gehirn zu weiterem Lernen veranlasst. Spitzer (2003: 177) beschreibt den Vorhersagefehler als eine Art Auslöser bzw. als „Signal", das im Gehirn produziert wird und dazu führt, dass gelernt wird: „Gelernt wird nicht einfach alles, was auf uns einstürmt, sondern das, was positive Konsequenzen hat" (ebd.). Daran schließt sich die Frage an, wie sich die Zusammenhänge darstellen, wenn es beispielsweise im Fremdsprachenunterricht nicht nur zu Lernerlebnissen der Art *besser als erwartet*, sondern mitunter auch zu Lernerlebnissen der Art *schlechter als erwartet* kommt. Was geschieht im Gehirn, wenn beispielsweise zu einer Schüleräußerung fehlerkorrektives Feedback gegeben werden muss? Oder sind, nach allem, was inzwischen über die förderlichen Wirkungen von positiven Emotionen und Belohnungserleben bekannt ist, fehlerkorrektive Maßnahmen überhaupt nicht mehr zeitgemäß?

Die Fremdsprachendidaktik verneint diese Frage klar: „Fehler müssen korrigiert werden, die kommunikativ gravierenden zuerst, schon um Fossilierungen zu vermeiden" (Surkamp 2010: 58), wobei mit Fossilierung nicht nur das Verfestigen von einzelnen Fehlern gemeint ist, die fälschlicherweise als korrekt klassifizierte Einträge im

Gehirn gespeichert werden, sondern im weiteren Sinne ein Stagnieren in der Progression, das Verharren bei einer Interlanguage durch fehlende Veranlassung, weiter zu lernen. Auch die Hirnforschung kann die Annahme nicht stützen, Feedback wäre aus dem Fremdsprachenunterricht zu verbannen, denn das Gehirn braucht Rückmeldungen, beispielsweise in Form von fehlerkorrektiven Maßnahmen. Diese müssen natürlich, und damit rückt ein weiteres Mal der Zusammenhang von Lernen und Emotionen in den Blick, auf angemessene Weise erfolgen, um Vorhersagefehler auch im Fall von *schlechter als erwartet* als Lerngelegenheit nutzbar zu machen und einem emotionalen Sich-Verschließen vorzubeugen. Wird sich eine Schülerin oder ein Schüler eines Fehlers bewusst, so nimmt die Feuerrate der dopaminergen Neuronen ab, was eine wenig angenehme Erfahrung darstellt, denn das Gehirn ist, wie schon gesagt, süchtig nach Dopamin und es präferiert positive Lernerfahrungen. Allerdings veranlasst der Dopamin-Einbruch den Lernenden zu dem Wunsch, diese negative Erfahrung künftig zu meiden. Lernen erfolgt in diesen Fällen gewissermaßen zur Vermeidung weiterer negativer Erfahrungen vergleichbarer Art. Der Lerner versucht also, zumindest im günstigsten Fall, sein neuronales Netzwerk so zu modifizieren, dass künftig der Fehler vermieden werden kann, allerdings muss dazu, neben der Bewusstwerdung über das Vorliegen eines Fehlers, in der Regel recht bald, klar und zielführend eine emotional akzeptable Rückmeldung erfolgen. Außerdem bedarf es oftmals im Sinne von fehlertherapeutischen Maßnahmen weiterer Übungsgelegenheiten, damit der Lernende die gespeicherte Fehlinformation bzw. die noch nicht abschließend bearbeitete Information tatsächlich modifizieren kann.

In manchen Fällen können Lernende Fehler selbst korrigieren und durch gedankliche Aufarbeitung gewissermaßen den Eintrag im Gehirn berichtigen bzw. ergänzen. In vielen anderen Fällen sind sie jedoch, um ihren Fehler überhaupt zu bemerken und diesen zu klären, auf Rückmeldung durch Mitschülerinnen und Mitschüler oder die Lehrkraft angewiesen. Bleiben Einträge im Gehirn unklar, besteht entweder die Gefahr, „dass sich Fehler oder simplifizierte Hypothesen verfestigen" (Gehring 2010: 67) oder die Gefahr, dass der Eintrag gelöscht wird, da das Gehirn als ständiger Sinnsucher unklare Informationen aussondert.

Korrektives Feedback soll immer „Hilfe statt Hindernis" (Butzkamm 2012: 69) sein, d.h. es bedarf eines sensiblen Umgangs mit Rückmeldungen insbesondere im Hinblick auf den richtigen Moment und die Art und Weise, wie die Hinweise gegeben werden. Ein weitgehender Verzicht auf fehlerkorrektive Rückmeldungen ist nicht der Königsweg. Er setzt zum einen das falsche Signal, dass sich Anstrengung nicht lohne (vgl. Surkamp 2010: 58), und kann zum anderen angesichts der eben geschilderten Zusammenhänge auch nicht als pädagogisch sinnvolles Vorgehen bezeichnet werden.

Es versteht sich von selbst, dass Berichtigungen, die von Lernenden nicht als hilfreich, sondern als destruktiv empfunden werden, der weiteren Lernbereitschaft abträglich sein können, negative Emotionen hervorrufen, den Schüler oder die Schülerin geradezu in den *fight/flight/freeze*-Modus drängen. Sie erhöhen die Gefahr deutlich, dass der Lernende Einträge löscht oder emotional negativ belegt, d.h. künftig zu meiden versucht. Anstelle der intendierten Modifikation, also anstatt zu lernen, kann es zur Ausprägung einer Vermeidungshaltung und zur Minderung der Risikobereitschaft, sogar zur konsequenten Partizipationsverweigerung kommen, da der Lernende sich durch unangemessene Korrekturmaßnahmen abgewertet fühlt, „für die erbrachte Anstrengung im Grunde bestraft" wird (Sambanis 2007: 162). Gerade bei Heranwachsenden kann sich schlimmstenfalls eine regelrechte *Lathophobie*, d.h. Fehlerangst, ausprägen. Die Schülerin oder der Schüler beteiligt sich nicht mehr oder selten am Unterricht, und schriftliche Aufgaben werden auf einen Mindestumfang reduziert, denn so lässt sich die Gefahr weiterer unangenehmer Erfahrungen mit der Fehlerkorrektur wenigstens mindern! Da jedoch Sprech- und Schreibversuche im Fremdsprachenunterricht von zentraler Bedeutung sind, verringert sich damit die Chance auf weiteres Lernen und auf ein für die Zeitinvestition und Anstrengungen entschädigendes Progressionserleben.

Entmutigend oder verwirrend können sich im Übrigen auch Rückmeldungen auswirken, die zugleich mehrere verschiedene Fehler aufgreifen. Solche Korrekturen können negative Emotionen hervorrufen bzw. die kognitive Aufarbeitung durch die Vielzahl der Hinweise erschweren oder sogar vereiteln.

Lehrkräfte befinden sich in einem Spannungsfeld zwischen Fehlertoleranz und Fehlerkorrektur, wobei die Vermeidung korrektiver Maßnahmen, wie gesagt, nicht die geeignete Strategie darstellt. Vielmehr gilt es, eine sinnvolle Balance und geeignete Maßnahmen zu finden. In diesem Zusammenhang empfiehlt Thaler (2012b: 317ff.) ein zweischrittiges Vorgehen:

1. Klassifikation des Fehlers nach Modus (schriftlich – mündlich), Schwere (Beeinträchtigung der Kommunikation), Sprachbereich (Wortschatz, Grammatik, Intonation etc.), Ursache (Kompetenzfehler – Performanzfehler, Interferenzen)
2. Feedbackmöglichkeiten abwägen und variiert einsetzen, z.B. inhaltliches Nachfragen, *Recast*/Lehrerecho (Spiegelung der Äußerung in korrekter Form) wird häufig angewandt, obschon im Hinblick auf die Schüleraktivität nicht unumstritten (vgl. Gehring 2010: 63), *Repetition*/Fehlerwiederholung (Echo der Äußerung mit durch Intonation, Lautstärke, evtl. Mimik erreichter Hervorhebung des Fehlers, vgl. Thaler 2012b: 318). Surkamp (2010: 58) weist ausdrücklich auf die Möglichkeit der theatralischen Überzeichnung hin, die beispielsweise bei *Repetition* eingesetzt werden kann.

Feedback erfolgt niemals mokierend oder mit Sarkasmus, sondern stets den Beitrag und die Anstrengung wertschätzend. Korrigiert werden Fehler, nicht aber Schüler und Schülerinnen! Für viele Lehrkräfte ist bei der Entscheidung, ob und wie Fehlerkorrektur im Fremdsprachenunterricht erfolgt, eine Unterscheidung nach Phasen, in denen *Fluency* im Vordergrund steht und Phasen, in denen *Accuracy* im Vordergrund steht, hilfreich: „Ob und wie wir korrigieren, ist davon abhängig, ob wir gerade sprachbezogen oder mitteilungsbezogen arbeiten“ (Butzkamm 2012: 67). Ist den Schülerinnen und Schülern bewusst, wann welcher der beiden Aspekte im Vordergrund steht, gelingt es ihnen meistens, zumindest dann, wenn die Fokussierung mit einer gewissen Regelmäßigkeit transparent gemacht wird, sich darauf einzustellen und insbesondere in sprachbezogenen Phasen Korrekturen anzunehmen. In mitteilungsbezogenen Phasen wird fehlerkorrektives Feedback zumeist vorsichtiger dosiert, wobei es auch hier nicht grundsätzlich verbannt werden muss, aber es sollte „jeweils mit der Art und dem ‘Wagnisgrad‘ der Schülerpartizipation in Einklang stehen“ (Sambanis 2007: 162). In kommunikativen Phasen sind explizite Korrekturen mitunter hilfreich, da sie gezielt und sehr sachlich formuliert werden können und sich damit eher an die Kognition als an die Emotionen der Lerner richten. Bei expliziten Korrekturen gibt die Lehrkraft ausdrückliche Hinweise zur Berichtigung eines Fehlers (z.B. The correct word is *genius*, not *genie*). Explizite Korrekturen bieten den Vorteil, dass sie ohne Umwege den Fehler auf sachlich-kognitiver Ebene berichtigen und den Kommunikationsfluss weniger aufhalten als viele andere Arten von Feedback. Sie tragen der Tatsache Rechnung, dass die Schülerinnen und Schüler in kommunikativen Phasen nicht vorrangig sprachbezogen denken und daher explizite Hinweise zielführender sind als implizite Verfahren. Wird in einer Unterrichtsphase hingegen ein formbezogener Fokus gesetzt, genügt häufig implizites Feedback wie *Recasts*, um auf einen Fehler aufmerksam zu machen und dadurch auf die gerade im Zentrum des Unterrichts stehende normgerechte Form hinzuweisen, sodass das Gehirn die fehlerhafte Äußerung mit dem Modell abgleichen kann.

Praxisfenster

Uli: Fehlerkorrektur ist eines der Themen in der Fremdsprachendidaktik, die wohl immer aktuell sein werden. Die Erkenntnisse aus der Hirnforschung bringen einiges ans Licht und helfen, bestimmte Zusammenhänge zu verstehen. Im Hinblick auf Fehlertoleranz und Fehlerkorrektur im Fremdsprachenunterricht bestätigt sich für mich, dass beides wohldosiert, in der passenden Phase zur richtigen Zeit auf geeignete Weise stattfinden muss. Neben dem Fingerspitzengefühl des Lehrers, das voraussetzt, dass er ein aufmerksamer Beobachter ist, kam mir die Idee, die Schülerwahrnehmung noch mehr einzubeziehen, mir also Feedback zu meinem Feedbackverhalten von meinen Klassen zu holen. Außerdem richte ich mich auch meistens nach der Unterscheidung zwischen kommunikationsbezogenen Phasen, in denen ich eher fehlertolerant bin, und formbezogenen Phasen.

Peter: Das mit dem Schülerfeedback gefällt mir, denn es heißt doch immer, dass man als Lehrkraft darauf hinwirken soll, dass die Schüler eine positive Haltung zur Fehlerkorrektur entwickeln sollen. Gewiss trägt dazu schon das Unterrichtsklima bei, aber ich kann mir vorstellen, dass Schüler merken, wir nehmen sie ernst und wissen auch darum, dass Korrekturen ein sensibles Thema sind, wenn wir uns als Lehrkräfte spiegeln lassen, was für sie tatsächlich hilfreich ist. Wahrscheinlich zeigt sich dabei, dass es die homogene Lerngruppe auch im Hinblick auf Rückmeldungsverfahren nicht gibt, aber es wäre ein guter Anhaltspunkt, um die eigene Feedbackpraxis und -routine immer wieder zu überdenken und eventuell sein Repertoire zu erweitern, um unterschiedlichen Bedürfnissen entgegenkommen zu können.

Hanna: Sein eigenes Handeln beobachten und, wie bei Aktionsforschung, auch andere Perspektiven nutzen, kann dabei bestimmt hilfreich sein. Vor einiger Zeit bat ich eine Referendarin, die bei mir hospitierte, auf mein fehlerkorrektives Feedback und die beobachtbaren Reaktionen der Schüler zu achten. Sie machte mich durch ihren Blick von außen darauf aufmerksam, dass ich sehr häufig klärende Rückfragen einsetzte, also z.B. *Pardon?*, um auf Fehler aufmerksam zu machen. Für die Schüler war das nicht immer hilfreich, da sie nicht wussten, ob ich inhaltlich nicht verstanden hatte oder ob ich auf einen sprachlichen Fehler hinweisen wollte. Nun setze ich die Klärungsaufforderung nur noch ein, wenn ich inhaltliche Fragen habe und verwende andere Feedback-Techniken bei sprachlichen Fehlern: *Recasts*, Wiederholung der Aussage mit stimmlicher Hervorhebung oder auch eine Art von inhaltlicher Bestätigung mit sprachlich berichtigter Spiegelung des Schülerbeitrags. Manchmal erweitere ich dabei die Schüleraussage, manchmal fasse ich sie zusammen, wenn etwas direkter formuliert werden kann als in der Schüleräußerung.

Claudia: Zum Beispiel?

Hanna: Einer meiner Schüler mit wirklich holpriger Bildungsbiografie formulierte kürzlich folgenden Satz: *He musted buy a ticket, a ticket for the bus.* An dieser Stelle habe ich mich schnell eingeschaltet. Um inhaltlich zu bestätigen und zugleich die Fehler zu korrigieren, habe ich so gespiegelt und erweitert, dass ich die fehlerhafte Form mehrfach aufgreifen und sie dabei aufbauen konnte: *Ah, I see. He wanted to take the bus, so he had to buy a ticket. That's right he had to buy a bus ticket.* Dann habe ich mit *And then?* an ihn zurückgegeben. In solchen Fällen habe ich aber nicht das Gefühl, dass die Rückmeldung tatsächlich Impuls genug ist, um Weiterlernen an dieser Stelle anzustoßen. Dazu braucht es m.E. noch mehr Gelegenheiten für den Lerner, um sich klar zu werden.

Uli: Übungen also.

Claudia: Ja, das heißt aber auch: Man muss sich als Lehrkraft notieren, welche Fehler in Schülerbeiträgen beobachtet wurden, um sie dann zu klassifizieren, mögliche Ursachen zu identifizieren und entsprechende Übungsgelegenheiten zu schaffen.

Peter: Das ist genau meine Strategie in kommunikativen Phasen des Unterrichts. Ich nehme mich bewusst zurück, lege die Weitergabe des Rederechts in die Hand der Schüler – bei den Jüngeren setze ich einen Gegenstand zum Weiterreichen ein, z.B. einen besonders glatten Stein oder, wenn ich Sorge um unerwünschte Steinwürfe habe, eine Comicfigur aus meiner Sammlung. Ich schätze diese Phasen, in denen die Regie nicht bei mir liegt. Das gibt mir die Möglichkeit, mich aufs Beobachten und Anfertigen von Notizen zu konzentrieren.

Claudia: Und das klappt? Die Schüler reden?

Peter: Ja, wenn man es methodisch klar aufbaut. Oft stellen wir vor einer kommunikativen Phase mit möglichst geringer Lehrerintervention Redemittel, Themenschwerpunkte oder Argumente auf einem Poster oder Papierstreifen zusammen. Vorentlastend können außerdem *Buzz Groups* gebildet werden. Dabei stecken drei oder vier Schüler für einige Minuten die Köpfe zusammen, sammeln Ideen und tauschen sich kurz aus, ehe sie sich dann in die Diskussion im Klassenverbund einbringen.

Hanna: Eine Alternative zur Kommunikation in der Klasse, eigentlich eine Form von Partnerarbeit, wäre Kugellager, auch als *Double Circle* oder konzentrische Kreise bekannt. Hier sitzen die Schüler in zwei Sitzkreisen einander gegenüber, sodass sich immer ein Kind aus dem äußeren und eines aus dem inneren Kreis anschauen. Alle sprechen dann zugleich, immer mit einem Partner. Auf ein Signal hin, rücken die Schüler im äußeren Kreis im Uhrzeigersinn einen Platz weiter. Sie treffen dadurch auf einen neuen Partner.

Peter: So haben alle Schüler die Chance, in der Fremdsprache zu sprechen, ohne die gesamte Klasse als Zuhörer zu haben. Das mindert Ängste. Kugellager gibt mir als Lehrer wiederum die Chance, unaufdringlich zu beobachten und Notizen zu machen, denn, wie in allen Gruppenarbeitsphasen, erhöht sich durch den größeren Sprachumsatz auch das Fehlerrisiko. Dem sollte man einerseits mit einer gewissen Gelassenheit begegnen, andererseits haben wir gehört, wie wichtig es für

Verarbeitungsvorgänge im Gehirn ist, dass Klarheit erreicht wird.[7] Außerdem bekommt man als Lehrkraft gerade in solchen Phasen wertvolle Hinweise zum Stand der Schülersprachen und kann durch Übungen in einer Nachbereitungsphase entsprechend darauf reagieren.

Hanna: Noch ein Tipp: Bei Kugellager ist es möglich, Schüler, die sich gerne hervortun oder versuchen, sich gegenseitig zu übertrumpfen, in einen der beiden Kreise zu geben, möglichst nicht nebeneinander sitzend. Dann treffen sie im Gespräch nicht aufeinander und es entsteht nicht die Situation, dass sie sich gegenseitig übertrumpfen müssen.

Claudia: Ich arbeite bei Fehlerrückmeldungen gerne mit Handzeichen. Damit vermeidet man größere Unterbrechungen. Wenn man für sehr fehleranfällige sprachliche Phänomene Handzeichen vereinbart, braucht es oft nicht mehr als diesen kleinen Wink, um die Kinder aufmerksam zu machen. Meistens korrigieren sie sich dann selbst. Beispielsweise habe ich mit meinen Klassen vereinbart, dass ich mit Daumen und Zeigefinger beider Hände ein S zeige, wenn bei der dritten Person am Verb das S anzuhängen vergessen wurde. Mittlerweile machen die Kinder das Zeichen schon schneller als ich. Irgendwie hilft die Zuordnung von einem sprachlichen Muster zu einem Handzeichen den Kindern dabei, sich zu erinnern.

Uli: Einer meiner Kollegen arbeitet gerne mit Handpuppen und macht das unheimlich gut. Er hat verschiedene Puppen, die er je nach Alter der Schüler und Anlass einsetzt, und denen er unterschiedliche Charakterzüge zugeordnet hat. Es gibt einen ständig plappernden Vogel, eine scheue Schnecke, die sich in ihr Haus zurückziehen kann, eine geniale, aber zugleich vergessliche Ratte usw. Ich durfte bei ihm im Unterricht hospitieren und habe dort, in einer dritten Klasse eine Sequenz gesehen, in der die Handpuppe bestimmte Fehler derart überzeichnet gemacht hat, dass die Klasse sich sofort und ständig eingeschaltet hat, um die Äußerungen der Puppe zu korrigieren und ihr die korrekte Form zur Verfügung zu stellen. Es ist eine sehr intensive Interaktion entstanden, bei der viel gelacht wurde und die Klasse es sichtlich genoss, in der Rolle der sprachlichen Experten zu sein.

Peter: Das klingt nach einer wertvollen Idee, ich meine, die Schüler in die Rolle der Experten zu bringen. Bei schriftlichen Aufgaben lassen sich manchmal Schreibkonferenzen einrichten. Dadurch wird unterstützt, dass die Lernenden sich gegenseitig Rückmeldung geben und sich nicht zurücklehnen, weil der Lehrer die Rolle des „Korrektors" allein für sich beansprucht. Ich setze Schreibkonferenzen am liebsten in Partnerarbeit ein, geht aber auch in der Kleingruppe. Nach einer Schreibaufgabe kommen die Schüler im Tandem zusammen, lesen sich ihre Texte gegenseitig vor, überlegen und überprüfen – gerne unter Nutzung des Wörterbuches und anderer Ressourcen, wie der Text noch verbessert werden könnte.

---

[7] Zum Umgang mit Fehlern u.a. in Partner- und Gruppenarbeit vgl. Grieser-Kindel et al. (2006): In ihrem *Method Guide* finden sich viele praxiserprobte Vorschläge zur Partnerarbeit, zur Sammlung von Ideen, zur Problemlösung usw., die sowohl im Englisch- als auch im Französischunterricht eingesetzt werden können. Mehrere der o.g. Vorschläge sind dort im Detail nachzulesen.

2.8 Zusammenfassung

Kapitel 2 befasste sich mit einigen Aspekten des facettenreichen Zusammenhangs von Emotionen und Lernen. Einige zentrale Punkte wurden aufgegriffen und der Versuch unternommen, Vorgänge aufzuschlüsseln, zu beleuchten und zu erklären.

Emotionen und Kognition gehören zusammen: „Gefühle begleiten all unser Tun. [...] Auch und gerade beim Sprachenlernen. Gefühl und Verstand arbeiten im Team [...]“ (Butzkamm 2012: 5).

Auch unterschwellige, unbewusste Reize können die Stimmung, die Lernbereitschaft und den Lernerfolg beeinflussen (vgl. 2.2). In Zusammenhang mit negativen Emotionen wie Prüfungsangst gibt es Hinweise aus der Forschung, dass Schreiben, neben den sonstigen für den fremdsprachlichen Lernprozess wichtigen Funktionen, als Strategie zur Bewältigung von Prüfungsangst hilfreich sein kann (vgl. 2.3). Humor hingegen kann direkt positive Emotionen stimulieren (vgl. 2.4). Humorvolles ist für das Gehirn bemerkenswert und aktiviert bei der Verarbeitung ganze Netzwerke, was eine günstige Voraussetzung für behaltensrelevante Prozesse darstellt. Je nach Form und Inhalt kann humorvolles Material überdies Aspekte und Besonderheiten der Zielsprachenkultur transportieren und dadurch Anstöße zu interkulturellem Lernen geben, die wiederum aufgrund der humorvollen Präsentationsweise von den Lernenden in der Regel gerne angenommen werden.

Grundlegende Faktoren, die das Lernen beeinflussen, nämlich Motivation, positive Emotionen und Belohnungserleben einerseits sowie Aufmerksamkeit, Kognition, Klarheit des Denkens und Sicherung andererseits stehen in Zusammenhang mit dem Neurotransmitter Dopamin (vgl. 2.5, 2.6 und 2.7). Die Erforschung seiner Wirkungsweise und seiner Einflüsse u.a. auf Lernprozesse veranlasste bereits dazu, dopaminfreundliche Klassenzimmer einzufordern und ein „Lernen unter der Dopamindusche“ nicht deshalb voreilig als zweifelhafte Schlussfolgerung abzutun (Scheich in *Die Zeit online* 2003), nur weil sich die gewonnenen Erkenntnisse zumindest zum Teil auf Daten aus Tierexperimenten stützen. Die Befunde sind zu bedeutend, um sie bei der Entscheidung und Begründung von pädagogischen Konzepten und unterrichtsmethodischen Vorgehensweisen auszuklammern. Im Übrigen ist von einer recht guten Übertragbarkeit vom Tiergehirn auf das Menschengehirn gerade im Hinblick auf die beim „Lernen, Speichern und Erinnern“ beteiligten „Grundmechanismen“ auszugehen (vgl. Scheich 2003).

Mit einem besonderen Lerneralter, das vor allem im Hinblick auf Emotionen und Lernen alle Beteiligten vor Herausforderungen stellt, befasst sich das folgende Kapitel, indem es sich der Thematik Teenager und Fremdsprachenunterricht zuwendet.

3. Teenager als besondere Fremdsprachenlerner

Die Pubertät ist eine Phase, die nicht selten als Krise erlebt wird, in der sich aber genau genommen „dieselben Individuen wie gestern" lediglich „in einem anderen Aggregatzustand befinden" (Dawirs & Moll 2011: 18). Da sich dieser andere Aggregatzustand aber dadurch auszeichnet, dass „die Eltern anfangen, schwierig zu werden" (Spitzer 2008a: 647) und auch Lehrkräfte anders wahrgenommen werden als vor der Pubertät – Largo & Czernin sprechen von der „Entthronung des Lehrers" (2011: 286) – kommt es nicht selten zu Irritationen. Die veränderte Haltung gegenüber der Lehrkraft wird auf das Ablösungsverhalten im Jugendalter zurückgeführt. Während zwischen Lehrkraft und jüngerem Kind eine Bindung bestanden habe, die oftmals mit einer Art Mystifizierung des Lehrers (vgl. Largo & Czernin 2011: 287) als einer unfehlbaren Instanz einhergegangen sei, zeichne sich die Pubertät durch eine Ablösung von Lehrern und Eltern samt Hinterfragung des Autoritätsanspruchs aus. Die daraus resultierende Ablehnung vormals akzeptierter Beziehungen und Autoritäten ist nicht als Kränkung zu verstehen, sondern vielmehr als ein Startschuss, um die Beziehungen neu zu gestalten (vgl. Largo & Czernin 2011: 26). Wie schon in früheren Entwicklungsphasen, beispielsweise wenn das Kind in den Kindergarten kommt, sich sein Lebensradius und die Zahl der Personen, die wichtig werden, dadurch erweitert, findet in der Pubertät ebenfalls eine Neuorganisation auf Ebene der Beziehungen statt. Diese wird in der Regel als radikaler empfunden, da es sich nicht um eine simple Erweiterung des Radius handelt, sondern um eine regelrechte Umorganisation, was zu Verunsicherungen bei allen Beteiligten führen kann. Für die meisten Jugendlichen werden die Freunde, das eigene soziale Umfeld jenseits der Familie, besonders wichtig.

Wie es zu diesen Umwälzungen kommt, ob die Hormone daran schuld sind, und was der Zweck der Veränderungen ist, soll im Folgenden beleuchtet werden. Vorweggeschickt sei, dass die Pubertät eine äußerst wichtige und beeindruckende Entwicklungsphase darstellt. Dawirs & Moll (2011) gaben ihrem Buch den Titel *Endlich in der Pubertät!*, womit sie die eben erwähnte Relevanz der Pubertät unterstreichen und ein Umdenken anstoßen, das sich von der defizitären Sichtweise der Jugendzeit löst. Anstelle der Wahrnehmung, eine Krise durchleben zu müssen, wird dadurch vielmehr das Beeindruckende der Entwicklungen und das immense Energie- und Innovationspotential der heranwachsenden Generation betont. Ein vertieftes Verständnis der Zusammenhänge und Vorgänge kann dazu beitragen, das Teenageralter auch als Fremdsprachenlehrkraft nicht als Krise oder Katastrophe wahrzunehmen, sondern als eine besondere Lebensphase und den Teenager als einen besonderen Lerner.

In der Pubertät steht der Heranwachsende vor der wichtigen Aufgabe der Identitätsfindung, allerdings tut er dies zu einer Zeit, in der im Gehirn massive Umbauarbeiten vonstattengehen. Einerseits kommt es durch diese Umstrukturierungen zu irritierenden Verhaltensäußerungen des Heranwachsenden, andererseits sind die Umbauarbeiten, wie wir gleich erklären werden, notwendige Bedingung für das weitere Heranreifen des jungen Menschen. Grenzgängerisches oder normwidriges Verhalten ist in der Pubertät zumeist darauf zurückzuführen, dass der Teenager sich selbst über seine Gefühle nicht im Klaren ist und von ihnen zeitweilig geradezu überrannt wird. Im Fremdsprachenunterricht wirkt sich das Wechselbad der Gefühle bzw. die neue Intensität der Gefühlswahrnehmung auf verschiedenen Ebenen aus. Beispielsweise werden vormals akzeptierte Unterrichtsaktivitäten abgelehnt, als kindisch oder peinlich empfunden. Die Lernenden sind rascher gelangweilt, sie zeigen eine Aversion gegenüber dem, was ihnen fremdbestimmt und ohne ersichtlichen Grund auferlegt erscheint oder demgegenüber, was belehrend anmutet. Sie wirken antriebslos oder kommentieren alles auf mehr oder weniger sinnvolle Weise, und viele Heranwachsende zeigen Hemmungen, vor der Klasse Englisch oder Französisch zu sprechen. Manche sprechen mehr als zuvor mit deutschem Akzent und legen die deutsche Aussprache wie einen Tarnmantel über die der Zielsprache. Gerade das Benutzen einer Sprache, in der sich der Heranwachsende nicht bzw. noch nicht zu Hause fühlt, die er nicht als Teil seiner Identität wahrnimmt, kann im Teenageralter zu Hemmungen führen, was in Zusammenhang mit der Identitätssuche des Jugendlichen steht. Die Sprache bzw. die Sprachen, die das Lebensumfeld des Heranwachsenden vor und bis zur Pubertät geprägt haben und die zum Werkzeug seines Denkens und Fühlens geworden sind, bilden eine wichtige Facette seiner Identität. Es ist nachvollziehbar, dass in einer Entwicklungsphase, die sehr eng mit der Gefühlswelt in Verbindung steht, das Sprechen einer Sprache befremdlich wirkt, die als Schulfremdsprache zumeist nicht bzw. nicht in vergleichbarer Weise wie Familien- und Umgebungssprache Teil der Identität geworden ist. Schwierig scheint es insbesondere dann, wenn Gleichaltrige aus der *Peer Group* zuhören. Selbst Jugendliche, in deren Lebensbiographie die Fremdsprache eine umfangreichere Rolle spielt und die flüssig sprechen, halten sich in der Pubertät mit Unterrichtsbeiträgen oftmals zurück, weil sie ihre Zugehörigkeit zur *Peer Group* nicht gefährden wollen. Sprechen sie nämlich eine Fremdsprache besser als die übrigen Schülerinnen und Schüler in der Klasse, so wäre dies möglicherweise als Signal zu werten, dass sich diese Lernenden sprachlich unterscheiden möchten, also nicht dazugehören.[8] Die Fremdsprache kann sich für Jugendliche plötzlich wie ein Fremdkörper oder ein unerwünschtes Unterscheidungsmerkmal anfühlen. Insgesamt ist Sprache nämlich eine wichtige Domäne, die jede junge Generation mitgestaltet, sogar ihren eigenen Sprachcode, die Jugendsprache, entwickelt. Durch die eigene Sprache distanzieren sich die Jugendlichen, sie können mit ihrer Sprache provozieren, Emotionen ausdrücken und ihre Zugehörigkeit zur jungen Generation (kollektive Identität) bzw. zu bestimmten Milieus innerhalb dieser Generation zum Ausdruck bringen. Aus diesem Grund ist Jugendsprache etwas sehr Dynamisches, geprägt von der Innovationskraft jeder neuen Generation. Während man in den 1980ern beispielsweise noch mit seinen Freunden *bummeln* ging, *hängen* heutige Heranwachsende *ab*, wozu Berliner Teenager vorzugsweise *Eastgate* oder *Alexa gehen*, also in eines der namentlich benannten Einkaufszentren (*Gehen wir Eastgate? Nee, lass mal Alexa gehen.*). Einflüsse von Kiezsprache etc. gibt es natürlich nicht nur bei Berliner Heranwachsenden, denn die Abweichung von der Sprachnorm ist eines der Gestaltungsmerkmale von Jugendsprache, durch die sich die Distanzierung und Individualität bzw. die Generations- und Gruppenzugehörigkeit zum Ausdruck bringen lässt. Zur Erforschung von Jugendsprache gibt es sehr lesenswerte Publikationen (vgl. Androutsopoulos u.a. 1998, 2006). Im Hinblick auf das Unterrichten einer Fremd-

8 In der späteren Pubertät, wenn manche Jugendliche einen Auslandsaufenthalt einlegen und dann zurückkommen, zeigt sich oft ein anderes Phänomen, nämlich das des Stolzes u.a. auf die sprachliche und kulturelle Errungenschaft und das Bestreben, sich durch diesen Mehrwert vom Rest der Klasse zu unterscheiden. Einige inszenieren ihre Besonderheit regelrecht, indem sie im Deutschen plötzlich radebrechen, selbst gängige Wörter mit zielsprachlichen ersetzen und sogar mit fremdsprachlichem Akzent sprechen (alles meist vorübergehend). Subjektiven Beobachtungen zufolge zeigt sich dieses Phänomen häufiger oder deutlicher nach Aufenthalten im englischsprachigen Ausland als nach Frankreichaufenthalten.

sprache bei Heranwachsenden dient das Phänomen *Jugendsprache* vor allem dazu, die enge Verknüpfung von Sprache, Emotionen und Identitätsfindung zu veranschaulichen. Im Folgenden wird nun beleuchtet, wie die Pubertät den Teenager zu einem besonderen Fremdsprachenlerner macht und was die Bedeutung dieser Entwicklungsphase ist.

3.1 Umbauarbeiten im Gehirn

Dawirs & Moll (2011: 197) beschreiben die Pubertät als eine notwendigerweise chaotische Phase. Die evolutionsgeschichtlich bedingte Verlängerung der Kindheit, die es ermöglichte, eine ausgedehntere Lernphase als bei unseren früheren Vorfahren einzuräumen, was wiederum die Erfindung der Schule überhaupt erst ermöglichte, geht einher mit einer besonders langen und intensiven Phase der emotionalen Bindung an Bezugspersonen. Diese Bindung muss die junge Generation aber irgendwann wieder lösen, um sich „auf andere Bezugspersonen, im Besonderen natürlich auch auf mögliche Geschlechtspartner" (ebd.) einlassen, damit den Fortbestand der Art und durch die Abkoppelung überdies die Weiterentwicklung der Kultur gewährleisten zu können. Das Chaos mitsamt den pubertären Begleiterscheinungen stellt sich als geniale, wenn auch radikale Strategie der Evolution zur Lösung des Bindungsproblems dar. Mit der Geburt bekommt die Familie ein Kind, mit bzw. nach der Pubertät die Gesellschaft einen Erwachsenen (vgl. Dawirs & Moll 2011: 59). Wie aber kommt es überhaupt zur Pubertät, was löst die Vorgänge aus, die dazu führen, dass aus dem kleinen Mädchen mit Stickeralbum und Pferdepostern eine Jugendliche mit Laufmaschen in der Strumpfhose, lauter Musik und Freunden im sozialen Netzwerk wird? Sind es Östrogen bzw. Testosteron, die das bewirken?

Hormone spielen natürlich eine Rolle, aber die „Pubertät auf ‚die Hormone' zu schieben, ist erkenntnismäßig etwa so ergiebig, wie die Beantwortung der Frage, wo das Wetter herkommt, mit ‚von der Sonne'" (Spitzer 2008: 674). Es ließe sich vereinfachend feststellen, dass die Pubertät durch eine „Kaskade von Botenstoffen" ausgelöst wird (Largo & Czernin 2011: 39), wobei dem Hypothalamus, der „Schaltstelle für zahlreiche Körperfunktionen" (ebd.) eine wichtige Rolle zukommt. „Erst wenn die Zeituhr im Hypothalamus die Ausschüttung der Hormone auslöst, kommt es zu der Kaskade von Botenstoffen" (ebd.). Das Kind wird zum Pubertisten, und zwar für die Dauer von mindestens einem bis zu etwa sechs Jahren. Der Eindruck, die Pubertät setze immer früher ein, wird übrigens durch statistische Daten zumindest für die letzten beiden Generationen nicht bestätigt, wohingegen für frühere Zeitfenster, nämlich im Zuge der Verbesserung der Lebensbedingungen, durchaus ein solcher Trend bestand (vgl. Largo & Czernin 2011: 40).

„Geschlechtshormone wirken [...] sicher über die körperliche Veränderung auf das Verhalten und emotionale Erleben der Jugendlichen" (Wietasch 2007: 133). Trotzdem ist die Pubertät kein rein hormonelles Phänomen, sondern zugleich gekennzeichnet durch massive Umbauarbeiten im Gehirn, und beides ist, oftmals im Zusammenspiel, der Grund für die Stimmungsumschwünge, das Grenzen testende oder grenzüberschreitende Verhalten usw. von Pubertierenden. Hormone nehmen Einfluss auf die Stimmungen, auf Gefühle und die Erregbarkeit des Heranwachsenden, aber eigentlich sollte das Frontalhirn regulierend eingreifen und dafür sorgen, dass keine unüberlegten Handlungen erfolgen. Offenbar funktioniert dieses regelnde Eingreifen des Gehirns in der Pubertät jedoch nicht einwandfrei, was uns zu der Fra-

ge nach möglichen Gründen und damit wieder zu den Umbauaktivitäten im Gehirn führt.
Zwei Stadien sind für die Entwicklung des Gehirns besonders wichtig: erstens, die Entwicklung, die pränatal beginnt und zweitens, die Umbauarbeiten während der Pubertät. Im Gegensatz zum Säugling, bei dem erst einige Bereiche des Gehirns myelinisiert und damit voll funktionsfähig sind (vgl. 1.3) und der sich, etwas überspitzt formuliert, noch „in einem Zustand emotionaler Vollnarkose" (Dawirs & Moll 2011: 69) befindet, setzt das zweite Stadium etwa im Alter von elf Jahren ein, also „bei vollem Bewusstsein" (Dawirs & Moll 2011: 70).

Zu Beginn der Pubertät sieht es im Gehirn vielversprechend aus: Die Anzahl der Synapsen steigt sprunghaft an, aber nur, um sich bald darauf wieder radikal auszudünnen. Ähnliches ist über die vorgeburtliche Zellentwicklung bekannt, wo sich im Neuralrohr aus Stammzellen bis zur Mitte der Schwangerschaft täglich Abermillionen Nervenzellen entwickeln. Diese wandern zu unterschiedlichen Orten, wo sie sich gemäß ihrer Funktion weiter ausdifferenzieren. Nach dieser hochdynamischen Phase der Nervenzellproduktion und der Zellwanderung setzt vorgeburtlich ein drastisches Neuronensterben ein, das postnatal noch einige Wochen anhält. Es kommt also zu einer Überproduktion, was ein gezieltes Ausdünnen und Erhalten ermöglicht. Ähnlich scheint es sich mit der Synapsendichte zu Beginn der Pubertät zu verhalten. Zunächst wird ein Synapsenüberschuss generiert, aus dem sich dann im Zuge der Umbauarbeiten im Gehirn durch Ausjäten jener Synapsen, die nicht genutzt werden, gewissermaßen das herauskristallisiert, was tatsächlich genutzt wird. Einige Wissenschaftler vergleichen dieses Phänomen mit dem Erschaffen einer Skulptur oder dem Schnitzen einer Figur aus einem Holzblock, wo zunächst genügend Material zur Verfügung stehen muss, dann jedoch durch das gezielte Entfernen des Materialüberschusses die Figur entsteht.

In der Pubertät wird das Gehirn sukzessive umgebaut und zwar von hinten nach vorne, d.h. vom Kleinhirn bis zum Frontal-/Stirnlappen: „Teile des Gehirns, die mit basalen sensorischen und motorischen Funktionen assoziiert sind, reifen früh. Später folgen [...] Areale, die in räumliche Orientierung, Sprache und Aufmerksamkeitsfunktionen involviert sind" (Wietasch 2007: 127). Die Endstation der Umbauarbeiten, der Frontallappen, ist einer der vier Teile des Neocortexes und besteht aus dem Motorcortex und dem präfrontalen Cortex. Das Frontalhirn erfährt in der Pubertät besonders deutliche Veränderungen (vgl. Spitzer 2008: 677). Ausgerechnet der Teil des Gehirns, der zuletzt umgebaut wird, nämlich der präfrontale Cortex, beherbergt wichtige Funktionen wie Risikoabschätzung, Handlungsplanung, Belohnungsaufschub, Emotionsregulation und Wertehaltung.

> „Die interessantesten und für die weitere Nutzung und Strukturierung des Gehirns maßgeblichen Lernerfahrungen werden in den höchsten [...] Bereichen des menschlichen Gehirns verankert. [...] Dort entstehen die Fähigkeiten: Selbstbild, Selbstwirksamkeitskonzept, Empathie/Perspektivenübernahme, Handlungsplanung und -kontrolle." (Hüther 2010: 42-43)

Da der präfrontale Cortex als Kontrollinstanz wegen der Umbautätigkeiten in der Pubertät nicht mehr bzw. noch nicht wieder einwandfrei funktioniert, fallen dem Heranwachsenden das Abwägen von Handlungskonsequenzen und die rationale Bewertung von Situationen oft schwer. Andere, nämlich ältere Hirnregionen, insbesondere die Amygdala, übernehmen in gewisser Weise die Regie und beeinflussen die

Handlungen und Reaktionen. Wie in Kapitel 2 dargelegt (vgl. insbesondere 2.1), fungiert die Amygdala eigentlich als eine schnelle Alarmanlage, während die Feinanalyse gleichzeitig, wenn auch langsamer, im Cortex abläuft. Diese von Amygdala und Cortex erbrachte komplementäre Leistung ist offenbar aufgrund der Baustelle im Gehirn des Heranwachsenden zumindest phasenweise beeinträchtigt. Führt man sich vor Augen, dass in der Pubertät eine Hirnstruktur phasenweise die Regie übernimmt, die bei unseren frühen Vorfahren lediglich relativ einfache und gleichbleibende Reaktionen wie die Flucht vor dem Säbelzahntiger auslösen musste, wundert es nicht, dass pubertäre Reaktionen oftmals wenig rational erscheinen.

Die Weiterentwicklung des Gehirns während der Pubertät betrifft übrigens auch die sogenannte weiße Masse, also die Myelinisierung (vgl. 1.3). Die Axone in frontalen Arealen werden erst beim Heranwachsenden vollständig myelinisiert.

Auf dem Hintergrund der vielfältigen Entwicklungsprozesse des Körpers und, im Besonderen, des Gehirns erscheint es recht plausibel, dass die Pubertät einige irritierende Auswirkungen zeigt. Der Eindruck, man habe es als Lehrkraft mit einem besonders chaotischen Haufen zu tun, wenn man eine siebte, achte oder neunte Klasse unterrichten soll, wird noch durch die großen Entwicklungsunterschiede verstärkt. Neben mitunter beträchtlichen intraindividuellen Unterschieden, d.h. dass beim Einzelnen z.B. die körperliche Entwicklung schon weit fortgeschritten ist, aber die sozioemotionale noch nicht, sind bei Jugendlichen auch große interindividuelle Unterschiede zu beobachten. Während das Entwicklungsalter bei der Einschulung etwa eine Spanne von drei Jahren umfasst, sodass in einer ersten Klasse die Schere von Kindergartenkindern bis zu Kindern reicht, deren Entwicklung schon nahezu dem Ende der Schuleingangsstufe entspricht, erweitert sich die Spanne des Entwicklungsalters bei Dreizehnjährigen auf mindestens sechs Jahre (vgl. Largo & Czernin 2011: 20). Wer also davon ausgeht, dass Differenzierung und Individualisierung eher ein Thema für die Schuleingangsstufe und für jahrgangsgemischte Klassen wäre, der irrt sich.

Die große Variabilität im Jugendalter spiegelt sich auch in einer gewissen Bandbreite dessen, was sich Erwachsenen als unüberlegtes, leichtsinniges Verhalten darstellt. Durch die Umbauarbeiten im Gehirn besitzen im Grunde alle Jugendlichen eine besondere Disposition für die Erprobung neuer Reize einschließlich grenzüberschreitendem Verhalten.

3.2 Risikobereitschaft

„Biologisch gesehen bieten die im Stirnhirn von Jugendlichen ablaufenden Umbaumaßnahmen die besten Voraussetzungen für ein erfolgreiches Explorationsverhalten und Bedingungen für eine extrem hohe Anpassungsfähigkeit“ (Dawirs & Moll 2011: 223). Wird pubertäres Explorationsverhalten aus dem Blickwinkel der Hirnentwicklung betrachtet, so stellt es geradezu eine Notwendigkeit dar. Dank der vorübergehenden Stilllegung bzw. des Notbetriebs im Baustellenbereich Frontalhirn waltet das limbische System, wie weiter oben in Zusammenhang mit der Amygdala schon erwähnt, ohne konsequente Kontrolle. Dies wiederum ist Voraussetzung dafür, dass der Heranwachsende ein starkes Explorationsverhalten ausprägen, sich aufgrund der im Zuge seiner Explorationen gemachten Erfahrungen weiterentwickeln und dabei im Frontalhirn entsprechende Netzwerke ausbilden kann. Das klingt wie eine sehr vernünftige Erklärung für oftmals äußerst unvernünftiges Verhalten, dennoch löst sich dadurch die Pubertätsproblematik nicht ganz auf. Reibungen zwischen älteren und jüngeren Generationen sind vielfach die Folge des Explorationsverhaltens. Dieses Problem stellte sich noch vor einigen Jahrhunderten kaum, denn zu Zeiten unserer Vorfahren war die ältere Generation bereits am Abend ihrer Tage angelangt und nicht mehr sehr reibungsfreudig, wenn die Heranwachsenden in die Phase des Explorationsverhaltens kamen und das Ruder übernahmen (vgl. Dawirs & Moll 2011). In der Tat kann grenzüberschreitendes Verhalten eine wirkliche Gefahr für die Gesundheit und das Leben des Heranwachsenden oder für Menschen in dessen Umgebung darstellen. Gefahren, die von Erwachsenen erkannt werden, die für suchende und sich erprobende Teenager jedoch weitgehend ausgeblendet bleiben. Situationen werden entweder gar nicht rational geprüft oder Netzwerke rationalen Denkens und Emotionen konkurrieren, wobei beim Heranwachsenden von einer Disposition auszugehen ist, die eine rasche gefühlsgeleitete Entscheidung wahrscheinlicher macht als eine wohlüberlegte Entscheidungsfindung samt Abwägen möglicher Folgen.

In der Adoleszenz suchen junge Menschen gerade jene Situationen, die intensive Erfahrungen ermöglichen. Sie suchen den *Kick*, starke Gefühle, Aufregung, Abwechslung und nehmen dabei, insbesondere dann, wenn sie von Gleichaltrigen umgeben sind, reale Gefährdungen in Kauf. Dass *Peers* sich tatsächlich verstärkend auf die Risikobereitschaft auswirken können, haben amerikanische Forscher mit fMRT-Studien unlängst belegt. Chein (2011) und Kollegen erfassten die Entscheidungen und beobachteten die Aktivierungsmuster im Gehirn, während Jugendliche und junge Erwachsene einen Fahrsimulator benutzten. Bei dem simulierten Fahrtest mussten die Probanden Entscheidungen treffen, beispielsweise konnten sie bestimmen, ob sie an einer roten Ampel anhalten oder lieber ordentlich aufs Gaspedal treten wollten. Die Studienteilnehmer durchliefen den Fahrtest unter zwei unterschiedlichen Bedingungen: bei einem Durchgang waren die Probanden alleine, bei einem zweiten Durchgang wurden sie beobachtet. Im Gegensatz zu den erwachsenen Probanden reagierten die Jugendlichen auf die Beobachtung durch *Peers* mit größerer Risikobereitschaft. Unabhängig von der Versuchsbedingung (ohne und mit *Peers*), zeigten sie insgesamt eine schwächere Aktivierung kognitiver Netzwerke (*Cognitive Control System*) als die erwachsenen Studienteilnehmer. In der Beobachtungssituation waren bei den Jugendlichen Belohnungszentren aktiviert, was als Prädiktor für risikoreiches Verhalten identifiziert und plausibel so gedeutet wurde, dass die Anerkennung durch Gleichaltrige als Belohnung empfunden und durch Risikoverhalten gesucht wurde.

Im Hinblick auf Gefährdungen tröstet es Eltern und Lehrkräfte natürlich wenig, wenn sie lesen, dass „risikoreiches Verhalten [...] aus verhaltensbiologischer Sicht keine Fehlschaltung [ist], sondern von der Natur so gewollt" (Largo & Czernin 2011: 206). Aber es ist für alle, die Kinder und Jugendliche in ihrer Entwicklung begleiten, wichtig zu wissen, dass das Suchverhalten sicher gebundener, nicht im Klammergriff gehaltener Jugendlicher zwar oftmals einige Schrammen mit sich bringt, aber letztlich zumeist nicht zu schwerwiegenden Blessuren führt. Den Kinderjahren wird dabei eine besondere Bedeutung zugesprochen. Wenn Kinder nämlich in früheren Phasen sichere Bindungen erfahren, eine positive Selbstwahrnehmung und ein gesundes Selbstwertgefühl entwickeln können, sind gute Voraussetzungen dafür geschaffen, dass das Explorationsverhalten in der Pubertät nicht komplett orientierungslos oder extrem grenzüberschreitend verläuft. Schließlich ist auch das Gehirn des Pubertierenden nicht komplett abgeschaltet, sondern vielmehr sehr empfänglich für die aus Explorationsversuchen gewonnenen Erfahrungen, und es entwickelt sich entsprechend weiter. Gefährlich wird es hingegen, wenn der Jugendliche das Suchverhalten neben seiner eigentlichen Explorationsfunktion zugleich zu Kompensationszwecken nutzt (z.B. bei Vernachlässigung oder übermäßiger Strenge, Erzwingen von Aufmerksamkeit).

Im Zusammenhang mit der Fähigkeit Jugendlicher, sich in sozialen Kontexten zurechtzufinden, Emotionen zu regulieren und zu dekodieren, wird in der Literatur häufig auf die Studie von McGivern et al. (2002) hingewiesen. Der Psychologe untersuchte zusammen mit seinem Team anhand eines Wort-Gesicht-Tests die Fähigkeit zur Dekodierung von Emotionen bei Kindern im Alter zwischen zehn und 16 Jahren und bei jungen Erwachsenen im Alter zwischen 18 und 22 Jahren. Das Deuten emotionaler Reize u.a. durch Entschlüsselung über- und außersprachlicher Signale (u.a. Einsatz der Stimme, Nuancierung sprachmelodischer Merkmale, Mimik, Gestik, Proxemik, d.h. Distanz und Nähe) spielt in der sozialen Interaktion eine wichtige Rolle. Darum erweitern Kinder ihre Deutungskompetenzen beständig. „Rund um die Adoleszenz wird die stetige Verbesserung dieser Fähigkeiten seit der Geburt allerdings jäh unterbrochen und es fällt den Betroffenen vergleichsweise schwerer soziale Reize zu entschlüsseln“ (Wietasch 2007: 131). Der Forschergruppe um McGivern gelang es, „die psychologischen Auswirkungen von ‘Gehirnmodellierung‘ in der Pubertät“ (Spitzer 2008: 677) anhand dieser Deutungsfähigkeit nachzuweisen. Den Versuchsteilnehmern wurden Bilder von Gesichtern präsentiert. Diese zeigten eine von vier möglichen Emotionen, sahen also fröhlich, verärgert oder traurig aus oder sie hatten einen neutralen Ausdruck. Die Studienteilnehmer sollten entscheiden, ob ein gezeigtes Gesicht einer zuvor angegebenen Emotion entsprach oder nicht. In einer leicht modifizierten Aufgabe mussten die Teilnehmer entscheiden, ob Wort und Gesicht derselben Emotion zuzuordnen waren. Dabei wurden die Reaktionszeiten gemessen. Die Reaktionszeit kann als Indikator dafür genutzt werden, wie effektiv und damit schnell das Gehirn in unterschiedlichen Entwicklungsphasen mit der Deutung emotionaler Reize umgeht, d.h. wie gut es dafür gerade ausgestattet ist. Bei der Auswertung der Reaktionszeiten fanden McGivern et al. eine Verlangsamung um bis zu 20%, die mit dem Einsetzen der Pubertät zusammenfiel, also bei den weiblichen Studienteilnehmerinnen etwa ein Jahr früher als bei den männlichen. „Über die folgenden Lebensjahre fiel die Reaktionszeit wieder ab und erreichte den Level erwachsener Personen um das 18. Lebensjahr“ (Wietasch 2007: 131). Um es in einfachen und klaren Worten zu sagen: Grundschüler sind besser im Verarbeiten emotionaler Signale als Pubertierende, aber das Gehirn holt wieder auf bzw. es schafft sich anhand neuer Erfahrungen in der Adoleszenz für das Erwachsenenalter leistungsfähige Strukturen zum Dekodieren emotionaler Reize.

Die Erkenntnis, dass sich die Fähigkeit, emotionale Signale zu verstehen und entsprechend darauf zu reagieren, mit Beginn der Pubertät erst einmal verschlechtert und der Auf- und Ausbau sich letztlich über das gesamte Sekundarschulalter zieht, ist für viele Lehrkräfte von Bedeutung. In ihren Klassen sitzen nämlich die Jugendlichen mitten im Gefühlschaos. Dass die intensiven Gefühle Jugendlicher keine Banalität darstellen, sondern eine Herausforderung für alle Beteiligten an Bildungs- und Erziehungsprozessen, belegen leider auch die Suizidraten (vgl. Deutscher Ethikrat 2012). Obschon die Rate bei anderen Altersgruppen höher liegt, bildet der Suizid neben Unfällen, die sicher teilweise mit einer erhöhten Risikobereitschaft in Verbindung stehen, die zweithäufigste Todesursache in der Pubertät (vgl. Largo & Czernin 2011: 228). Schätzungen zufolge unternimmt etwa alle halbe Stunde irgendwo in Deutschland ein Jugendlicher einen Suizidversuch. Laut Statistischem Bundesamt verloren im Jahr 2009 durchschnittlich drei Kinder und Jugendliche pro Tag das Leben. Hauptursachen waren Unfälle, Suizid und Gewalt. Bei weiblichen Jugendlichen mit Migrationshintergrund sei von einer signifikant erhöhten Suizidversuchsrate auszugehen (vgl. Deutscher Ethikrat 2012), ebenso bei Homosexuellen und Personen, die emotionalem Stress ausgesetzt sind (ebd.). In Anbetracht der Tatsache, dass die Adoleszenz ohnehin eine Phase *erhöhter Vulnerabilität* (Wietasch 2007: 134) darstellt, in der die Identitätsfindung mit all ihren Facetten vonstattengehen muss, fühlt sich jeder engagierte Pädagoge angesichts solcher Zahlen sofort angesprochen. Das in der Altersgruppe der Heranwachsenden dominante Motiv für einen Suizidversuch sind interpersonelle Probleme, darunter „belastende Beziehungen zu Lehrern und Schulkameraden" (Largo & Czernin 2011: 290) sowie übermäßiger Leistungsdruck und Leistungsversagen. Das wiederum unterstreicht auf drastische Weise die Relevanz, Lernen im Kontext von Kognition und Emotion zu sehen, negative Emotionen, Leistungsdruck etc. nicht als Verstärker zu nutzen und die Gestaltung bzw. Neugestaltung der Lehrer-Schüler-Beziehung im Blick zu haben (vgl. Kap. 2).

In Zusammenhang mit Suizidversuchen ist außerdem der sogenannte *Werther-Effekt* zu erwähnen. Damit wird der Anstieg der Suizidrate nach der Selbsttötung eines prominenten Musikers, Schauspielers etc. bezeichnet, der nach der Veröffentlichung von Goethes *Die Leiden des jungen Werther* (1774) das erste Mal aufgetreten sein soll. Der amerikanische Soziologe David Philips prägte den Begriff *Werther-Effekt* (1974), um damit den von ihm erstmalig nachgewiesenen Zusammenhang zwischen Art und Intensität der Berichterstattung in den Medien und der Entwicklung der Suizidrate zu benennen. Im Zuge der Schulung von Medienkompetenz könnte dieser Zusammenhang durchaus mit Heranwachsenden auf angemessene Weise thematisiert, kritisch beleuchtet und dazu recherchiert werden. Es erscheint als wichtige Aufgabe, den Jugendlichen eine mögliche Beeinflussung durch Medien, heutzutage insbesondere durch all die Foren, Blogs, Netzwerke etc., die sich nicht an die 1997 vereinbarte Richtlinie des Deutschen Presserats zur Suizidberichterstattung halten, ins Bewusstsein zu rufen und dadurch einen kleinen Beitrag zur Prävention zu leisten. Im Englischunterricht bietet sich der Fall Marilyn Monroe an, der immer noch Rätselhaftes birgt (Tod, Mord oder Suizid?). Außerdem erlaubt er eine gewisse Distanz, wodurch die Wahrscheinlichkeit, Fan-Gefühle zu verletzen minimiert und das Herausarbeiten von Parallelen und Unterschieden medialer Berichterstattung damals und heute, in Deutschland und den Vereinigten Staaten ermöglicht wird.

In der Frage, welche Lehrerrolle geeignet scheint, um mit Pubertierenden sicher durch die Phase der Umbauaktivitäten und Identitätsfindung zu navigieren, scheiden sich die Geister. Die einen fordern, die Lehrkraft müsse vor allem Regeln vorgeben, konsequent auf deren Einhaltung achten, sie deutlich und bei Bedarf auch mit einer gewissen Strenge kommunizieren, um aus dem Machtkampf nicht als Unterlegener hervorzugehen und eine funktionierende Sphäre für die weitere Bildung zu erhalten. Andere zweifeln an der Sinnhaftigkeit, sich überhaupt auf einen Machtkampf mit Pubertierenden einzulassen. Sie plädieren für eine andere Art der Lehrerautorität. Während Kinder vor dem Beginn der Pubertät die Lehrkraft als eine zumeist wichtige Bezugsperson betrachten und durchaus bereit sind, Anstrengungen auf sich zu nehmen, um der Lehrkraft zu gefallen, ihr eine Freude zu machen, von ihr gelobt zu werden, braucht es in der Pubertät eine andere Autorität, denn auch die Lehrer-Schüler-Beziehung muss neu gestaltet werden. An die Stelle der emotionalen Verbundenheit des jüngeren Schulkindes muss etwas anderes treten, jedoch nicht zwangsweise bzw. nicht ausschließlich Strenge. Was könnte das sein? Fast jeder erinnert sich aus seiner Schul- oder Studienzeit an mindestens einen Lehrenden, der aufgrund seiner unglaublichen Fachkompetenz derart beeindruckte, dass man als Lernender dem Unterricht gerne und aufmerksam folgte. Lehrkräfte mit großer Begeisterung für ihr Fachgebiet, die Freude an ihrem Beruf ausstrahlen, können mit ihrer positiven Grundhaltung mitreißen. Aber auch soziale Kompetenzen, eine wertschätzende Einstellung den Lernenden gegenüber, die nicht mit Verkumpelung gleichzusetzen ist, beeindrucken und geben der Lehrkraft eine positive Autorität. Largo & Czernin (2011: 293) warnen in diesem Zusammenhang vor der Beziehungslosigkeit zwischen Lehrkraft und heranwachsenden Schülerinnen und Schülern und betonen: „Ein guter Lehrer will in erster Linie Jugendliche unterrichten und nicht nur sein Fach" (ebd.). Beziehungslosigkeit verdirbt nicht nur den Boden, auf dem eigentlich Feedback als Hilfe verstanden, nicht als Kritik an der Person missdeutet werden und förderlich wirken soll, sie führt vielmehr auch zu einer Leere, die als Ablehnung empfunden wird und sich lastend auswirkt.

Auf der Grundlage dessen, wie sich Lernen aus Sicht einer an neurowissenschaftlichen Erkenntnissen interessierten Fremdsprachendidaktik darstellt, wird die Position vertreten, dass die Autorität von Lehrkräften, die Heranwachsende unterrichten, maßgeblich von ihrer Begeisterung und ihrer fachlichen, samt zielsprachlichen und sozialen Kompetenz abhängt sowie von einer Lehrerhaltung geprägt ist, die den Lernenden signalisiert, dass sie wahrgenommen und ernst genommen werden. Eine solche Lehrkraft meldet auch Interesse an Rückmeldungen der Lernenden zu ihrem Unterricht an und weiß diese konstruktiv zu nutzen. Sie ist keine Vertreterin der Spaß- oder Kuschelpädagogik und sorgt dafür, dass notwendige, gemeinsam erarbeitete Regeln in der Klasse eingehalten werden, jedoch ohne dabei Angst als Verstärker zu nutzen. Vom Ballast engmaschiger Vorgaben und haarkleiner Regelungen macht sie sich und ihre Klassen frei und eröffnet im Rahmen eines zuverlässigen Umfelds Freiräume und Räume, über die verhandelt werden kann, denn: „Wer [...] grundsätzlich auf Verbote setzt, übersieht, dass Jugendliche irgendwann [...] gelernt haben müssen, Entscheidungen alleine zu treffen, und dies voraussetzt, dass der Erzieher ihnen *vorher* dazu Gelegenheit gab!" (Spitzer 2008: 676).

Praxisfenster

Claudia: Dass die Kinder gerade in einem Unterricht, der viel Abwechslung und Schüleraktivität bietet, Sicherheit durch Rituale, einige Regeln und Wiederkehrendes brauchen, gilt auch schon für die Grundschule.

Uli: Auf jeden Fall, aber mit meinen fünften und sechsten Klassen erlebe ich dann auch tatsächlich einen Wandel, die Vorboten und den Eintritt in die Pubertät. Sehr spannend. Dass ich aktiv gefragt bin im Hinblick auf eine Neugestaltung der Lehrerrolle und der Schüler-Lehrer-Beziehung, hatte ich mir noch nicht so bewusst gemacht, aber es macht Sinn. Ich habe eher unterrichtsmethodisch auf die Veränderungen reagiert.

Claudia: Zum Beispiel?

Uli: Zum Beispiel achte ich genau darauf, ob Schüler sich an Aktivitäten beteiligen wollen, bei denen sie im Fokus stehen. Manche möchten das nicht mehr so gerne wie in früheren Jahren. Außerdem setze ich nach Phasen großer Aktivität eigentlich immer eine kurze Stillarbeit oder eine *Cool-Down*-Aktivität ein. Insgesamt habe ich den Eindruck, dass es besonders Kindern in oder an der Schwelle zur Pubertät gut tut, wenn nach etwa zwanzig Minuten Unterrichtszeit, in der gemeinsam gearbeitet oder ein kompakter, gut strukturierter Input gegeben wurde, eine Phase der eigenen Auseinandersetzung oder des Austauschs mit einem Partner folgt.

Hanna: Diesen Zwanzig-Minuten-Rhythmus kenne ich auch, rein aus Erfahrung, ich habe es nicht erforscht! Den Wechsel zwischen Gemeinschaftlichem und der Arbeit in kleineren Konstellationen verwende ich bei meinen Klassen auf der Sekundarstufe z.B. auch, wenn sie Arbeitsergebnisse präsentieren. Wann immer sich die Präsentationen stimmig auf zwei Pakete aufteilen lassen, gibt es zwei Präsentationsphasen. So wird die Geduld nicht überstrapaziert und jeder hat die Chance, wirklich gehört zu werden. Zum Beispiel haben meine Achtklässler kürzlich eine Textvorlage in Gruppenarbeit auf eine andere Perspektive umgeschrieben. Also haben wir uns zu einer ersten Präsentationsrunde samt Feedback getroffen, und daran schloss sich eine Phase an, in der jeder für sich inhaltlich weiter an der Thematik arbeiten konnte. Nach einer vorab vereinbarten Zeit, haben wir uns wieder im Plenum getroffen und waren gespannt und aufnahmefähig für die restlichen Präsentationen. Bei unserer sehr heterogenen Schülerschaft an der Gesamtschule kommt es trotz Wechsel zwischen gemeinschaftlichen Aktivitäten und oftmals differenzierenden Freiarbeitsphasen – wir haben ja gehört, dass das Entwicklungsalter in der Pubertät noch weiter auseinandergeht als bei der Einschulung, kann ich mir absolut vorstellen, ergo: Differenzierung! – zu Disziplinproblemen. Ich nutze dann, wenn es geht, die Gelegenheit, um mit den Schülern zumindest kurz zu beraten, welche Lösungsansätze es gibt. Beachtlich, dass sie dabei meistens regelrechte Eskalationsstufen vorschlagen, die sie für angemessen halten, um für Fairness zu sorgen und die Stabilität zu erhalten. Die Vorschläge sind übrigens oft strenger als meine.

Uli: Inhaltlich suche ich für meine Älteren, also Klasse 6, besonders gerne aktuelle Materialien zu den Themen und fordere auch die Schüler auf, Material in den Unterricht mitzubringen, was manchmal richtig gut funktioniert. Beispielsweise lasse ich sie zu *St. Patrick's Day* etwas Grünes mitbringen. Mit dem Mitgebrachten wird dann erst einmal eine für alle überraschende gemeinsame Einstiegsphase gestaltet. Dabei habe ich schon mehrfach beobachtet, dass sich diejenigen ärgern, die nichts mitgebracht haben und beim nächsten Mal auf jeden Fall etwas mitbringen.

Peter: In Zusammenhang mit den Umbauprozessen im Gehirn, die tatsächlich viele befremdliche Verhaltensweisen für uns ach so erwachsenen Pädagogen nachvollziehbarer machen, frage ich mich jetzt noch, ob die Vergesslichkeit einiger meiner Schüler auch ein Symptom von Umbauprozessen sein könnte. Ich hatte eigentlich eher gedacht, dass Verpeiltheit eine Form der Gleichgültigkeit und Vergesslichkeit vielleicht sogar ein Zeichen der Auflehnung gegen das etablierte System sei.

Claudia: Ich glaube da eher an die Umbauprozesse und würde nicht gleich eine Protesthaltung vermuten, aber vielleicht ist's auch beides.

Peter: Möglich, jedenfalls ist das mit dem Vergessen von Dingen oder von Inhalten für mich ein wichtiges Thema gerade bei der Arbeit mit Teenagern. Sie sind ja nun wirklich schwer beschäftigt mit all den Vorgängen, von denen wir eben gehört haben, aber der Schulunterricht ist doch ein wichtiger Teil ihrer Lerngelegenheiten, mal so in der Gesamtschau gesprochen. Ich finde es höchst frustrierend, wenn vieles mit hohem Aufwand be- und erarbeitet wird, und dann trotzdem in Vergessenheit gerät.

Claudia: Vielleicht fehlt es bei all dem Aufwand manchmal an emotionaler Qualität, und die scheint ja ein Schlüsselelement zu sein.

Peter: Kann sein, ich habe aber noch einen anderen Verdacht: Manchmal planen wir Unterrichtsangebote ein, die zwar *hands-on* sind, also zu Tätigkeiten anregend oder schüleraktivierend, dabei aber nicht unbedingt *minds-on*,[9] das Denken anstoßend oder gedächtnisaktivierend. Das ist gerade eine der Stellschrauben, an denen ich seit einiger Zeit nachjustiere, indem ich alten Mnemotechniken zu neuen Ehren verhelfe.

Hanna: Die Loci-Technik?

Peter: Natürlich, die offenbar älteste Mnemotechnik überhaupt. Als Gesamtgruppe oder mittlerweile in Kleingruppenarbeit wählen wir uns einen Weg, auf dem gelernt wird, z.B. Vokabeln. Auf diesem Weg gibt es Haltestationen, an denen eine Portion des Lernstoffes – es kann auch ein Text sein, der abschnittsweise gelesen wird – bearbeitet wird. Dann geht's weiter zur nächsten Station. Nach einem kompletten Durchgang kann der Weg nochmals gegangen und der Inhalt am jeweiligen Ort wiederholt bzw. der Text abschnittsweise bearbeitet werden. Viele Schüler skizzieren sich auch den Weg und ordnen die Inhalte auf ihrer Skizze zu, d.h. sie gehen in Gedanken dieselbe Strecke immer wieder und verknüpfen dabei Ort und Inhalt.

Uli: Klingt gut, wenn das Herumgehen die anderen Klassen nicht stört. Was noch?

Peter: Eine weitere Mnemotechnik ist das Verpacken von Informationen, die man sich merken soll, in einen Text. Statt isolierte Fakten zu lernen, erzählen wir uns Geschichten, in die wir die Fakten einbauen. Das ist sprachlich sehr ergiebig und hat einen guten Effekt auf das Behalten. Müssen sich die Schüler Einzelinformationen in einer bestimmten Reihenfolge merken, dann rate ich Ihnen zu Akronymen, also ein Aneinanderhängen der Anfangsbuchstaben oder -silben. Es gibt noch eine Fülle anderer Eselsbrücken.

Claudia: Für die Himmelsrichtungen beispielsweise: niemals ohne Seife waschen – Norden, Osten, Süden, Westen und auf Englisch *never eat shredded wheat!*

Peter: Im Französischen hilft vielleicht *j'ai la nosé*, aber Achtung, nicht vom O auf die falsche Spur bringen lassen, hier geht es im Gegenuhrzeigersinn. Außerdem ist die Schreibweise eigentlich *nausée*, also eine nicht ganz perfekte Eselsbrücke.

Hanna: Merke ich mir trotzdem. Schade nur, dass es noch niemandem gelungen ist, eine zuverlässige Mnemotechnik zu finden, die speziell das Vergessen von Hausaufgaben bei Teenagern verhindert.

[9] Das Begriffspaar findet sich bei Wolfe 2001: 188.

3.3 Hausaufgaben

Die Sinnhaftigkeit von Hausaufgaben wird seit Jahren „mit pädagogischen, allgemeindidaktischen, psychologischen, sozialen und medizinischen Argumenten" (Surkamp 2010: 99) kontrovers diskutiert, seit etwa vierzig Jahren auch in der Fremdsprachendidaktik. Zum Nachweis der Effekte von Hausaufgaben auf die Fremdsprachenaneignung liegen bislang vergleichsweise wenig empirisch gewonnene Erkenntnisse vor. Thaler (2012b: 100) weist auf einige Studien hin, die gegen eine mögliche Nullhypothese sprechen: „Je mehr Hausaufgaben gegeben wurden, desto bessere Schulleistungen wurden tendenziell erbracht" (ebd.). Obschon dies Lehrkräfte darin bestätigt, Hausaufgaben zu geben, und es jene Eltern gewiss freut, die viele Hausaufgaben fordern, damit der Schulabschluss klappe und der Sprössling in der Pubertät möglichst wenig Zeit habe, um auf dumme Gedanken zu kommen, ist das Zusammenwirken von Hausaufgaben und Fremdsprachenunterricht noch nicht abschließend geklärt.

Im Folgenden soll zunächst die Frage nach der Intention beleuchtet werden. Wozu werden Hausaufgaben im Fremdsprachenunterricht eigentlich gegeben? Welche Funktionen haben sie? Hausaufgaben dienen u.a.

- der Übung und Wiederholung (*practice makes perfect*),
- der individuellen Orientierung der Lernenden (Wo sind meine Stärken und Schwächen? Wo habe ich noch Lücken? Wie ist mein Leistungsstand?),
- dem Anwenden von und Vertrautwerden mit Arbeits- und Lerntechniken,
- der Entlastung der Lehrkraft und der Vorentlastung des Unterrichts.

Außerdem können Hausaufgaben, und dies ist gerade im Kontext der sich verstärkenden Diskussion über den Umgang mit Heterogenität ein interessanter Impuls, zur Differenzierung und Individualisierung sowie zur Kreativitätsförderung eingesetzt werden. In diesem Zusammenhang wird vorgeschlagen, den Lernenden die Möglichkeit zu geben, aus verschiedenen Hausaufgaben auszuwählen (vgl. Surkamp 2010: 100) oder offene Aufgaben zu stellen, z.B. „die Vorbereitung eines einminütigen Referats über ein frei gewähltes Thema, die semantisierende Präsentation von drei neuen Vokabeln" (ebd.). Es scheint nicht unwahrscheinlich, dass verschiedene Lerner den möglichen Aufgabentypen unterschiedlich zusprechen, was für Abwechslung bzw. die erwähnte Auswahlmöglichkeit aus einem Aufgabenpool spricht. Allerdings ist der Aufgabentyp alleine noch kein Garant für eine regelmäßige Erledigung der Hausaufgaben. Vielmehr brauchen Hausaufgaben, eigentlich im Widerspruch zu ihrem Namen, nicht nur Raum im häuslichen Umfeld der Schülerinnen und Schüler, sondern ebenso im Unterricht. Hausaufgaben müssen vor- und nachbereitet, gewürdigt und wertgeschätzt werden, als Grundlage für Feedback und anknüpfendes Arbeiten dienen, und sie sollten so oft wie möglich eine den Unterricht voranbringende bzw. bereichernde Funktion besitzen. Dann erschließt sich dem Lernenden der Sinn von Hausaufgaben unmittelbar, also nicht nur anhand der eigenen Progression, die gerade für Heranwachsende oftmals nicht einfach wahrzunehmen ist, da sie erst im Zeitverlauf sichtbar wird.

Mit der Frage, ob Hausaufgaben eher Chance oder Übel sind, setzte sich auch Hattie im Zuge seines Metaanalyseprojektes auseinander. *Visible Learning* (2009) liefert zum Thema Hausaufgaben interessante Hinweise, die sich jedoch nicht speziell auf

Daten aus dem Fremdsprachenunterricht stützen und auch nicht den Kontext des deutschen Bildungssystems spiegeln. Dennoch verdienen sie Beachtung und werden im Folgenden auf einige mögliche Kernaussagen verdichtet:

- Schwächere Schülerinnen und Schüler profitieren weniger von Hausaufgaben als schulisch bereits erfolgreiche Lerner.
- Bei Jüngeren sind die Effekte schwächer als bei Älteren, was als Argument für regelmäßige Hausaufgaben insbesondere ab der Pubertät gewertet werden könnte.
- Hausaufgaben, die dem Üben und Festigen dienen, können den Lernprozess stützen und den Unterricht entlasten.
- Soll bei den Hausaufgaben noch gänzlich Unbekanntes gelernt werden, wirken sie sich selten günstig aus, es kann sogar zu negativen Effekten kommen.
- Abträglich statt förderlich wirken sich Hausaufgaben aus, wenn die Bearbeitungssituation belastend, als potentielle Versagenssituation, insbesondere in der Pubertät auch als Machtkampf, Bestrafung, Bevormundung etc. empfunden wird, d.h. wenn negative Emotionen am Wirken sind (vgl. Kap. 2).
- Übernehmen Eltern die Regie, besteht die Gefahr, dass der eigentliche Zweck der Hausaufgaben, nämlich eine Kompetenzerweiterung, hinter einem Machtgerangel und Rollenkonflikt zurückgedrängt wird; wenig zuträglich beim Hausaufgabenmachen scheinen überdies Instruktionsversuche der Eltern zu sein.

Hausaufgaben zählen laut Hattie neben Klassengröße, finanzieller Ausstattung und entdeckendem Lernen zu den Faktoren, die eher weniger bewirken, also einen gewissen Effekt haben, aber keinen herausragenden. Hausaufgaben erreichen eine Effektstärke von $d = 0.29$ und bleiben damit deutlich unter dem Schwellenwert für größere Effekte, was bedeutet, dass sie zumindest nicht als Wundermittel betrachtet werden sollten. Auf den Fremdsprachenunterricht übertragen, ließe sich folgern, dass Hausaufgaben einen Beitrag leisten, insbesondere dann, wenn die Lernenden sich dabei mit etwas befassen können, das ihnen nicht fremd ist, d.h. wenn sie auf ihre Weise und in ihrem Tempo im Unterricht bereits Thematisiertes üben können: „Übend-einschleifende und festigend-wiederholende Formen sind unabdingbar für nachhaltiges Lernen“ (Surkamp 2010: 99). In Kapitel 1 wurde erklärt, wie durch wiederholte Aktivierung und das wiederkehrende Feuern von Neuronen Lernen angestoßen wird und dadurch im Gehirn Spuren entstehen (vgl. 1.1). Hatties Befunde zu Hausaufgaben unterstreichen die Relevanz von wiederholtem Üben. Im Hinblick auf die bei Wiederholungen ablaufenden Vorgänge im Gehirn ist es allerdings angebracht, die oben erwähnte gängige Formel *pratice makes perfect* in *practice makes permanent* oder *practice is a synapse strengthener* umzuwandeln.

Neben übend-einschleifenden Hausaufgaben erfüllen offene Aufgaben, die ein ganz anderes Potential besitzen und damit andere Ziele verfolgen, eine ebenso wichtige, komplementäre Funktion. Beispiele sind Variationen des *Devil's Advocate* (vgl. Scrivener 2011: 212), die besonders bei Heranwachsenden zu spannenden Ergebnissen und Diskussionen führen können. Beim *Devil's Advocate* geht es darum, mit soliden Argumenten eine gegenteilige Meinung zu vertreten zu der, die in einem Text dargelegt wird oder zu der, die die Jugendlichen der älteren Generation zuschreiben. Die Liste offener und kreativer Hausaufgaben ließe sich weiter fortsetzen.

Die weiter oben erwähnte Differenzierung von Hausaufgaben könnte einen Beitrag dazu leisten, dass nicht nur bereits erfolgreiche Lerner, sondern auch schwächere noch mehr von Hausaufgaben profitieren.

Im Folgenden soll nun ein Klassiker innerhalb des Hausaufgabenspektrums im Fremdsprachenunterricht, das Vokabellernen, etwas näher beleuchtet werden, zumal es scheint, als geriete das Vokabellernen bei Heranwachsenden besonders häufig in Vergessenheit. Ob das stimmt, und wie Heranwachsende mit dem Auftrag, Vokabeln zu lernen umgehen, wird anhand einer Erhebung beleuchtet, die in der Sekundarstufe durchgeführt und bereits in Auszügen publiziert wurde (vgl. Sambanis 2009b). „Etwa 100 Schüler/innen der Klassen fünf, sieben und acht beteiligten sich pro Zielsprache [Englisch, Französisch] an der Erhebung“ (Sambanis 2009b: 9). Die Daten wurden mit einem halb-offenen Fragebogen erhoben und deckten mehrere Bereiche, darunter das häusliche Vokabellernen, ab. Die Befragten befanden sich an der Schwelle zur Pubertät (Klasse 5) bzw. in der Pubertät (Klasse 7 und 8), d.h. zu unterschiedlichen Zeitpunkten in der Adoleszenz wurden Querschnittsdaten erhoben.

Auf die Frage, wie oft die Schülerinnen und Schüler der unterschiedlichen Altersgruppen Vokabeln lernten, antworteten die Befragten wie folgt:

Wie oft lernst du Vokabeln? (Positive Antworten in %)

	Kl. 5	Kl. 7	Kl. 8
Regelmäßig jeden Nachmittag ein paar Minuten lang.	16,6	3,4	3,0
Wenn wir neue Vokabeln als Hausaufgabe bekommen.	77,7	37,9	51,4

Nur eine kleine Gruppe aller Fünftklässler gab an, täglich etwas Zeit für das Üben von Vokabeln aufzuwenden. Der Anteil bricht in Klasse 7 deutlich ein und verringert sich weiter in Klasse 8, wohingegen wieder mehr Achtklässler, als Siebtklässler Vokabeln zumindest dann zu lernen scheinen, wenn sie als Hausaufgabe gegeben werden. Trotzdem bleibt der Anteil mit 51,4% wohl weit unter dem, wovon Eltern und Lehrkräfte ausgehen. Jeder zweite Siebtklässler scheint selbst dann die Vokabeln nicht zu lernen, wenn sie ausdrücklich als Hausaufgabe gegeben wurden. In einer Kontrollfrage, die dazu diente, die Konsistenz des Antwortverhaltens der Schülerinnen und Schüler zu überprüfen, gaben 17% der Siebtklässler an, gar nie Vokabeln zu lernen

Eine weitere Frage zielte auf die Art, wie die Schülerinnen und Schüler zu Hause versuchten, Vokabeln zu lernen. Es wurde vermutet, dass die Lernenden nur wenige Techniken kannten und beim Memorieren weitgehend auf Abschreiben und mehrmaliges Durchlesen bzw. Aufsagen setzten.

Wie lernst du Vokabeln?

	Kl. 5	Kl. 7	Kl. 8
Ich schreibe sie ab, decke sie zu und sage sie auswendig.	55,5	31,4	19,9
Ich lese sie im Buch (Vokabelteil) mehrmals durch.	33,3	34,4	76,9

Alternative Vorschläge, wie das Notieren von Wörtern auf Post-its, die der Lernende an unterschiedlichen Orten aufhängt, um die Koppelung von Ort und Inhalt im Sinne der Loci-Technik zu nutzen, wurden kaum gemacht, wenn überhaupt, dann mit einem stetigen Abfall von Klasse 5 (ca. 22%) bis Klasse 8 (0%). Die Vermutung, dass die Lernenden wenige Lerntechniken nutzten, bestätigte sich also. Einprägen durch Aufsagen und Durchlesen stellten bei den Befragten die Standardprozedur dar. Die Erhebung zeigte außerdem, dass Schreiben kaum als Stütze beim Einprägen wahrgenommen und eingesetzt wurde. Wurden die Vokabeln überhaupt abgeschrieben (Prozentangaben siehe obige Tabelle), dann gaben die Schülerinnen und Schüler mehrheitlich an, das Vokabelheft nach dem Abschreiben gleich wieder zur Seite zu legen und den Vokabelteil im Buch zum Durchlesen und Aufsagen der Wörter zu nutzen.

In den Freitextfeldern fanden sich ergänzend einige beachtenswerte Anmerkungen rund um den Fremdsprachenunterricht (Ich will mehr Spiele machen, bei denen man auch was lernt! Wir sollten ein paar Ausflüge machen nach Paris. Ich würde nie Englischlehrer werden! Ich würde Austauschschüler machen! [sic]), aber es wurden, trotz Anregung durch den Fragebogen, mit nur einer Ausnahme, keine weiteren Techniken zum Einprägen von Vokabeln genannt. Eine Schülerin der Klassenstufe 5 schrieb: „Ich lerne Wörter laut vor dem Spiegel", womit sie ein multisensorisches Vorgehen beschreibt (sich hören, sehen, die Sprechmotorik fühlen). Außerdem plädierten im Freitextfeld mehrere der Heranwachsenden für eine Verlagerung der Arbeitslast, insbesondere bei den Vokabeln, von zu Hause in den Unterricht (Lieber mehr in der Schule lernen als viel Hausaufgaben!).

Eine 2013 am Institut für Englische Philologie der FU Berlin vorgelegte Abschlussarbeit mit empirischer Studie (Kehrein 2013), untersuchte die Wirksamkeit verschiedener Strategien bzw. Techniken zum Wortschatzerwerb. Die Daten wurden im Gymnasium auf der Klassenstufe 8 erhoben (Stichprobengröße N = 83) und erbrachten Hinweise auf mögliche Zusammenhänge zwischen Bereitschaft und Erfolg beim Wortschatzlernen samt Belastungswahrnehmung und Vertrautheit mit Strategien. Ausgehend von einer Korrelationsanalyse ließen sich schließlich folgende Verbindungen herausarbeiten:

Schülerinnen und Schüler, die in der Befragung angaben, dass ihnen Vokabellernen schwer falle, tendierten auch dazu, den Wortschatz der Fremdsprache als überwältigend zu empfinden (*es gibt zu viele Wörter*). Außerdem dauere in ihrer Wahrnehmung das Vokabellernen zu lange, sodass sie nicht selten abbrechen, die (Haus-) Aufgabe lieber unerledigt lassen. Viele dieser Lernenden äußerten den Wunsch nach mehr Strategien und beklagten mangelnde Klarheit darüber, unter Nutzung welcher Techniken Vokabeln überhaupt gelernt werden könnten.

Im Gegensatz dazu gaben Lernende, die mehrere Alternativen zum Einprägen und Üben von Vokabeln kannten, viel eher an, dass sie sich der Aufgabe gewachsen fühlten, dass sie das Festigen und Erweitern ihres fremdsprachlichen Wortschatzes als wichtig ansahen und dass sie gerne Vokabeln lernten.

Beides ist nachzuvollziehen, bestätigt die Relevanz von Kompetenzerleben beim Sprachenlernen und verweist auf die Prozesse, die in Zusammenhang mit der Ausschüttung oder dem Einbruch von Dopamin stehen und die wiederum über Lernen oder Nicht-Lernen mit entscheiden (vgl. 2.5). Der Aufbau von Strategien (vgl. Oxford 1990, Tönshoff 2007) einschließlich eines gewissen Repertoires an konkreten Lern- und Arbeitstechniken, aus denen die Einzelnen dann auch beim Vokabellernen zu Hause schöpfen können, wirkt sich offenbar günstig auf die Bereitschaft und den Erfolg aus und beugt dem Teufelskreis aus Ratlosigkeit und Resignation vor. Butzkamm (2012: 323) empfiehlt, um ein konkretes Beispiel aus der möglichen Vielfalt zu nennen, den *uncued free recall*. Der Lernende notiert sich die Anzahl der Wörter, die er gelernt hat, bearbeitet zwischendurch eine andere Aufgabe oder macht die Hausaufgaben für ein anderes Fach und kommt dann auf die Vokabeln zurück. Er versucht, sich an alle gelernten Vokabeln zu erinnern und kann anhand der notierten Anzahl feststellen, ob etwas noch nicht erfolgreich verankert wurde. Dadurch wird ihm die Möglichkeit gegeben, Schwachstellen ausfindig zu machen und gezielt zu wiederholen, z.B. Visualisierungen zu nutzen, Netze zu erstellen, die „schwierigen" Vokabeln in kurze Sätze und Kontexte einzubetten.

Eine in Verbindung mit Hausaufgaben bei Teenagern viel diskutierte Frage ist die, ob Jugendliche dabei Musik hören dürfen oder nicht. Können die Neurowissenschaften bei der Beantwortung helfen? Studien neueren Datums belegen vor allem einen engen Zusammenhang zwischen Sprache und Musik. Schon bei der primären Sozialisation ab dem frühesten Kindesalter spielt Musik eine wichtige Rolle im Rahmen der „emotionalen Kommunikation" (Altenmüller 2013: 191). Sie trägt zur Bindungsgestaltung und zum Spracherwerb bei und unterstützt die Emotionsregulation, z.B. wirken Wiegenlieder beruhigend und bestärken das Gefühl der Geborgenheit. Auf die jeweilige Lieblingsmusik reagieren Menschen – Dopamin und Endorphin sei Dank – mit Glücksgefühlen (vgl. 2.5). Neuro-/ Musikwissenschaftler führen das *Chill*-Erlebnis übrigens auf den *Besser-als-erwartet*-Mechanismus zurück, der weiter oben (vgl. 2.7) beschrieben wurde. Beim Hören von Musik haben Menschen bestimmte Hörerwartungen. Werden diese übertroffen, wird das Belohnungssystem aktiviert und das musikalische *Chill*-Erlebnis stellt sich meist in Form von wohligem Erschauern und Gänsehaut ein (vgl. Altenmüller 2013: 190, Altenmüller et al. 2007: 62). Könnte dies ein Argument für Musik bei den Hausaufgaben sein? Wirken sich musikalische *Chill*-Erlebnisse vielleicht förderlich auf das Lernen aus? Oder gibt es noch mehr Erkenntnisse in Zusammenhang mit Sprache und Musik, die für diese Entscheidung wichtig sind?

In der Tat hat sich die Erkenntnislage in den zurückliegenden Jahren deutlich verdichtet, und der Forschungsbereich scheint auch weiterhin sehr dynamisch zu sein. In einem Artikel gibt der Züricher Neuropsychologe Lutz Jäncke, der u.a. zu Gehirn und Musik forscht, einen Überblick über die aktuelle Forschungslage zu Musik und Sprache. Dort heißt es, dass bei der Verarbeitung von Sprache und von Musik ähnliche Prozesse ablaufen und ähnliche Netzwerke beteiligt sind. Es gebe Hinweise auf Verbindungen zwischen phonologischen Leistungen und der Wahrnehmung von Tonhöhen, außerdem gelinge es Musikern besser, Sprache aus Hintergrundgeräuschen herauszufiltern und die Aufmerksamkeit für das gesprochene Wort aufrecht zu erhalten. Schließlich bezieht sich Jäncke auf die OPERA-Hypothese von Patel (2011). OPERA ist ein Akronym, mit dessen Aufschlüsselung beschrieben werden kann, warum sprachliches Lernen von Musik profitieren kann:

***Overlap* –**
Die Netzwerke, in denen Sprache und Musik verarbeitet werden, überschneiden sich.
***Precision* –**
Musik verlangt größere Präzision als Sprache, d.h. sprachliche Fertigkeiten könnten profitieren.
***Emotion* –**
Musizieren nutzt o.g. überlappendes Netzwerk, die Nutzung ist oftmals von starken Emotionen begleitet.
***Repetition* –**
Beim Musizieren werden Netzwerke wiederholt genutzt.
***Attention* –**
Musizieren braucht intensive und fokussierte Aufmerksamkeit.

Zusammengefasst besagt die OPERA-Hypothese, dass Musizieren in einer Weise auf die Plastizität des Gehirns einwirkt, von der sprachliche Leistungen profitieren können. In Einklang mit dieser Hypothese stehen auch die Befunde von Hille et al. (2011). Ihre Studie mit Drittklässlern weist auf förderliche Effekte von musikalischer Früherziehung auf die Rechtschreibleistung und die Intelligenz hin.

Im Fremdsprachenunterricht kann Musik zu unterschiedlichen Zwecken eingesetzt werden, nämlich u.a. als „Auslöser von fremdsprachlichen Kommunikationsprozessen, [...] [zur] Förderung des unbewussten Lernens, [...] in emotionaler Funktion“ (Surkamp 2011: 228), zur Gruppenbildung und beim mehrkanaligen Lernen. Angesichts neuer Erkenntnisse sollte Musik – insbesondere im Sinne der Schüleraktivierung und der Gemeinschaftsbildung – möglicherweise noch mehr eingesetzt werden, aber bei den Hausaufgaben bilden zusätzliche Reize einen potentiellen Störfaktor. Werden Reize durch die Sinneskanäle aufgenommen, müssen sie entweder als unwichtig klassifiziert und ausgesondert oder weiterverarbeitet werden. Dieser Prozess bindet Kapazitäten. Zwar gehen viele Jugendliche davon aus, dass sie aufgrund der Medialisierung ihrer Umwelt in der Lage seien, Hintergrundreize auszublenden, was im Vergleich zu älteren Generationen durchaus stimmen mag, aber Musikhören beim Hausaufgabenmachen führt trotzdem zu einem Konkurrieren von Reizen, und *Multitasking* hat sich weitgehend als Mythos erwiesen. Die menschliche Aufmerksamkeit ist begrenzt, sodass *Multitasking* dazu zwingt, zwischen konkurrierenden Aufgaben, im vorliegenden Fall also zwischen der Musik und den Hausaufgaben, ständig hin und her zu wechseln. Das führt zu schlechteren Resultaten, Fehlern oder Lücken und fordert erhöhte Anstrengung. Im Fall von fremdsprachlichen Hausaufgaben und Musikbeschallung spricht die in der OPERA-Hypothese zusammengefasste Ähnlichkeit der Verarbeitungsprozesse von Musik und Sprache sogar besonders deutlich gegen eine Koppelung. Ein Alternativvorschlag zur Dauerbeschallung wäre das Einrichten von regelmäßigen Pausenzeiten, in denen dann entspannt Musik gehört oder auch wild dazu getanzt werden kann, je nach aktueller Stimmungslage. Und wer noch immer an den Mozart-Effekt glaubt, einem berühmten Neuromythos aus den 1990ern, bringe seine Kinder oder Schülerinnen und Schüler dazu, in den Hausaufgabenpausen Mozart zu hören, vorzugsweise die Sonate in D-Dur (KV 448)! Der Mozart-Effekt besagt, dass sich durch das Anhören dieser Sonate schon nach zehn Minuten eine intelligenzfördernde Wirkung einstelle. Empirisch gewonnene Hinweise auf mögliche Effekte betrafen allerdings lediglich die räumliche Intelligenz.

Der Gedanke, Pausen einzurichten, ist übrigens nicht nur im Hinblick auf das Hören von Musik wichtig, sondern grundsätzlich, wenn es um eine förderliche Rhythmisierung des Lernens und die komplementären Prozesse Verarbeitung und Nachbereitung geht.

3.4 Behalten und Vergessen

Lernen wird in der Regel spontan mit Aufbauprozessen assoziiert, und aktiver Aufbau durch Aufnehmen von Informationen und Verstehen (Enkodieren) ist einer der beiden Grundpfeiler des Lernens. Den zweiten, nicht weniger bedeutenden Grundpfeiler bildet die Konsolidierung. Konsolidierung bedeutet Verfestigen, in Zusammenhang mit Lernprozessen auch längerfristige Speicherung, Erreichen von Abrufbarkeit und Anwendbarkeit. Eine Möglichkeit zur Optimierung von Fremdsprachenunterricht besteht darin, sich dieses zweiten Grundpfeilers des Lernens und seiner überaus wichtigen Funktion noch bewusster zu werden. Als Lehrkraft hat man den Eindruck, nach einer Einführung und einigem Üben müsse der Lehrstoff sitzen, was aber oftmals nicht der Fall ist. Man reagiert mit Unverständnis für die Lernenden, wird ungeduldig und hegt Zweifel am eigenen methodischen Geschick. Dabei lässt sich dieses Phänomen häufig ganz einfach erklären: Die Schülerinnen und Schüler hatten offenbar noch zu wenig Zeit, die Gedächtnisinhalte nachzubereiten. Vor Abschluss des Konsolidierungsprozesses sind die neuen Gedächtnisinhalte fragil, und verschiedene Einflüsse können dazu führen, dass sie nicht erhalten bleiben (z.B. wenn weitere neue Gedächtnisinhalte dazukommen und sie miteinander konkurrieren). Die Nachbereitungsprozesse, die direkt nach der Aufnahme neuer Informationen einsetzen, sind also nicht störungsresistent.

Durch bildgebende Verfahren konnten die an Konsolidierungsprozessen beteiligten Hirnregionen identifiziert werden: „The hippocampus appears to play a key role in consolidation, despite the fact that the hippocampus is not where memories are stored" (Schunk 2012: 47), zumindest besitzt der Hippocampus, wie in 2.4 ausgeführt, als kleine Hirnstruktur nur begrenzte Speicherkapazität, übernimmt aber dennoch wichtige Funktionen beim Lernen. Weitere Hirnstrukturen sind an der Konsolidierung beteiligt, darunter auch der präfrontale Cortex, jene Hirnregion, in der sich, wie gesagt, die Umbauarbeiten in der Pubertät besonders lange hinziehen.

Die Erforschung von Konsolidierungsprozessen ist, mit Ausnahme einzelner Pionierarbeiten, noch recht jung, was in Zusammenhang mit der Erforschbarkeit steht, die bei vielen Fragestellungen erst durch die Entwicklung der Verfahren des *Neuroimaging* möglich wurde. Obschon Konsolidierungsprozesse weiterhin Fragen aufwerfen, lassen sich erste Schlüsse auch für den Fremdsprachenunterricht ziehen. Neben der Relevanz von regelmäßigen Pausenzeiten, in denen das Gehirn die Möglichkeit bekommt, sozusagen in den *Offline*-Modus der Nachbereitung zu gehen, ohne dass neue Lerninhalte einströmen, steht zu vermuten, dass Stillarbeitsphasen nach Input und Üben in der Klasse, in Gruppen- oder Partnerarbeit der individuellen Auseinandersetzung samt Konsolidierung zuträglich sein können. Ein Zurückziehen, die Möglichkeit, sich nochmals mit einem Inhalt auf ruhige, konzentrierte Art zu befassen, kann förderlich wirken. Dazu sollte die Phase zeitlich jedoch nicht so weit ausgedehnt werden, dass es zu Leerlauf und Langeweile kommt. Zeitintervalle scheinen bei Konsolidierungsprozessen noch in anderer Hinsicht eine Rolle zu spielen. Vorteilhafter als ein akkumuliertes Lernen ist, auch im Hinblick auf mögliche Interferenzen, das Lernen in kleinen Portionen, die auf der Zeitleiste immer wieder im Wechsel eingeplant werden (vgl. Sosic 2008: 10). Die weiter oben vorgestellte Technik des *uncued free recall* (vgl. 3.3) stellt eine Möglichkeit dar, um das Lernen in Portionen methodisch und organisatorisch zu unterstützen. Sie ist darauf ausgerichtet, nach einer Interimsphase, in der anderes gelernt werden kann, zurückzuschauen und sich zu erinnern, was als Wiedereinstieg und Anknüpfung an den vorherigen Inhalt genutzt werden kann. Solche Schleifen des Sich-Erinnerns können auch im Unterricht stattfinden und zugleich zur Strukturierung von Inhalten genutzt werden: „[...] organization, rehearsal, and elaboration are important because they serve to impose structure" (Schunk 2012: 47). Die Entdeckung der Bedeutung von Konsolidierungsprozessen für das Lernen erweitert den Blick. Während bisher der Fokus des Fremdsprachenlehrers darauf lag, möglichst „günstige Bedingungen [...] für die Zeit während des Lernens zu schaffen" (Sosic 2008: 11), sich also auf Säule eins des Lernens, die Aufbauprozesse, zu konzentrieren, rückt nun auch Säule zwei, die Konsolidierung, stärker ins Bewusstsein. Es ist nicht nur wichtig, was während des Enkodierens passiert, sondern auch das, was danach stattfindet.

In Zusammenhang mit der zeitlichen Taktung von Hausaufgaben und Medienkonsum können erste, von Sosic (ebd.) referierte Befunde von Bedeutung sein, die eine signifikante Beeinträchtigung der Konsolidierungsleistung bei unmittelbarem Fernsehkonsum nach der Aufnahme auditiver Reize nachweisen. Deutlich günstiger wirke sich eine Entspannungsphase nach dem Lernen aus. Ähnliche Effekte sind bei der Konfrontation mit einer Flut von auditiven und visuellen Reizen durch Fernsehkonsum oder Spielen an der Konsole unmittelbar nach den Hausaufgaben nicht auszuschließen.

Besonders günstige Bedingungen für die Konsolidierung findet das Gehirn im Schlaf (vgl. Fenn et al. 2003). Während sich die Annahme, im Schlaf könnten aktive Aufbauprozesse stattfinden, also beispielsweise über Kopfhörer Wörter gelernt werden, als irrig, wenn auch marktstrategisch reizvoll erwiesen hat, wird im Schlaf intensiv nachbereitet, letztlich also doch gelernt, allerdings eben konsolidierend. Für die Berieselung mit auditiven Reizen während der Schlafzeiten, z.B. mit Sprachkursen zum Lernen im Schlaf, gilt wohl dasselbe wie für Musik beim Hausaufgabenmachen: eine förderliche Wirkung ist mehr als umstritten, die Störung des Schlafes dafür umso sicherer. Im Gegensatz dazu gibt es Hinweise darauf, dass Inhalte, mit denen man sich unmittelbar vor dem Schlafengehen befasst hat, direkt nachbereitet und dadurch mit erhöhter Wahrscheinlichkeit verankert werden. Der Grund dafür ist ein ganz einfacher: Lernt man etwas unmittelbar vor dem Schlafengehen, sozusagen bereits auf der Bettkante sitzend, passiert in der Regel zwischen dem Lernen und dem Einschlafen nichts mehr Aufregendes oder emotional Relevantes, das mit den Inhalten konkurrieren könnte. Für das Gehirn bleibt die gerade eingespeicherte Information der frischeste Eindruck, den es mit Eintritt in die Schlafphasen nachzubereiten gilt. Dieser Mechanismus ließe sich nutzen, um z.B. vor einer Prüfung ein paar besonders wichtige Informationen möglichst sicher zu speichern. Ratsam scheint es, dieses Lernpaket überschaubar zu halten und nach dem Schlafen durch Erinnern zu überprüfen, ob der Konsolidierungsprozess erfolgreich abgeschlossen wurde. Günstig wirkt sich eine Schlafphase zwischen Üben oder Training und Prüfung übrigens auch tagsüber aus (vgl. Stickgold 2005).

Im Schlaf hat das Gehirn, salopp gesagt, jede Menge zu tun. Insbesondere müssen Informationen aus dem Hippocampus weitergeleitet werden und zwar in eine größere Hirnstruktur, die eine dauerhafte Speicherung von deutlich mehr Informationen leisten kann als der Hippocampus. Dieses Kriterium erfüllt in besonderer Weise die Großhirnrinde (vgl. 1.1). Durch die Kommunikation zwischen Hippocampus und Großhirnrinde während des Schlafs werden Gedächtnisinhalte gesichert. Konsolidiert wird in den unterschiedlichen Schlafstadien, die wie ein Muster aufeinander folgen. Zum Einschlafen brauchen wir etwa 30 Minuten. Auf eine Phase leichten Schlafs folgt die erste Tiefschlafphase. Einschlafen, Leichtschlaf und Tiefschlaf werden auch als NREM-Phasen bezeichnet (gesprochen Non-REM). Nach etwa einer Stunde wird die Tiefschlafphase von der ersten REM-Phase, auch als Traumschlaf bekannt, abgelöst. Leichtschlaf, Tiefschlaf und REM-Phasen wechseln sich immer wieder ab. „Im Verlaufe einer Nacht tritt der REM-Schlaf periodisch etwa alle 90 Minuten auf. Die Episoden sind zunächst kurz und werden im Verlauf der Nacht immer länger“ (Wiegand 2010: 134).

Der REM-Schlaf wurde 1953 mittels EEG als eigenes Schlafstadium, das seinen Namen der schnellen Augenbewegungen verdankt, entdeckt. Gestützt durch Untersuchungen an Säugetieren, bei denen im REM-Schlaf hippocampale Aktivitäten festgestellt wurden, die denen im Wachzustand beim Lernen (Tiere lernen beispielsweise den Weg zur Futterquelle) vergleichbar waren, gilt die REM-Phase schon seit längerem als nachbereitende Lernphase (vgl. Wiegand 2010: 136). Allerdings nahm man in den 1980ern an, dass im REM-Schlaf vor allem gelöscht würde, wie es bei den damaligen Computern aufgrund des begrenzten Speicherplatzes notwendig war (vgl. Wiegand 2010: 136-137). Inzwischen wird beiden Schlafphasen eine konsolidierende Funktion zugesprochen, von einigen Forschern dem NREM-Schlaf insbesondere auf das deklarative Gedächtnis, während im REM-Schlaf vorrangig prozedurale Gedächtnisinhalte konsolidiert werden sollen (ebd.), also:

deklaratives Gedächtnis (Wissen) → NREM-Schlaf
prozedurales Gedächtnis (Können) → REM-Schlaf

Die Schlafforschung wird gewiss in den kommenden Jahren die Zusammenhänge zwischen Lernen, Gedächtnis und Schlaf noch weiter beleuchten. Beispielsweise könnten die bereits vorliegenden Hinweise darauf, dass sich sogar Kurzschlaf (*Nap*) auf das Lernen förderlich auswirkt, von Bedeutung für die Rhythmisierung des Bildungstages sein. Dem Kurzschlaf werden günstige Effekte zugesprochen, wenn sich neue Gedächtnisinhalte noch in der fragilen Phase befinden und in der Gefahr stehen, von Konkurrierendem verdrängt oder von Ähnlichem überschrieben zu werden.

Wie wertvoll (Nacht-)Schlaf für die Konsolidierung und damit für das Lernen ist, steht mittlerweile wohl außer Frage. Belegt ist jedoch auch, dass sich die Pubertät auf den Schlafrhythmus und -bedarf auswirkt. Heranwachsende gehen später ins Bett, müssen aber dennoch morgens früh zur Schule und versuchen häufig am Wochenende „das Schlafdefizit zu kompensieren“ (Largo & Czernin 2011: 152). Abmildernd wirkt sich aus, dass im Vergleich zum jüngeren Kind der Schlafbedarf von Heranwachsenden etwa um zwei Stunden pro Nacht zurückgeht (vgl. Largo & Czernin 2010: 150). Offenbar besitzen Jugendliche eine hohe Kompensationsfähigkeit, mit der sie die verminderte Schlafdauer ziemlich effektiv ausgleichen, was durchaus einem Eigeninteresse des Heranwachsenden entspricht, denn: Ein geringeres Schlafbedürfnis gibt ihm, oftmals zum Leidwesen seiner Eltern oder der Begleitpersonen auf Klassenfahrten, mehr Zeit für seine Explorationsgänge! Für die Änderung des Schlafverhaltens sind übrigens hormonelle Umstellungen verantwortlich: Bei Jugendlichen wird das Schlafhormon Melatonin mit einer Verspätung von etwa eineinhalb Stunden ausgeschüttet, was dazu führt, dass der Heranwachsende, selbst wenn er abends früh ins Bett gesteckt wird, trotzdem nicht sofort einschlafen kann. Angesichts der Tatsache, dass im Schlaf Lernen nachbereitet wird und das Gehirn sich für weiteres Lernen bereit macht, ist Schlaf eigentlich ein wunderbares Thema aus der Lebenswelt der Heranwachsenden, das Sprechanlässe bietet, zur Recherche anregt und gleichzeitig einen direkten Nutzwert für die Lernenden hat. Was Schlaf für das Lernen bedeutet und wie das Gehirn diese Phase nutzt, kann im Englisch- oder Französischunterricht unter Mitarbeit der Schülerinnen und Schüler (Recherchen, Vorstellung von Quellen usw.) projektartig, zusammen mit Biologie auch fächerübergreifend, sehr anschaulich und dadurch weitgehend in der Zielsprache bearbeitet werden. Dabei ließen sich ein paar Faustregeln für konsolidierungsfreundliches Schlafverhalten erarbeiten, wodurch die Heranwachsenden einerseits für die Bedeutung des Schlafes sensibilisiert, andererseits mit einigen praktikablen Tipps ausgestattet würden, um ihrem Rhythmus folgend den bestmöglichen Schlaf zu bekommen (z.B. Licht dimmen, möglichst feste Schlafenszeit, auf *Energy Drinks*, Koffeinhaltiges und „Drama“ am Abend verzichten).

Konsolidierung beinhaltet übrigens nicht nur Speicher-, sondern auch Löschvorgänge. Während der Hippocampus dafür sorgt, dass wichtige Gedächtnisinhalte zur dauerhaften Speicherung weitergeleitet werden, wird, etwas plakativ ausgedrückt, auch Datenmüll identifiziert. Dieser muss gelöscht werden, damit der Speicher wieder frei ist, und so am nächsten Tag aufs Neue eingehende Eindrücke und Informationen filtern, auswählen und zwischenspeichern kann. Neben dem Behalten spielt also auch das Vergessen eine wichtige Rolle beim Aufbau effektiver Strukturen. Vergessen ist dabei kein willkürlicher Vorgang, sondern folgt dem Ziel der ständigen bedarfsorientierten Verfeinerung und Effizienzsteigerung. Zur Erhaltung der Effizienz des Gehirns muss es selektieren und Informationen löschen, die zumindest dauerhaft nicht gebraucht werden und unnötigerweise Kapazitäten belegten. Über die Relevanz von Informationen entscheidet u.a. die Möglichkeit der Einbettung in bereits bestehende Strukturen, die Bedeutung eines Inhalts für das Individuum, die Möglichkeit, einen Inhalt sozusagen als Prototyp oder Muster für zukünftige Inhalte und Ereignisse zu nutzen und natürlich die emotionale Bedeutung. Andere Informationen, z.B. solche, die überholt und für Künftiges nicht mehr bedeutsam erscheinen (erledigte Termine usw.), werden gelöscht. Wie bereits beschrieben, werden auch Lerninhalte, die mit negativen Emotionen verbunden sind, eher gelöscht als solche, bei deren Enkodierung positive Emotionen beteiligt waren (vgl. Kap. 2). Vergessen muss also nicht als Fehlfunktion des Gehirns verstanden werden. Viele Löschvorgänge sind notwendig und geschehen sozusagen willentlich.

Doch nicht nur im Schlaf wird gelöscht, vielmehr findet ständig Selektion statt. Die Frage ist nun, ob man als Lehrkraft Einfluss auf das nehmen kann, was gelöscht bzw. weiterverarbeitet wird. Ist es möglich, durch gezieltes Üben im Fremdsprachenunterricht dafür zu sorgen, dass bestimmte Inhalte dauerhaft gespeichert werden? Tatsächlich gibt es Belege dafür, dass Üben einen solchen Effekt hat, allerdings teilweise mit Nebenwirkungen, was anhand einer Studie von Kuhl et al. (2007) im Folgenden veranschaulicht wird. Die Studienteilnehmer bekamen den Auftrag, sich Wortpaare zu merken, die jeweils um ein Ausgangswort gruppiert ein Wortnetz mit sechs Paaren bildeten. „Beispielsweise gab es das „Haus-Netz". Es setzte sich aus Paaren wie Haus-Element, Haus-Plastik, Haus-Reh, Haus-Wolke, Haus-Strich, Haus-Taste zusammen" (Sambanis 2010: 24). Der Versuchsleiter bestimmte nach der Präsentationsphase, aus welchen Wortnetzen drei der jeweils sechs Wortpaare geübt werden sollten und welche Wortnetze gar nicht mehr geübt wurden. Somit gab es Wortnetze, von denen die Hälfte der Konstituenten Gegenstand der Übungsphase waren, die andere Hälfte allerdings nicht. Außerdem gab es Wortnetze, die gar nicht in die Übungsphase aufgenommen wurden. Welchen Effekt hatte das Üben? Zunächst einmal zeigte sich, dass das Üben offenbar die Aufmerksamkeit fokussiert hatte. Aus den geübten Netzen wurden die Paare besser erinnert, die Gegenstand der Übungsphase waren als jene, die nicht geübt worden waren. Hier zeigte sich jedoch zugleich die Nebenwirkung. Das Üben hatte dazu geführt, dass die nicht geübten Wortpaare neben den geübten verblasst waren und nicht mehr erinnert wurden. Anders verhielt es sich bei den Wortnetzen, die nicht Gegenstand der Übungsphase waren: Bei ihnen war die Erinnerung nicht in vergleichbarer Weise verblasst. „Aus diesen Ergebnissen lässt sich schließen, dass Übungen offenbar die Aufmerksamkeit lenken können. Ein Nebeneffekt des Übens scheint jedoch, vereinfacht formuliert, darin zu bestehen, dass durch die Hervorhebung von einzelnen Inhalten in Übungen andere Informationen verblassen, als weniger relevant klassifiziert und mit größerer Wahrscheinlichkeit herausgefiltert werden" (Sambanis 2010: 25). Üben beeinflusst offenbar die Gewichtung der Relevanz von eingehenden Informationen, was für die Lehrkraft bedeutet, dass durch Üben und Wiederholen Inhalte hervorgehoben werden können und sich damit die Wahrscheinlichkeit der Speicherung erhöhen lässt. Zugleich zeigt die Studie anhand des Verblassens bzw. Herausfilterns der nicht geübten Paare in den eigentlich geübten Wortnetzen, dass Sicherung und Löschen offenbar komplementäre Prozesse mit ausbalancierender Wirkung sind. Für den Fremdsprachenunterricht ließe sich schlussfolgern, dass eindrucksvolle Darbietungen von Inhalten, emotionale Verbindungen und Üben die Chancen erhöhen, dass anderes herausgefiltert und gelöscht wird als das, was der Lehrkraft als der Expertin oder dem Experten für die Sprache am wichtigsten erscheint.

3.5 Zusammenfassung

Die Pubertät stellt sich als eine Entwicklungsphase dar, in der mit beeindruckender Dynamik große Umwälzungen stattfinden. Gerade wegen ihrer Dynamik ist die Pubertät von besonderer Bedeutung für die Individualentwicklung und zugleich eine kühne Schubkraft für Gesellschaft und Kultur.

Das Kapitel beleuchtete vor allem die Umbaumaßnahmen im jugendlichen Gehirn (vgl. 3.1) sowie einige hormonelle Vorgänge, um sich auf diesem Hintergrund mit wichtigen Fragen wie der Lehrerrolle (vgl. 3.2), der Lehrer-Schüler-Beziehung und Hausaufgaben (vgl. 3.3) auseinanderzusetzen und diese auf den Fremdsprachenunterricht hin zu perspektivieren. Der Fremdsprachenunterricht hat es bei Teenagern mit besonderen Lernern zu tun, die im Zuge ihrer Identitätsfindung häufig sehr emotional reagieren, besonders verletzlich sind und ein großes Bedürfnis nach Anerkennung und Gruppenzugehörigkeit haben. Dies kann dazu führen, dass sie sich nicht mehr gerne vor der Klasse sprachlich exponieren, deshalb auch weniger aktiv am Unterrichtsgeschehen teilnehmen als vor der Pubertät und akribisch darauf achten, welche Reaktionen sie bei den Klassenkameraden hervorrufen.

Da im Leben von Heranwachsenden Musik in der Regel eine besondere Rolle spielt, wurde auch die Streitfrage aufgegriffen, ob Musik bei den Hausaufgaben förderlich sei oder nicht (vgl. 3.3). Die dazu referierten Befunde weisen auf die Ähnlichkeit der bei Sprache und Musik aktivierten Netzwerke im Gehirn hin und veranlassen zu dem Schluss, dass Musik in Pausen förderlich sein kann, jedoch beim Hausaufgabenmachen selbst einen konkurrierenden Reiz darstellt.

Des Weiteren wurden die beiden Säulen des Lernens, Enkodieren und Konsolidieren, vor dem Hintergrund des veränderten Schlafverhaltens von Jugendlichen beleuchtet (vgl. 3.4), die Funktion von Vergessen für das Lernen dargestellt, mögliche Konsequenzen für den Fremdsprachenunterricht aufgezeigt und in Form von Impulsen für den Unterricht bzw. für die Hausaufgaben in die Praxis übertragen.

Das nächste Kapitel befasst sich mit *Lernen und Bewegung* und geht dabei der Frage weiter nach, wie Fertigkeiten und Wissen dauerhaft verankert werden können.

4. Bewegung und Lernen

Die Verbindung von Sprache und Bewegung ist keine Entdeckung der modernen Fremdsprachendidaktik, sondern viele Jahrhunderte alt. Bereits in der aristotelischen Philosophenschule der *Peripatetiker* wusste man schon um die förderliche und anregende Wirkung von Bewegung auf das Reflektieren, Lernen und Philosophieren. So wurde schon in der Antike die u.a. unter der Bezeichnung *Walk and Talk* bekannte Technik begründet, die heutzutage z.B. in Managerseminaren gerne eingesetzt wird. Die Idee an sich ist also nicht neu, aber das Verstehen der Zusammenhänge, warum sich Bewegung förderlich auf das Einspeichern, Behalten und Abrufen von Informationen auswirkt, hat sich in den letzten Jahren deutlich erweitert. Der fremdsprachendidaktischen Forschung ist es in Anknüpfung an Arbeiten der Neurowissenschaften gelungen, die Effekte von bewegtem Lernen für verschiedene Bereiche des Fremdsprachenunterrichts nachzuweisen. Wir kommen in 4.2 darauf zurück.

Betrachten wir zunächst aber mögliche Gründe, die für eine Verbindung von Lernen und Bewegung sprechen und konkretisieren dann, wie diese Verbindung im Fremdsprachenunterricht hergestellt werden kann.

Für bewegtes Lernen lassen sich, unabhängig von Schulfach und Zielaltersgruppe, verschiedene Gründe anführen (in Anlehnung an Surkamp 2010: 16):

- Anthropologische Gründe
  (Bewegung = Grundbedürfnis)
- Gesundheitserzieherische Gründe
  (Bewegung = Verbesserung des physischen und psychischen Wohlergehens)
- Motivationale Gründe
  (Bewegung = Abwechslung, Element des Neuen)
- Lerntheoretische Gründe
  (Bewegung = Mittel der Informationsverarbeitung)
- Neurophysiologische Gründe
  (Bewegung = Aktivierung verschiedener Hirnareale)

Bewegter Unterricht wird in der Regel im größeren Kontext bewegungserzieherischer Konzepte, insbesondere dem der *Bewegten Schule* (vgl. Müller & Petzold 2006), verortet. Was ursprünglich als ein Kompensationsansatz zur Sitzschule lanciert wurde, hat sich in den zurückliegenden Jahren im Rahmen der Profilbildung von Schulen zu einem für viele Bildungsstandorte wichtigen Gestaltungelement entwickelt. Veränderungen der Lebenswelt führen vielfach zu einer Reduzierung der Bewegung, was sich in verschiedener Hinsicht ungünstig auswirken kann, z.B. auf die motorischen Fertigkeiten, auf die Konzentrationsfähigkeit oder auf das Körpergewicht und die Gesundheit der Kinder, um nur einige mögliche Folgen zu nennen. Schulen, die sich als *Bewegte Schulen* verstehen, möchten ihren gesundheits- und bewegungserzieherischen Auftrag stärker ins Zentrum rücken, nicht zuletzt um ausgleichend zu wirken. Mittlerweile ist belegt, dass dies durchaus gerechtfertigt ist und dass es unter den Kindern und Jugendlichen Risikogruppen gibt, die von der *Bewegten Schule* besonders profitieren können. Mit der bundesweiten KIGGS-Studie, einem „Kinder- und Jugendgesundheitssurvey“ (vgl. Robert Koch 2006), an deren Basiserhebung (2003-2006) sich mehr als 17 000 Kinder und Jugendliche beteiligt haben, wurden wichtige Erkenntnisse zur körperlichen und psychischen Gesundheit von Kindern und Jugendlichen im Alter von 0 bis 17 Jahren gewonnen. Der Studie zufolge zählen insbesondere Kinder und Jugendliche mit Migrationshintergrund bzw. aus Familien mit niedrigem Sozialstatus zur Risikogruppe derer, die zu Übergewicht oder starkem Übergewicht (Adipositas) neigen oder bereits übergewichtig sind. „Jedes 6. bis 7. Kind ist übergewichtig" (Robert Koch 2006), wobei sich ein Anstieg der Rate insbesondere im Grundschulalter, nämlich bei Kindern zwischen sieben und zehn Jahren, zeige. Bewegungsmangel gilt neben falscher Ernährung als Hauptursache für Übergewicht. Obschon viele Studienteilnehmer angaben, sportlich aktiv zu sein, lassen sich auch hinsichtlich der sportlichen Aktivität Risikogruppen identifizieren, und zwar dieselben wie beim Übergewicht (niedriger Sozialstatus, Migrationshintergrund). Die Autoren führen dies darauf zurück, dass die Risikogruppen möglicherweise weniger Zugang zu entsprechenden Angeboten finden, was für mehr Bewegung u.a. in der Schule spräche. KIGGS legt zu weiteren zentralen Fragestellungen rund um die Gesundheit von Kindern und Jugendlichen aktuelle Daten vor und wird mit den nächsten Erhebungswellen die Erkenntnisse gewiss noch erweitern. Die Basiserhebung liefert jedoch schon Hinweise darauf, dass Bewegung in der modernen, hochtechnisierten Welt, in der es vielfach zu wenig Zeit, zu wenig Aufmerksamkeit und zu wenig Platz für Kinder gibt, gerade in der Schule nicht zu kurz kommen darf (vgl. Wartha & Brandstetter 2009, Wartha et al. 2010).

Wie aber kommt man nun auf die Idee, speziell Sprache und Bewegung zu koppeln? Im Grunde ist diese Verbindung besonders naheliegend. Vergleichbar mit dem Musizieren oder Kunstschaffen hat auch Sprache eine starke motorische Komponente, da Sprechen eine motorische Tätigkeit ist. Sprechen erfüllt, neben dem Hör-Seh-Verstehen bzw. dem Hörverstehen, wichtige Funktionen bei der Teilnahme an kommunikativen Interaktionen und stellt zugleich im Prozess des Lernens der Fremdsprache einen wichtigen Lernzugang dar. Gesprochenes prägt sich in der Regel besser ein als lediglich Gehörtes, und Sprechen kann im Lernprozess beim Einspeichern und Abrufen hilfreich sein.

Sprechen selbst ist bereits Bewegung, aber Kommunikation bezieht noch weitere Bewegungen mit ein, nämlich Körperbewegungen wie das Herstellen von Nähe oder Distanz, Gestik und Mimik. Genau genommen muss Sprache also gar nicht mehr mit Bewegung verknüpft werden, sie ist es von Natur aus. Diese Verknüpfung kann man als unterrichtsmethodisches sowie lehr- und lernstrategisches Vorgehen bewusst nutzen, um dadurch den Lernertrag zu steigern und zugleich eine von Bewegungen aufgelockerte Lernatmosphäre zu schaffen. Dies führt zu der Frage, wie Bewegung im Fremdsprachenunterricht eingesetzt werden kann. Welche Möglichkeiten gibt es?

4.1 Bewegung im Fremdsprachenunterricht

Historisch gesehen, lassen sich die Spuren des bewegten Lernens, wie schon kurz erwähnt, bis in die Antike zurückverfolgen, nämlich bis zu den *Peripatetikern*, die, daher ihr Name, in Wandelhallen im Gehen philosophierten (griech. περιπατεῖν für umherwandeln). Später findet sich die Idee der Wandelhallen in Form von Wandelgängen in den Kreuzgängen von Klöstern wieder. Auf dem Gebiet der Pädagogik wird von Comenius (1592-1670) auf die Bedeutung von Sinneswahrnehmungen hingewiesen, ab dem 18. Jahrhundert verweist Pestalozzis Prinzip des Lernens mit Kopf, Herz und Hand auf Ganzheitlichkeit und Schüleraktivierung und nimmt den ganzen Menschen mit Denken, Fühlen und aktivem Tun in den Blick. „Danach lassen sich weitere Spuren des bewegten Unterrichts finden, nämlich in der Reformpädagogik sowie im 20. Jahrhundert in ganzheitlichen und alternativen Ansätzen" (Sambanis 2014). Hierzu zählt auch die Suggestopädie (vgl. Lozanov 1978, Schiffler 1989). Suggestopädische Verfahren arbeiten u.a. mit Musik, Lernen in Entspannung sowie verschiedenen Übungen mit expressivem und spielerischem Charakter. Die Nachweisbarkeit der Wirkungen bzw. insbesondere spezifischer Effekte und Zusammenhänge wird unterschiedlich beurteilt (zur kritischen Diskussion der wissenschaftlichen Fundierung suggestopädischer Verfahren vgl. Lukesch 2000).

Vor einigen Jahren hat die auf Asher zurückgehende *TPR*-Technik (*Total Physical Response*), ebenfalls ein alternatives, bewegungsorientiertes Verfahren, einen besonders deutlichen Aufschwung erlebt. Dieser steht mit der Einführung der ersten Fremdsprache als verbindliches Schulfach in der Grundschule in Zusammenhang. Die Technik geht in ihrem Ursprung höchstwahrscheinlich auf Vorläuferkonzepte wie das von Palmer & Palmer (1970) zurück. Palmer & Palmer hatten schon in den 1920ern mit *English Through Actions* ein bewegungsorientiertes Unterrichtsverfahren entwickelt. Asher (1965, 1969) konnte, an solche Vorarbeiten anknüpfend, sein eigenes Verfahren ausarbeiten und dessen Wirksamkeit erforschen. *TPR* bietet dadurch, dass der Lernende mit Bewegungen auf Anweisungen reagiert, eine Möglichkeit, Sprache und Bewegung wiederholt und sehr eng zu verknüpfen. Durch das Vorgehen kann die Lehrkraft sofort erkennen, was die Lernenden bereits verstehen und wo noch Lücken vorhanden sind. Außerdem fördert *TPR* die Schüleraktivität in einer Weise, die vor allem in den Anfangsstadien, in denen sich die Lernenden noch nicht oder kaum zielsprachlich einbringen können, eine willkommene Bereicherung des Methodenrepertoires darstellt. Gleiches gilt für die Erstbegegnung mit neuen Wörtern, neuer Grammatik etc. Problematisch erscheint jedoch bei ausgedehnterem Einsatz, dass *TPR* sich nicht bzw. kaum sprechförderlich auswirkt. Selbst wenn die Kinder bei *TPR* zum Sprechen ermutigt werden, was vor allem durch die Abgabe der Regie gelingt, sodass die Kinder sich gegenseitig Anweisungen geben und nicht nur die Lehrkraft spricht, bleibt *TPR* im Unterricht recht gleichbleibenden Formulierungen verhaftet, nämlich häufig Imperativen. *TPR*-Sprache ist zumindest in der Tendenz einem direktiven Gesprächsstil zuzurechnen, den die Kinder jedoch gar nicht vorrangig ausprägen sollen (für eine kritische Diskussion von *TPR* und zu Möglichkeiten, das Verfahren zu flexibilisieren vgl. Sambanis 2007: 73ff. und 193ff.). Das Verfahren besitzt trotz dieser Einschränkungen bei variablem Einsatz eine gewisse Berechtigung und einiges Potential, sollte aber nicht das einzige Vorgehen zur Verbindung von Sprache und Bewegungen sein.

Obschon sich die oben genannten Gründe (anthropologische, gesundheitserzieherische usw.) auf keine Altersgruppe beschränken, also letztlich für Kinder und Erwachsene gleichermaßen gelten, stellt sich die Verbindung von Bewegung und Lernen zumindest bislang bzw. vorrangig als ein elementar- und primardidaktisches Anliegen dar. Nahezu alle Richtlinien und Materialien für die Grundschule enthalten Hinweise auf Bewegungen bzw. Vorschläge für bewegtes Lernen im Fremdsprachenunterricht. Lehrkräfte, die in der Grundschule Englisch oder Französisch unterrichten, verfügen in der Regel über ein Repertoire an bewegungsbasierten Aktivitäten. Sie singen mit ihren Klassen Bewegungslieder (z.B. *Head shoulders knees and toes/Tête, épaules et jambes et pieds*) oder verbinden Lieder mit Tanzbewegungen. Viele Grundschullehrkräfte setzen Reime ein, zu denen sich die Kinder im Rhythmus der Sprache bewegen und so die Klangwelt der Fremdsprache über Körperbewegungen nachempfinden und ausdrücken. In der Waldorfpädagogik wird dies übrigens als ein Einschwingen in die Fremdsprache beschrieben (vgl. Jaffke 1992). Auch sogenannte *Action Stories/Histoires à Mouvements* wie *Bear Hunt/Chasse au Tigre* schaffen eine Verbindung von Sprache und Bewegung. Viele Grundschullehrkräfte schieben in ihrem Fremdsprachenunterricht überdies bei Bedarf kurze Zappelpausen als Ausgleich zum Stillsitzen ein, außerdem nutzen sie spielerische Übungen, bei denen sich die Kinder bewegen, z.B. im Raum umhergehen oder im Spielverlauf ihre Plätze tauschen. Das Ausführen von Anweisungen im oben erwähnten *TPR*-Stil stellt ein weiteres Bewegungselement dar. Auch Rollenspiele, das darstellende Umsetzen von Dialogen, Geschichten und Szenen kommen in vielen Fremdsprachenklassenzimmern zur Anwendung und verbinden Sprache mit Bewegung. Bewegung und musische Elemente sind Bestandteile des grundschulgemäßen, kindgerechten Fremdsprachenunterrichts (vgl. Rück 2004: 199-206 zu Prinzipien des Fremdsprachenunterrichts auf der Primarstufe). Wie aber sieht es bei älteren Schülerinnen und Schülern aus? Brauchen sie Bewegung noch im selben Maß wie jüngere Kinder? Behält das Bewegungsprinzip auch für den sekundarschulgemäßen Fremdsprachenunterricht seine Gültigkeit?

In der Pubertät, nämlich um das Lebensalter von 15 Jahren, gilt die motorische Entwicklung als weitgehend abgeschlossen (vgl. Largo & Czernin 2011: 131). Daher empfinden Heranwachsende nicht mehr im selben Maße das Bedürfnis, sich durch zahlreiche Bewegungsmöglichkeiten motorisch weiterzuentwickeln, ihre Koordinationsfähigkeit, das Gleichgewicht und die Köperhaltung zu verbessern. Die motorische Entwicklung lässt sich als Kurve darstellen: „Die motorische Aktivität steigt in den ersten Lebensjahren stark an, erreicht im frühen Schulalter ein Maximum und nimmt im Verlauf der Pubertät wieder ab“ (Largo & Czernin 2011: 134). Das legt zwei Schlussfolgerungen nahe: Erstens, Kinder sind in den Grundschuljahren am bewegungsfreudigsten, was im Widerspruch zur Sitzschule steht und die Forderung nach bewegtem Unterricht unterstreicht.[10] Zweitens zeigt die Kurve, dass die motorische Aktivität bei Heranwachsenden nachlässt. Hierfür liegen belastbare empirische Befunde vor. Neben der KIGGS-Studie belegt auch die HBSC-Studie (*Health Behavior in School-aged Children*), eine international vergleichende Studie, die unter der Schirmherrschaft der Weltgesundheitsorganisation (WHO) bei Kindern und Jugendlichen im Alter von elf bis 17 Jahren durchgeführt wird, einen deutlichen Rückgang der körperlichen Aktivität bei Jugendlichen. „Mehr als 80 Prozent der deutschen Jugendlichen bewegen sich zu wenig. Der Anteil körperlich aktiver Jugendlicher sinkt zwischen dem 11. und 15. Lebensjahr drastisch. [...] Im europäischen Vergleich gehört Deutschland damit zu den Schlusslichtern“ (Pressemeldung der Universität Bielefeld, an der Prof. Kolip von der Fakultät für Gesundheitswissenschaften den deutschen Teil der Studie geleitet hat). Es gibt übrigens mehr Mädchen, die sich kaum bewegen als Jungen. Eine Empfehlung im Umfeld der HBSC-Studie lautet: Besonders bei Jugendlichen muss in der Pubertät und danach auf Bewegung geachtet werden, sodass sie einen aktiven Lebensstil entwickeln können (vgl. HBSC-Team Deutschland 2011). Damit wird das Bewegungsprinzip im Hinblick auf die Sekundarstufe aus gesundheitserzieherischer Sicht bestätigt, aber auch anthropologische, motivationale, lern-

[10] In diesem Zusammenhang sei an die weiter oben referierten Ergebnisse der KIGGS-Studie erinnert, die für dieselbe Altersgruppe (sieben bis zehn Jahre), also für die Entwicklungsphase, in der die Kinder am bewegungslustigsten sind, sich aber den Erfordernissen der Bildungsinstitution Schule anpassen müssen, einen deutlichen Anstieg der Übergewichts- und Adipositasrate nachweist.

theoretische und neurophysiologische Gründe ließen sich anführen. Im Vergleich zum Bewegungsprinzip in der Grundschule rückt Bewegung auf der Sekundarstufe in ein eigenes Licht. Während in der Grundschule das Ermöglichen und Zulassen von Bewegungsdrang im Vordergrund steht, stellt sich Bewegung im Unterricht mit Heranwachsenden als eine Aufgabe dar, etwas, das es zu fördern und zu pflegen gilt. Konkrete Vorschläge für die Einbindung von Bewegungen in den Fremdsprachenunterricht der Primar- und Sekundarstufe finden sich in den folgenden *Praxisfenstern*. Bevor wir uns aber der Frage nach Umsetzungsmöglichkeiten zuwenden, soll ein Überblick über die aktuelle Praxis des bewegten Fremdsprachenunterrichts zur Verfügung gestellt werden. Was wird bereits umgesetzt und wie lässt sich dies systematisieren? Zur Systematisierung werden unterschiedliche Funktionen von Bewegung im Fremdsprachenunterricht herausgearbeitet und zur Bildung von Kategorien genutzt.

Abgesehen von Bewegungsimpulsen, die von ergonomischem Schulmobiliar, wie höhenverstellbaren Stühlen, Freischwingern usw., ausgehen und nicht nur im Fremdsprachenunterricht wirken, können, nach ihren Funktionen unterschieden, zwei Kategorien des Bewegungslernens im Fremdsprachenunterricht identifiziert werden:

1. Bewegung zur Abwechslung und als Ausgleich zum Stillsitzen
2. Bewegung als direkte Unterstützung von Lernprozessen

Eine ausgleichende Funktion soll z.B. die oben erwähnte Zappelpause erfüllen, aber auch Bewegungslieder, bewegungsbasierte Entspannungsübungen und Spiele, Lückenfüller (*Fillers*), Aufwärm- und Aktivierungsspiele etc. werden oftmals zum Ausgleich eingesetzt. Sie sollen erfrischend wirken und zugleich den Kindern ein Gespür dafür vermitteln, dass sich negative Gefühle, angestauter Ärger, Ungeduld oder auch vorübergehende Langeweile durch Bewegung besser verarbeiten lassen. Da viele Sozialformen, die Abwechslung ins Unterrichtsgeschehen bringen, mit Bewegungen verknüpft sind, leistet Bewegung auch auf diese Weise einen Beitrag zum Abwechslungsreichtum des Unterrichts (vgl. oben Kategorie 1). In dieser Form findet Bewegung übrigens auch auf der Sekundarstufe und in der Ober-/Kursstufe vielfach Berücksichtigung. Beispiele sind Standbilder, heißer Stuhl, Laufdiktat, Kugellager, Vernissage (Hinweise zur Umsetzung im *Praxisfenster* in diesem Buch, außerdem bei Grieser-Kindel et al. 2006). Viele dieser Vorgehensweisen sind gruppendynamisch angelegt, d.h. sie funktionieren nur, wenn sich die gesamte Klasse an die Regeln hält und die Kinder aufeinander achten und kooperieren. In diesem Sinne tragen derartige Sozial- oder Arbeitsformen nicht nur zur Bewegungsförderung bei, sondern sie trainieren auch die Zusammenarbeit im Team, und mitunter stärken sie das Gefühl der Gruppenzusammengehörigkeit.

Die Funktion der in Kategorie 2 zusammengefassten Bewegungsaktivitäten besteht hingegen in der den Lernprozess stützenden Wirkung. Dabei werden Bewegungen gezielt sprachlichen Mitteln oder Informationen zugeordnet, Bewegung und Inhalt mehrfach im Verbund wiederholt, sodass eine Verknüpfung entsteht. Bewegungen werden hierbei zur Unterstützung des Enkodierungsvorgangs bei der Begegnung mit Neuem, beim Einprägen, Üben und Wiederholen genutzt. Aber auch beim Abrufen scheinen sie stützend zu wirken, d.h. die Erinnerung an die Bewegung kann den Zugriff auf die Information ermöglichen. „Diese für den Fachunterricht viel bedeutendere Form [der Bewegung] kann in allen Phasen des Lernprozesses (Aufnahme, Verarbeitung, Speicherung von Informationen) zum Tragen kommen" (Surkamp 2010: 16). Dass sie nicht nur zum Tragen kommen kann, sondern zum Tragen kommen sollte, ist durch mehrere Studien inzwischen recht gut belegt. Bewegungen bringen nicht nur Abwechslung in den Lehr-Lernprozess und können die Freude steigern, sondern sie sorgen auch dafür, dass Inhalte besser und länger behalten werden, dass sie schnell und zuverlässig abrufbar sind und bleiben.

Praxisfenster

Hanna: Dass Bewegung wichtig ist, hatten wir, glaube ich, alle vermutet, wenn auch vielleicht noch nicht systematisch durchdacht, zu welchen Zwecken oder mit welcher Funktion Bewegung eingesetzt werden kann. Mir ist auch das Phänomen der Bewegungsmüdigkeit bei Teenagern nicht fremd, die manches albern finden, was Grundschulkinder sicher noch begeistert mitmachen. Deshalb gefällt mir der Ansatz, ausgehend von Sozial- und Arbeitsformen, die mit Bewegung funktionieren, die Statik zu durchbrechen. Tue ich auch schon, bin aber neugierig auf mehr Ideen dazu.

Peter: Ich lasse meine Schüler manchmal auf die Kante ihrer Tische sitzen, natürlich auf die äußere Längskante, damit der Tisch nicht kippt. Da wir an unserer Schule alte Stühle und Tische haben, geht vom Mobiliar kein Bewegungsimpuls aus, abgesehen vom Kippeln mit dem Stuhl, das wir selbstverständlich wegen der Verletzungsgefahr unterbinden müssen. Deshalb nutze ich das Sitzen auf den Tischen, und manchmal lasse ich die Schüler auch rittlings auf ihren Stühlen sitzen.

Claudia: Mit meinen Grundschülern mache ich gerne einen Sitzkreis auf dem Boden. Wir haben kleine Schaumgummimatten zum Draufsitzen, die dämmen, aber sie fusseln nicht so wie viele Teppichfliesen. Außerdem gibt es bei mir im Zimmer drei faltbare Isomatten. Die holen sich einzelne Kinder in Stillarbeitsphasen und arbeiten dann auf dem Bauch liegend in einer ruhigen Ecke.

Peter: Hm, ich glaube, meine Unter- und Mittelstufenschüler würden sich auch gerne mal ausstrecken und im Liegen z.B. etwas lesen. Es müsste jedoch Regeln geben, damit es nicht zum Streit um die Matten käme oder zu Verletzungen durch Umhergehen zwischen den Liegenden. In ganz anderem Zusammenhang setze ich übrigens Hand- oder Körperbewegungen ziemlich oft ein und zwar beim Einüben von Intonationsmustern. Ich arbeite ja viel mit dramapädagogischen Aktivitäten einschließlich Versuchen, Dialoge, Liedtexte, Gedichte usw. zu inszenieren. In diesem Zusammenhang sind meine Schüler sehr offen für die Arbeit an der Versprachlichung und an der Aussprache, sodass ich dies als Chance nutze, um Ausspracheschulung in meinen Unterricht sinnvoll, mit einem echten Nutzwert einzubinden. Bei der Arbeit an Szenen feilen wir auch, ausgehend von dem Sprachmaterial, das für die Dramatisierung gebraucht wird, an der Aussprache. Dabei sind Bewegungen sehr hilfreich, um Sprachmelodisches erfassbar zu machen.

Hanna: Mich hat eine Kollegin auf die Idee gebracht, *Gallery walk*/Vernissage nicht nur zum Präsentieren von Ergebnissen zu nutzen, sondern auch für die Erarbeitung von Themen. Wie bei einer Ausstellung bringe ich im Klassenzimmer an verschiedenen Wänden, am Schrank usw. Poster an, die jeweils einzelne Aspekte unseres Themas darstellen. Die Schüler machen die Runde in freier Reihenfolge und in ihrem jeweiligen Tempo. Damit die Ausstellung die Neugier anregt, sind die Poster zuerst in der Mitte nach oben gefaltet und mit Kreppband festgemacht. Man sieht also zunächst nichts von dem, was auf dem Poster ist. Die ersten Besucher falten es dann auf und entdecken, was drin steckt, sodass das Ganze einen kleinen Überraschungs- und Neuigkeitseffekt hat.

Uli: Und darauf reagiert, wie wir wissen, der Hippocampus.

Hanna: Genau, um die Neugier der Schüler noch etwas mehr anzuregen, stelle ich manchmal ein paar Zusatzmaterialien bereit. Ich lege sie einfach in einem Schuhkarton zum Poster und gebe auf dem Poster einen Hinweis darauf, dass sich etwas zum Thema im Karton verbirgt.

Claudia: Ist das dann nicht eher ein Lernen an Stationen?

Hanna: Könnte man vielleicht so sehen, aber die Vernissage hat in der Regel einen flotteren Ablauf, die Schüler sitzen nicht, sie machen sich höchstens Notizen, arbeiten in sich spontan ergebenden, oftmals mehrfach wechselnden Konstellationen. Durch das Weitergehen zum nächsten „Exponat", sind sie tatsächlich in Bewegung.

Peter: Das Thema, das auf diese Weise bearbeitet wird, muss aber doch so aufzubereiten sein, dass es keine Progression verlangt, also auch keine feste Reihenfolge bei der Vernissage, oder?

Hanna: Am besten sind tatsächlich Themen, die man in mehrere Aspekte auffächern kann, sodass sie wie ein Mosaik funktionieren. Ganz wichtig ist nach der Vernissage das Treffen im Plenum. Das dient nämlich dazu, die Mosaikteilchen in gemeinsamer Arbeit zu einem stimmigen Ganzen zusammenzufügen, z.B. auf Moderationskarten Schlüsselbegriffe zu notieren und diese schließlich so zu ordnen, dass eine Struktur entsteht. Ich höre also in der Plenumsphase nicht ab, was die Einzelnen durch die Poster gelernt haben, obwohl ich das *en passant* mitbekomme, aber Zweck der Arbeitsphase im Plenum ist das Zusammentragen, Ergänzen, Ordnen.

Peter: Bei kleinen Klassenzimmern und großen Klassen haben viele Kollegen zu Recht Sorge, ob Bewegungsgebundenes überhaupt funktioniert oder in Chaos und allgemeiner Frustration endet. Besonders Referendare geraten dadurch manchmal richtig unter Stress, weil sie neue Impulse einsetzen wollen und auch müssen.

Claudia: Du sagst es.

Peter: Dann rate ich, bei Bedarf die Raum- und Schülerzahlproblematik mit der Klasse anzusprechen, ihnen zu sagen, welche Arbeitsform man gerne mit ihnen ausprobieren möchte, und dann gemeinsam zu überlegen, wie man das hinbekommen kann. Erstens haben die Schüler oft clevere Lösungen, zweitens sind es dann ihre Anregungen, die man umsetzt und das funktioniert meistens viel besser als vom Lehrer Angeordnetes.

Uli: Da ist was dran. Ich möchte euch auch noch eine bewegte Arbeitsform vorstellen, für die man nicht besonders viel Platz braucht, das Wanddiktat nämlich. Dabei bilden die Kinder zuerst Tandems, man kann auch Zufallstandems bilden, indem man ein Lied oder Musikstück abspielt. Dazu dürfen sich die Kinder im Raum bewegen. Stoppt die Musik, findet jeder blitzschnell einen Partner. Dann hänge ich an mehreren Stellen im Klassenzimmer kopierte Texte aus, die ich jeweils in zwei Hälften unterteilt habe, also einen deutlichen Absatz nach der Hälfte des Textes eingefügt habe. In jedem Tandem ist ein Kind der Bote, das andere Kind ist der Schreiber. Der Schreiber setzt sich an einen Platz, der Bote geht so leise wie möglich zur Textkopie, merkt sich die ersten Wörter oder die erste Sinneseinheit – ich rate zu überschaubaren Sätzen –, geht zum Schreiber und diktiert ihm den ersten Textbaustein. Nach der Hälfte des Textes wechseln die Rollen.

Claudia: Das ist eine wirklich schöne Variation zum Laufdiktat, auf die bestimmt jüngere Schüler und etwas ältere auch noch ansprechen. An Ideen zu bewegtem Lernen mangelt es uns wirklich nicht! Mich interessiert jetzt aber mal, warum sich Bewegung günstig aufs Lernen auswirkt. Warum können sich die Schüler mit Bewegung mehr merken und vergessen nicht so schnell oder lernen sogar dazu, wie ich kürzlich in einem Artikel gelesen habe? Wer behauptet das eigentlich? Was weiß man dazu überhaupt? Und wie lässt sich das erklären?

4.2 Effekte von bewegtem Lernen

Lehrkräfte, die beginnen, in ihrem Unterricht Bewegungen regelmäßig zur Abwechslung und zum Ausgleich (Kategorie 1) sowie zur direkten Unterstützung des Lernprozesses (Kategorie 2) einzusetzen, berichten davon, dass es ihnen mit Bewegungen besser gelingt, alle Schülerinnen und Schüler zugleich zu aktivieren, aber auch davon, dass der bewegte Unterricht sie als Lehrkraft in anderer Weise fordert als ein bewegungsärmeres Vorgehen. Für manche ist das eine regelrechte Herausforderung, andere erleben die Bewegungseinbindung selbst als erfrischend und abwechslungsreich. Die Schüleraktivität und der Lernerfolg veranlassen viele Lehrkräfte dazu, sogar diejenigen, die die Bewegungen mitunter als anstrengend empfinden, sich dem bewegten Fremdsprachenunterricht nicht zu verschließen oder diesen sogar mit Überzeugung zu vertreten. So erging es auch den Lehrkräften eines bayerischen Gymnasiums, die u.a. im Fremdsprachenunterricht regelmäßig Gestik, Mimik usw. nutzten. „Sie erlebten aufblühende Schülerinnen und Schüler“ (Hille et al. 2010: 349), die mit sichtbarer Freude und großem Erfolg lernten. Sie wollten sich jedoch nicht mit ihren Wahrnehmungen begnügen, sondern der Sache weiter auf den Grund gehen. Es war ihnen wichtig, in Erfahrung zu bringen, ob sich die Effekte auch wissenschaftlich nachweisen und erklären ließen. Dies gab den Anstoß zu einer Zusammenarbeit jener Praktiker mit den Wissenschaftlern einer Forschungseinrichtung,[11] in der bereits Studien zu ähnlichen Fragen durchgeführt worden waren, z.B. zum Effekt eines Ausdauer-Lauftrainings auf die Konzentrations- und Merkfähigkeit von Jugendlichen. Durch das Lauftraining wurden, das sei der Vollständigkeit halber erwähnt, das Wohlbefinden und der Informationsverarbeitungsprozess günstig beeinflusst (für nähere Informationen vgl. Reinhardt 2009, Stroht 2009). Die Forscherinnen und Forscher arbeiteten gemeinsam mit den Lehrerinnen und Lehrern eine Evaluationsstudie zu dem von ihnen als *Szenisches Lernen* bezeichneten Ansatz aus.

Da diese Studie wichtige empirisch gewonnene Erkenntnisse zum bewegten Lernen im Fremdsprachenunterricht erbracht hat, werden diese im Folgenden zusam-

[11] Es handelte sich um eine Forschergruppe des TransferZentrums für Neurowissenschaften und Lernen in Ulm. Bei einigen ihrer Studien wurde bzw. wird ein portables Gerät zur Erfassung von Bewegungs- und Herzraten eingesetzt, das die Probanden so am Körper tragen, dass sie ohne Einschränkung der Bewegungsfreiheit ihrer Tätigkeit (Arbeit, Sport, Lernen usw.) nachgehen können, während Daten erfasst werden.

mengefasst. Außerdem wird das Vorgehen des *Szenischen Lernens* (SL) umrissen und die Frage *Was wissen wir eigentlich darüber, wie Bewegungen im Fremdsprachenunterricht wirken?* auf der Grundlage dieser sowie weiterer Studien beleuchtet.

Beim SL-Ansatz findet durch spielerisch-gestaltendes Sprechen eine besondere Verbindung von Bewegung und Sprache statt. Das Gesagte wird körperlich umgesetzt, wobei in der Bewegung Sprache und Emotionen zum Ausdruck kommen (vgl. Hille et al. 2010: 339).

Szenisches Lernen zielt „auf die multisensorische Erfassung des Lerngegenstandes" (Hille et al. 2010: 339) und ist als ein ganzheitliches schüleraktivierendes Verfahren zu bezeichnen, das Vorgehensweisen des Schultheaters und dramapädagogischer Ansätze nutzt, um diese im regulären Unterricht zur Unterstützung des Lernprozesses einzusetzen. Soll beispielsweise neuer Wortschatz eingeführt werden, so wird jedes Wort bzw. jede Wendung sogleich an eine Bewegung gekoppelt. Bei einzelnen Wörtern werden Einzelbewegungen zugeordnet, die den Inhalt oder melodische Merkmale spiegeln. Bei komplexeren Wendungen wird in der Regel nicht jedes Wort mit einer Bewegung belegt. Vielmehr wird die Bedeutung der gesamten Wendung oder ein möglicher Verwendungskontext in eine stimmige Bewegung übersetzt. Soll beispielsweise die Wendung *Take out the trash. Now, not five hours from now!* gelernt werden, so böte sich an, diese Äußerung an eine Handlungssimulation zu knüpfen, bei der eine Mutter ihren Sohn oder ihre Tochter mit einigem Nachdruck auffordert, sich an den Haushaltspflichten zu beteiligen und zwar ohne das übliche Hinauszögern. Das Auftreten der Mutter wäre in einem solchen Fall resolut, die Stimme fest, der Ton bestimmt. Vielleicht stellt sie den Müllsack vor den Füßen des Sohnes oder der Tochter ab und unterstreicht mit einer Handbewegung oder durch Tippen des Zeigefingers auf ihre Uhr, dass die Haushaltspflicht ohne Aufschub (now) zu erledigen sei. Dies ist ein mögliches Beispiel dafür, wie neuer Wortschatz im Sinne des SL-Ansatzes mit Bewegungen verbunden werden kann. Der SL-Ansatz nutzt Bewegungen konsequent, klammert dabei aber das Schriftbild nicht aus. Die deutsche Sprache wird bei Bedarf als Lernhilfe eingeblendet.

Die Evaluation von SL wurde in mehrere Teilstudien im Französisch- oder Lateinunterricht auf den Klassenstufen 6, 7, 8 und 9 aufgefächert. Sie rückten unterschiedliche Aspekte (Behaltensleistung von Vokabeln, Aussprache) in den Fokus. Die Studie fand somit bei der Altersgruppe statt, die sich innerhalb der Pubertät in jener Phase befindet, in der die körperliche Aktivität zurückgeht. In den Klassen konnte dennoch keine Ablehnung des SL-Ansatzes festgestellt werden, im Gegenteil. Für die Schülerinnen und Schüler bildete Bewegung, die zur Unterstützung des Lernvorganges eingesetzt wurde, einen ihnen vertrauten und festen Bestandteil des Fremdsprachenunterrichts. Die Lehrkraft führte die Bewegungen mit großer Selbstverständlichkeit ein, und alle übten die Wörter samt Bewegungen ohne ablehnende Reaktionen gemeinsam im Chor.

Bewegungsbegleitetes repetitives Chorsprechen in der Klasse und in Kleingruppen bildet eine wichtige methodische Säule des Vorgehens. Durch wiederholtes Sprechen, bei dem im Schutz der Gruppe durch das gleichzeitige Sprechen aller keine Hemmungen aufkommen müssen, findet die Verknüpfung von Bewegung und Sprache statt. Diese Verbindung wirkt sich auf die Verarbeitungsprozesse im Gehirn aus. Dabei ist unterrichtsmethodisch von entscheidender Bedeutung, dass die Lernenden die Bewegungen selbst ausführen und nicht nur bei der Lehrkraft beobachten (vgl. Macedonia et al. 2011). Nach einigen aktiven Wiederholungen, d.h. wenn die Lernenden Sprache und Bewegung in Verbindung geübt haben, reicht die Erinnerung an die Bewegung, um die Verknüpfung nutzen zu können (Macedonia et al: 2011: 12, zur Aktivierung motorischer Zentren beim Sprechen und beim Hören vgl. Cappa & Pulvermüller 2012: 785).

Zur Erforschung von Effekten des Szenischen Lernens auf den Wortschatzerwerb wurden auf verschiedenen Klassenstufen jeweils Daten einer Experimental- und einer Kontrollgruppe erhoben. Die einer Klassenstufe zugeordneten Gruppen lernten dieselben Vokabeln, wobei in der Experimentalgruppe Bewegungen genutzt wurden, in der Kontrollgruppe nicht. Die Qualität des Unterrichts war in beiden Gruppen hoch und durchaus vergleichbar, lediglich im unterrichtsmethodischen Detail (mit Bewegung, ohne Bewegung) lag also der Unterschied. Da die Wissenschaftler und Lehrkräfte in Zusammenhang mit dem Wortschatzerwerb auch herausfinden wollten, wie sich die Behaltensleistung über Wochen bzw. Monate hinweg entwickelt, wurden mehrere Tests zu unterschiedlichen Zeitpunkten durchgeführt. Diese zeigten tatsächlich Unterschiede zwischen den Gruppen.

Die Teilstudien zum Wortschatzerwerb lassen darauf schließen, dass dem Lernen mit Bewegungen ein deutlich behaltensförderlicher Effekt zugesprochen werden kann. Während sich die Ergebnisse der Experimental- und Kontrollgruppen in den Vokabeltests, die bald nach der Einführung und dem ersten Üben der neuen Wörter geschrieben wurden, kaum unterschieden, veränderte sich das Bild über die Zeit. Die Gruppen ohne Bewegung vergaßen über die Zeit immer mehr. Die Ergebnisse der Bewegungsgruppen wurden hingegen sogar besser. Statt Vergessen, zeichnete sich bei ihnen Dazulernen ab, obwohl der Zielwortschatz nicht mehr geübt wurde. Beispielsweise überprüfte die Forschergruppe auf Klassenstufe 7 im Lateinunterricht an vier Messzeitpunkten, wie sich die Behaltensrate der beiden Gruppen entwickelte. Während zu Beginn die Bewegungsgruppe nur geringfügig besser abschnitt, vergrößerte sich der Unterschied zwischen den Gruppen, und das Behalten blieb auch langfristig in der Experimentalgruppe auf hohem Niveau relativ stabil. Errechnet man den Mittelwert der vier Testungen, so liegt dieser für die Gruppe, die mit Bewegungen gelernt hat, bei 12,6 erinnerten Vokabeln, bei der Gruppe ohne Bewegungen nur bei 5,3 Vokabeln. Auch in den Klassen 8 und 9 zeigte sich eine höhere Behaltensleistung der mit Bewegungen unterrichteten Gruppen sowie das erstaunliche Phänomen des Anstiegs der Erinnerungsleistung über die Zeit, wenn mit Bewegungen gelernt worden war.

Beim Wortschatzerwerb kann also Bewegung offenbar stützend wirken, wobei vor allem jene Ergebnisse erstaunen und zugleich ermutigen, die zeigen, dass sich mit Bewegung gelernte Wörter selbst über Wochen und Monate als äußerst vergessensresistent erweisen. Genau diesen Effekt wünscht sich eigentlich jeder Lehrende und Lernende! Ob sich Bewegung möglicherweise auch auf die Aussprache förderlich auswirkt, sollte durch weitere Teilstudien geklärt werden. Die Forschergruppe ermittelte zu diesem Zweck die Ausspracheleistung in den Klassen 6 und 7 im Französischunterricht. Für beide Klassenstufen „wurde ein dem Lernniveau angemessener unbekannter Text ausgesucht" (Hille et al. 2010: 344), der im Unterricht mehrfach in zeitlich festgelegten Übungseinheiten gelesen wurde. Durch die zeitliche Abstimmung war gewährleistet, dass keine der Gruppen einen Vorteil hatte. In der jeweiligen SL-Gruppe wurde das Lesen durch Bewegungen begleitet, die Inhaltliches oder Sprachmelodisches stützten bzw. einzelne Laute in Bewegung übertrugen. In den Kontrollgruppen übten die Schülerinnen und Schüler das Lesen des Textes ohne zusätzliche Bewegungen. Nach Abschluss der Lerneinheit und einer Interimsphase von mehreren Wochen wurden Tonaufnahmen angefertigt. „Die Schüler lasen dazu aus dem geübten Text jeweils den gleichen Abschnitt vor" (ebd.). Vier unabhängige Experten beurteilten jede Aufnahme. Die Experten waren als verblindete Rater voneinander unabhängig tätig, d.h. sie wussten weder über die Gruppenzugehörigkeit der Studienteilnehmer noch über das Urteil der anderen Experten Bescheid, sodass sie unvoreingenommen beurteilen konnten.

Auch die Ergebnisse des Ausspracheleistungstests zeichnen ein einheitliches Bild. Sowohl auf Klassenstufe 6 als auch auf Klassenstufe 7 beurteilten die Experten die Schülerinnen und Schüler der SL-Gruppen besser. Somit ist auch im Hinblick auf die Aussprache von einer „Überlegenheit des Szenischen Lernens gegenüber den traditionellen Methoden" (Hille et al. 2010: 346) auszugehen.

Im Rahmen einer Masterarbeit (Weigel 2013) in der Fachdidaktik Englisch an der FU Berlin wurden in Anknüpfung an die Studie von Hille et al. Daten in Klasse 8 erhoben, um zu untersuchen, ob bewegtes Lernen auch auf Transferleistungen bei der Aussprache förderlich wirkt. Anstelle eines geübten Textes wurden Wörter und Wendungen eingeführt und zwar wiederum in einer Gruppe mit Bewegungen, in der anderen ohne Bewegung. Nach Einführung und Übung der neuen Wörter durchliefen beide Gruppen einen Aussprachetest, wobei jedoch nicht die geübten Wörter abgefragt wurden, sondern gepaarte Wörter, d.h. solche, deren phonologische Eigenschaften mit jeweils einem der geübten Wörter übereinstimmten. Die Schülerinnen und Schüler mussten also nicht nur wiedergeben, was sie geübt hatten, sondern vielmehr die Aussprachemuster transferieren. Nach einigen Wochen fand eine Messwiederholung statt, um auch hier die längerfristigen Effekte erfassen zu können. Im Gegensatz zur Kontrollgruppe (ohne Bewegungen) sank in der Experimentalgruppe die Fehlerrate über die Zeit (sechs Wochen), d.h. auch hier zeichnete sich beim Bewegungslernen, zumindest in der Tendenz, eine Verbesserung der Leistung ab.

Durch die Anzahl der an der SL-Evaluationsstudie (Hille et al 2010) beteiligten Gruppen, die großen Effektstärken und die erreichten Signifikanzen ist nahezu ausgeschlossen, dass die Ergebnisse per Zufall zustande gekommen sind oder nur schwache Effekte abbilden. Trotzdem gilt es, die Wirkungen und Zusammenhänge weiter zu erforschen, nämlich u.a. in der Grundschule, mit spezifischen Fragestellungen und bei weiteren Zielsprachen. Die Studie von Sambanis & Speck (2010) bestätigt den behaltensförderlichen Effekt des Bewegungslernens für den Französischunterricht auf der Primarstufe. Auch hier wurden der Wortschatzerwerb und die Ausspracheleistung erfasst, außerdem hielt die umsetzende Lehrkraft ihre Beobachtungen und Deutungen in einer Art Forschertagebuch fest, wodurch ergänzende, für die Deutung wertvolle qualitative Daten vorliegen. Die Bewegungen wurden in diesen Klassen (Klassenstufe 4) nicht von der Lehrerin vorgegeben, sondern zumindest zum Teil mit den Kindern ausgehandelt. Außerdem berichtete die Lehrkraft davon, dass Schülerinnen und Schüler die Bewegungen bei den Tests nutzten, um sich erinnern zu können. Sie überlegten, führten die Bewegung aus, reagierten mimisch (*Ich hab's!*) und notierten das Wort bzw. ordneten es zu. Zwischen dem ersten Test und der Messwiederholung lagen die Osterferien, in denen die Wörter nicht geübt wurden, zumal die Kinder nichts von der Messwiederholung wussten. Durch diesen zweiten Test bestätigte sich das Phänomen, das sich bereits bei der SL-Studie gezeigt hatte: Die Bewegungsgruppe schnitt signifikant besser ab als die Kontrollgruppe, wobei sie ihre Leistung im Vergleich zum ersten Messzeitpunkt steigerte, also genau wie die Kinder auf dem SL-Gymnasium ohne weiteres Üben dazulernte. Die Kontrollgruppe verschlechterte sich hingegen im Vergleich zur Erstmessung signifikant, d.h. mehrere Wörter wurden über die Osterferien vergessen.

Eine weitere Bestätigung der behaltensförderlichen Langzeitwirkung des bewegten Fremdsprachenlernens liefert eine weitere in der Fachdidaktik Englisch an der FU Berlin vorgelegte Arbeit (Kinkel 2012). In diesem Fall wurde im Englischunterricht in der Grundschule bewegtes Lernen anhand von Yogafiguren umgesetzt. Im Zentrum des Unterrichts stand ein Kinderbuch, das gemeinsam bearbeitet wurde und aus dem bestimmte Vokabeln in den Wortschatz der Kinder überführt werden sollten. Diesen Wörtern ordnete die Lehrkraft Yogafiguren zu, sodass sie als symbolische Standbilder bzw. Bewegungen fungierten. Zum Beispiel wurde die Totenstellung, eine Position, bei der sich die Person in Rückenlage begibt und die Arme leicht geöffnet neben dem Körper ablegt, wobei die Handflächen nach oben zeigen, dem Adjektiv *venomous* (giftig) zugeordnet. Die Unterrichtseinheit fand kurz vor den Sommerferien statt, die Messwiederholung zur Ermittlung des längerfristigen Behaltens nach der sechseinhalbwöchigen Sommerpause, d.h. insgesamt zwei Monate nach der Unterrichtseinheit. Selbst nach dieser relativ langen Phase ohne weiteres Üben konnte ein signifikanter Effekt der Zeit festgestellt werden: Auch hier hatte die Bewegungsgruppe dazugelernt, die Kontrollgruppe vergessen. Bemerkenswert ist in diesem Fall außerdem, dass die Bewegungsgruppe trotzdem besser abschnitt, obwohl vorrangig aus dieser Gruppe Leistungsträger zum Schuljahresbeginn ans Gymnasium gewechselt hatten. Auf diese Weise konnte das Ergebnis der Messung nach den Ferien in der Bewegungsgruppe nicht von besonders leistungsstarken Kindern profitieren. Die festgestellte Steigerung der Behaltensleistung über die Zeit ist umso beeindruckender, und könnte sogar darauf hinweisen, dass gerade Kinder, die nicht zur Leistungsspitze zählen, vom Bewegungslernen profitieren. Dieser Detailaspekt müsste jedoch noch weiter erforscht werden.

Um eine stützende Wirkung von Bewegungen beim Einspeichern, Behalten und Abrufen von Inhalten erreichen zu können, müssen zwei Hauptbedingungen erfüllt sein: Erstens, die Bewegungen müssen, wie bereits oben erwähnt, von den Lernenden selbst mehrfach sprechbegleitend ausgeführt werden, sonst sind die Effekte geringer (vgl. Zimmer 2011, Macedonia et al. 2011, Sambanis 2013: 27). Zweitens, die zugeordneten Bewegungen müssen in sinnvoller Beziehung zum Gesagten stehen, sonst ist das Gehirn damit beschäftigt, die Widersprüchlichkeit aufzulösen, anstatt sich auf das Einspeichern zu fokussieren (vgl. Macedonia et al. 2011). Betrachtet man die Aktivierungsmuster im Gehirn (fMRT), so zeigen sich Unterschiede bei der Verarbeitung, je nachdem, ob sprechbegleitende Gesten als stimmig oder als zusammenhanglos eingestuft werden (vgl. Macedonia et al. 2011, Sambanis 2011). Bei stimmigen Bewegungen komme es zur Aktivierung motorischer Zentren („For […] iconic gestures, we observed brain activation in the premotor cortex“, Macedonia et al. 2011: 12), bei zusammenhanglosen Bewegungen würden hingegen metakognitive Prozesse angestoßen.

Für die Praxis des Fremdsprachenunterrichts lässt sich folgern, dass Bewegung nicht nur als Ausgleich zum Stillsitzen eingesetzt werden sollte, sondern insbesondere als Maßnahme, um den Lehr-Lern-Prozess zu fördern. Der derzeitige Stand der Forschung stützt, zumindest für die Bereiche Wortschatz und Aussprache, die Annahme einer förderlichen Wirkung von Bewegungen auf das Lernen einer Fremdsprache und ermöglicht erste Hinweise darauf, was bei der Umsetzung im Unterricht zu beachten ist (sinnvolle Bewegungen, eigene Ausführung usw.). Nun stellt sich die Frage, warum bewegter Unterricht solche Wirkungen zeigen kann. Was geschieht im Gehirn beim bewegten Lernen?

4.3 Ursachen

Die Frage, wie sich bewegtes Lernen als die motorische Auseinandersetzung des Lernenden mit dem Lernstoff (Kategorie 2), auf die Verarbeitung im Gehirn auswirkt, kann am besten beantwortet werden, wenn man die Unterschiede zwischen der Aktivierung beim Lernen mit und ohne Bewegung betrachtet. Ausgezeichnete Hinweise auf unterschiedliche Aktivierungsmuster liefert die Studie von Kiefer et al (2007). Um herauszufinden, wie sich der handelnde Umgang mit Objekten, deren Benennungen gelernt werden sollen, auswirkt, erfand die Forschergruppe um Kiefer 64 *Nobjects* (nicht existierende Objekte), denen sie Kunstnamen gab. Diese Objekte waren, davon konnten die Forscher dann mit Gewissheit ausgehen, allen Studienteilnehmern unbekannt, sodass die Gefahr, mögliche Vorkenntnisse könnten die Testergebnisse verzerren (Störvariable) auszuschließen war. Die an der Erhebung teilnehmenden Studierenden lernten die Namen der *Nobjects* in sechszehn Trainingssitzungen. Dabei wurden die Benennungen in einer Gruppe in Verbindung mit Handlungspantomimen geübt, durch die jedem *Nobject* eine bestimmte Handhabung unterstellt wurde. In der anderen Gruppe zeigten die Probanden beim Lernen lediglich auf ein Detail des *Nobjects*. Dadurch lernte die eine Gruppe mit sinnvollen Gesten (vgl. 4.2), während die andere ein sinnleeres Zeigen ohne Bedeutungsbeimessung durchführte. Hatte die unterschiedliche Vorgehensweise Auswirkungen auf die Leistungen und die Art der Verarbeitung im Gehirn?

Die Leistungen wurden durch Tests erfasst, bei denen Aufgaben wie das Zuordnen der *Nobjects* zu Kategorien zu lösen waren. Die Forschergruppe ermittelte die jeweiligen Reaktionszeiten und die Fehlerrate, wobei insgesamt die Gruppe mit der Handlungspantomime besser abschnitt. Im Einzelnen zeigte sich Folgendes: Bei frühen Testungen machte die Bewegungsgruppe weniger Fehler, was darauf schließen lässt, dass sie aufgrund der Zuordnung stimmiger Handlungspantomimen schneller lernten (vgl. Soden-Fraunhofen et al. 2007: 55). Zwar verbesserte die andere Gruppe nach weiteren Trainingseinheiten ebenfalls ihre Trefferrate, aber ein signifikanter Unterschied blieb bei den Reaktionszeiten erhalten: Die Bewegungsgruppe reagierte bei allen Testungen schneller, ohne dabei mehr Fehler zu machen als die andere Gruppe. Außerdem schnitt die Gruppe mit der Handlungspantomime „vor allem bei komplexen begrifflichen Leistungen“ (ebd.), wie dem Vergleichen und dem Herstellen von Beziehungen zwischen *Nobjects*, besser ab. Eine besonders anspruchsvolle Aufgabe, bei der die Bewegungsgruppe ebenfalls signifikant schneller reagierte, war wie folgt aufgebaut: Den Studienteilnehmern wurden anstelle der *Nobjects* nur deren Namen gezeigt. Die Probanden mussten sich also anhand des Namens an das zugehörige Objekt, dessen Form und Handhabung erinnern, um auf dieser Grundlage die Aufgabe des Vergleichens und der Zuordnung zu einer Kategorie lösen zu können: „Wer beim Lernen der Nobjects handelnd mit ihnen umging, konnte mit ihnen ganz offensichtlich mental besser (schneller) umgehen“ (Spitzer 2010c: 121-122).

Um außerdem Hinweise auf mögliche Ursachen und Deutungen der Testergebnisse zu erhalten, wurde von Kiefer et al. auch eine EEG-Studie im Rahmen des *Nobject*-Projekts durchgeführt. Wie zu Beginn von Kapitel 2 dargelegt, stellt die Elektroenzephalographie eine der Möglichkeiten dar, um die Hirnaktivität zu erforschen. Im vorliegenden Fall wurden mittels EEG und der ereigniskorrelierten Auswertung der Daten (vgl. Kap. 2) Erkenntnisse darüber gewonnen, wie das Gehirn mit den auf unterschiedliche Art gelernten Inhalten umgeht. Tatsächlich zeigte sich ein Unterschied zwischen den beiden Probandengruppen: „Nur bei der Pantomime-Gruppe konnte eine frühe Aktivierung motorischer Hirnregionen nachgewiesen werden" (Soden-Fraunhofen et al. 2007: 56). Dies bedeutet, dass bei der Gruppe, die mit stimmigen Bewegungen lernte, unmittelbar nach der sogenannten Reizdarbietung, also beim Wahrnehmen eines *Nobjects* bzw. dessen Namens, frontale motorische Areale deutlich aktiviert wurden. „Die Art, wie etwas gelernt wird, bestimmt die Art, wie das Gelernte kortikal repräsentiert ist" (Spitzer 2010c: 123), was wiederum die Testergebnisse, also den Lernerfolg beeinflussen kann. Dies zeigte sich besonders bei den anspruchsvollen Aufgaben des Erinnerns und Zuordnens der *Nobjects* an der Schnelligkeit des Abrufens und der Flexibilität der Anwendung des Gelernten.

Werden neue Wörter mit Bewegungen gelernt, so verarbeitet das Gehirn sie auf andere Weise als beim Lernen ohne Bewegung. Die Verknüpfung von Bewegung und Inhalt scheint, wurde sie einmal aufgebaut, stabil zu sein. Auch bei späterem Abrufen der Inhalte kommt es wieder zur Aktivierung der motorischen Areale. Ausgehend von Bewegungsverben konnte gezeigt werden, dass es sich um unterschiedliche motorische Areale handelt, je nachdem, ob sich das Verb auf Bewegungen des Gesichts, der Arme oder der Beine bezieht (vgl. Pulvermüller 2005: 576ff.). Beispielsweise ist für *kick* ein anderes motorisches Areal zuständig als für *lick*. Pulvermüller konnte außerdem nachweisen, dass die jeweiligen Bewegungsareale selbst dann aktiviert werden, wenn das Wort später, nach dessen Erwerb in Verbindung mit der Bewegung, gehört oder gelesen wird:

> „Understanding language means relating language to one's own actions, possibly because the automatic and extremely rapid linkage of sensory and motor information in our brains benefits comprehension and learning processes." (Pulvermüller 2005: 581)

Forscher gingen früher davon aus, dass beim Lernen möglicherweise verschiedene sensorische sowie mitunter auch motorische Informationen eingehen, dass diese aber konvertiert, also in eine allgemeine Information, z.B. zu einem neuen Wort, übertragen werden (amodale Gedächtnismodelle, vgl. Soden-Fraunhofen et al. 2007: 48). Das neuere modalitätsspezifische Gedächtnismodell basiert hingegen auf der Annahme, dass die sensorischen und motorischen Informationen nicht konvertiert werden, sondern als sensorische und motorische Informationen erhalten bleiben und sich miteinander vernetzen. Dieses Modell findet durch Studien wie die oben referierten Bestätigung, da diese unter Nutzung bildgebender Verfahren Nachweise dafür liefern, dass beim Abrufen „die sensorischen und motorischen Repräsentationen [tatsächlich als solche] reaktiviert werden" (ebd.). Dies bedeutet beispielsweise, dass beim Sprechen oder Hören des Wortes *kick* die entsprechenden motorischen Zentren aktiviert werden. Gleiches gilt für die *Nobjects* und deren Handlungspantomimen. Auch im Hinblick auf den Fremdsprachenunterricht gibt es keinen Grund zu der Annahme, dass das Gehirn die mit Bewegungen verknüpften Inhalte auf andere Weise verarbeitet. Die sehr guten Leistungen, die z.B. für das Szenische Lernen nachgewiesen wurden, sprechen dafür, dass auch hier eine frühe und intensive Aktivierung motorischer Areale stattfindet, die Einfluss darauf nimmt, wie das Gelernte gespeichert und wieder abgerufen wird. Soden-Fraunhofen et al. (2007: 48) führen für die behaltensförderliche Wirkung von Vorgehen, die es dem Lernenden erlauben, sich durch Bewegung mit dem Lerngegenstand motorisch auseinanderzusetzen, ein sehr treffendes Beispiel an: Sollen Schülerinnen und Schüler im Fremdsprachenunterricht das Wort *drum/tambour* lernen, und wird ihnen bei der Wortschatzeinführung ein Bild oder eine Trommel als Realgegenstand gezeigt, so wird *drum/tambour* im visuellen und, je nach Vorgehen, auch im akustischen semantischen System repräsentiert. Bekommen die Lernenden jedoch die Möglichkeit, beim Lernen des Wortes tatsächlich zu trommeln – unter Nutzung einer Trommel oder als Handlungspantomime –, dann wird Trommel „in den motorischen, akustischen und visuellen semantischen Systemen in räumlicher Nähe zu motorischen, akustischen und visuellen Kortizes repräsentiert" (ebd.).

Solche Erkenntnisse sprechen für mehrkanaliges Lernen. Auch bei der Evaluation des SL-Ansatzes waren sich Forscher und Lehrkräfte einig, dass die erstaunlichen Ergebnisse in Verbindung mit der multimodalen Enkodierung, also der Aufnahme über mehrere Sinneskanäle, stehen. Auf dem Hintergrund des modalitätsspezifischen Gedächtnismodells betrachtet, bedeutet dies, dass sich das Gehirn beim multimodalen Lernen mehr Repräsentationen schafft als beim reinen Zuhören, und dass die unterschiedlichen Repräsentationen untereinander vernetzt werden. Dabei kann man sich jede Repräsentation wie einen Knotenpunkt vorstellen, über den später die Erinnerung an den Inhalt wieder angestoßen, das Netzwerk aktiviert werden kann. Es ist also denkbar, dass bei einem Französischlerner das Wort *tambour* aktiviert wird, wenn er eine Trommel sieht oder eine Bewegung ausführt, die dem Trommeln gleicht. Beobachten Lehrkräfte im bewegten Fremdsprachenunterricht, dass Schülerinnen und Schüler, wie oben berichtet, beim Abrufen von Wörtern zuerst die Bewegung ausführen und danach erst sprechen oder das Wort aufschreiben, dann nutzen die Kinder einen der Knotenpunkte, in diesem Fall also die motorische Repräsentation, um wieder Zugriff auf die vernetzt gespeicherten Information zu erhalten. Dass vielgestaltige Repräsentationen und dadurch mehrere Knotenpunkte nicht nur das Abrufen erleichtern, sondern auch das Behalten stützen – mehrere Knotenpunkte und dichtere Vernetzungen verankern den Inhalt sicherer –, scheint plausibel. Ob dies jedoch alleine das beobachtete Phänomen der besseren Erinnerungsleistung beim Bewegungslernen im Fremdsprachenunterricht erklären kann, ist hingegen unwahrscheinlich. Neben der Aufnahme und dem Üben über mehrere Sinneskanäle, nehmen mit hoher Wahrscheinlichkeit auch nicht bewusste Reaktivierungen der Gedächtnisinhalte sowie Konsolidierungsprozesse (vgl. 3.4) Einfluss und tragen zur Unterschiedlichkeit der Erträge beim Lernen mit und ohne Bewegung bei. Wie aber kann es zu einer unbewussten Reaktivierung kommen?

Vorstellbar wäre, dass den zugeordneten Gesten etc. ähnelnde Bewegungen z.B. beim Spielen ausgeführt werden, wodurch die motorischen Repräsentationen der mit Bewegungen gelernten Vokabeln reaktiviert werden und damit über diesen Knotenpunkt eine unbewusste Wiederholung in Gang kommt. Auf diese Weise könnte die Bewegungskoppelung beim Lernen dazu führen, dass ohne bewusste Intention doch geübt wird.

Ferner sind, wie schon dargelegt, auch Konsolidierungsprozesse am Lernen beteiligt. Da der Schlaf besonders günstige Bedingungen für Nachbereitungsprozesse bietet, wurde der Zusammenhang von Schlaf und Konsolidierung bereits in den Blick genommen (vgl. 3.4). Obschon durch die Schlafforschung verschiedene Fragen noch nicht eindeutig beantwortet werden können, scheint es zulässig, davon auszugehen, dass in unterschiedlichen Schlafphasen unterschiedliche Konsolidierungsvorgänge oder Teilprozesse der Konsolidierung stattfinden. Ob tatsächlich im NREM-Schlaf eher das Wissen nachbereitet wird und im REM-Schlaf eher das Können, ist letztlich für die Beobachtungen in Zusammenhang mit bewegtem Fremdsprachenlernen nicht entscheidend. Wahrscheinlich ist jedoch, dass mit Bewegung gelernte Inhalte im Gegensatz zu Inhalten, zu denen nur eine Repräsentation entstanden ist, sowohl als Wissen als auch als Können klassifiziert und dadurch möglicherweise mehrfach, intensiver oder auf unterschiedliche Weise, vielleicht sowohl in REM- als auch in NREM-Phasen nachbereitet werden.

Das Schaffen mehrerer Repräsentationen gelingt natürlich nicht nur mit Bewegungen, allerdings scheint es, als ob Bewegungen ein besonderes Potential besäßen: Zunächst gibt es die eingangs aufgeführten sehr vielfältigen Gründe, die für bewegten Unterricht sprechen. Außerdem besitzen Bewegungen ein Ausdruckspotential, das in enger Verbindung zu Emotionen steht (vgl. Kap. 2). Über Körperhaltung, Körperbewegungen, Mimik und Gestik drücken wir unsere Stimmungen und Gefühle aus. Bewegungen ermöglichen also dem Lernenden die motorische Auseinandersetzung mit dem Lerngegenstand und schaffen zugleich die Möglichkeit, Bedeutungen und Assoziationen zum Ausdruck zu bringen. Bewegungen unterstützen die Verbindung zwischen Sprache, Motorik, Emotionen und Kognition und bewirken die Beteiligung der jeweils zuständigen Areale bzw. Netzwerke im Gehirn. Das führt uns zu der Frage, wo Sprache im Gehirn überhaupt verarbeitet wird.

4.4 Sprache im Gehirn

Wo wird Sprache bzw. genauer gefragt, wo werden die Komponenten von Sprache (vor allem Phonologie, Lexikon, Syntax) verarbeitet? Gibt es spezielle Sprachzentren im Gehirn, die dafür bzw. die für jeweils einzelne Komponenten zuständig sind? Die meisten Menschen beantworten diese Frage mit Ja, und nennen die zwei Areale Broca und Wernicke, die übrigens nach ihren Entdeckern im 19. Jahrhundert benannt wurden. Im Broca-Areal, so wird vermutet, sind grammatische Fähigkeiten verankert. Es soll „entscheidend für die Verarbeitung von Syntaxoperationen" (Friederici 2011: 108), also beispielsweise für das Verstehen von komplexen Sätzen sowie für „das Beherrschen der Sprachregeln" (Leßmöllmann 2013: 64), sein. Dem Wernicke-Areal wird hingegen eher die Zuständigkeit „für die lexikalischen (Wortschatz) Funktionen" (Schiffler 2012: 10) zugeschrieben. Außerdem wird das Wernicke-Areal gemeinhin mit dem Prozess des Verstehens in Verbindung gebracht, das Broca-Areal mit Sprachproduktion. Diese Zuschreibungen stützten sich zunächst auf Befunde von Patienten mit erkrankungs- oder verletzungsbedingten Schädigungen (Läsionen) eines der beiden Areale. Die durch eine Läsion in einem Sprachzentrum verursachte Sprachstörung wird als Aphasie bezeichnet. Die Broca-Aphasie, mitunter auch motorische Aphasie genannt, resultiert also aus einer Störung des Broca-Zentrums und äußert sich darin, dass Betroffene zwar weiterhin recht gut in der Lage sind, Sprache zu verstehen, sich jedoch Beeinträchtigungen bei der Sprachproduktion zeigen. Insgesamt sprechen die Betroffenen eher wenig aus eigenem Antrieb. Beim Sprechen kann es zu Auslassungen, z.B. von Funktionswörtern oder Flexionen, kommen. Das herausragende Symptom ist der sogenannte Agrammatismus, d.h. Syntaxoperationen gelingen kaum oder nicht mehr, der Satzbau ist sehr vereinfacht, reduziert oder nicht mehr erkennbar, sodass einzelne Wörter unverbunden nacheinander geäußert werden.

Das Hauptsymptom der Wernicke-Aphasie hingegen ist der sogenannte Paragrammatismus, d.h. Betroffene sprechen spontan, dabei oft flüssig und mit guter Artikulation, aber mit einem sogenannten überschießenden Satzbau. Dieser ist komplex, weist dabei aber fehlerhafte Verdoppelungen von Satzteilen und Verschränkungen von Sätzen auf, bei denen zumeist alternative Satzkonstruktionen verbunden werden. Bei der Wernicke-Aphasie kommt es auch zu Wortschöpfungen. Insgesamt ist die Sprache derart verändert, dass es für Kommunikationspartner schwierig ist, die Mitteilungen zu entschlüsseln und deren Sinn zu entnehmen.

Die Entdeckung der Zusammenhänge zwischen diesen Symptomen und der jeweils geschädigten Hirnregion durch Broca und Wernicke war zweifellos ein wichtiger Schritt auf dem Weg zur Beantwortung der Frage, wo sich Sprache im Gehirn befindet und wie Sprache verarbeitet wird. Doch noch ist die Funktion der beiden Areale nicht abschließend geklärt. „Vom Broca-Areal wird angenommen, dass es zwar an der Sprachverarbeitung beteiligt ist, aber deutlich weniger spezifisch als bislang gedacht – vielleicht wirken in ihm eher übergeordnete Kontrollmechanismen“ (Leßmöllmann 2013: 65). Ferner gilt die Annahme inzwischen als überholt, dass für Sprache nur diese beiden Hirnregionen zuständig wären, die übrigens „bei den meisten Menschen in der linken Gehirnhälfte liegen“ (Leßmöllmann 2013: 64). Durch die dank bildgebender Verfahren erweiterten Möglichkeiten der Erforschung des Gehirns muss sich die Frage, wo Sprache verortet ist, nicht länger ausschließlich auf Erkenntnisse stützen, die in Verbindung mit aphasischen Erscheinungen stehen. Mittlerweile darf davon ausgegangen werden, dass an sprachlichen Prozessen nicht nur einzelne Areale, sondern ganze Netzwerke beteiligt sind. Beispielsweise liegen Erkenntnisse dazu vor, dass bei der Verarbeitung syntaktischer Informationen unterschiedliche Zentren mitwirken, darunter auch das Broca-Areal (vgl. Friederici 2011: 107-108). Die verschiedenen Hirnregionen, die an der Sprachverarbeitung beteiligt sind, können natürlich nur effektiv zusammenarbeiten, wenn sie leistungsfähige Verbindungen ausprägen und diese als Netzwerke organisieren.

Letztlich ist sogar anzunehmen, dass z.B. am Verstehen von gesprochenen Sätzen nicht nur unterschiedliche Regionen der linken Hirnhälfte, sondern beide Hemisphären beteiligt sind, da die Satzmelodie neben Syntax und Semantik wichtige Informationen auf Satzebene transportiert. Melodische und musikalische Merkmale werden aber nicht linkshemisphärisch, sondern bei den meisten Menschen in der rechten Gehirnhälfte verarbeitet. Da die „lexikalische-semantische Information in der linken Hemisphäre verarbeitet wird“ (Friederici 2011: 112), die Satzmelodie jedoch rechts, braucht das Gehirn eine sehr gute Verbindung, die es der linken und der rechten Hemisphäre ermöglicht, rasch und effektiv zu interagieren. „Diese Interaktion wird durch eine Hirnstruktur sichergestellt, die die beiden Hemisphären miteinander verbindet, den sogenannten Balken (Corpus Callosum)“ (Friederici 2011: 111).

Der aktuelle Forschungsstand bestätigt also eine Beteiligung des Broca- und des Wernicke-Areals sowie die grundsätzliche Zuständigkeit bestimmter Areale für bestimmte sprachliche Funktionen. Allerdings kann nicht generell von einer Beschränkung auf einzelne Hirnregionen ausgegangen werden, wie es frühere Befunde nahelegten. Vielmehr verdichten sich die Hinweise auf miteinander interagierende Netzwerke, und auch die Verortung von Sprache ausschließlich in der linken Hemisphäre ist infrage zu stellen, was die Befunde zur Interaktion zwischen linker und rechter Hemisphäre beim Satzverstehen zeigen. „Zudem sind beim Kommunizieren noch andere Hirnregionen aktiv, etwa der Thalamus beim Verstehen von sprachlichen Fehlern. Ihn hatte man im neuronalen Konzert der Sprachverarbeitung lange als unbeteiligt angesehen“ (Leßmöllmann 2013: 64). In den kommenden Jahren sind weitere Erkenntnisse und Sprachverarbeitungsmodelle zu erwarten, die unsere Vorstellungen von Sprache im Gehirn, von Zuständigkeiten, Funktionen einzelner Areale, von untereinander vernetzten Strukturen usw. erweitern und vielleicht auch stellenweise modifizieren werden.

Viele Fremdsprachenlehrkräfte haben im Zuge ihres Studiums gelernt, dass Sprache in der linken Hemisphäre verortet sei, und mancher fürchtete, der Unterricht spreche folglich nur die linke Hemisphäre an. Man müsse aber doch beide Hemisphären aktivieren, sodass sich die Frage stellte, ob vielleicht kompensatorisch methodische Schritte zu ergreifen seien. Müssen z.B. durch das Ausführen verschränkender Armbewegungen, wie der liegenden Acht, zu Beginn der Unterrichtssunde beide Hemisphären und ihre Vernetzung sozusagen erst noch angeschaltet werden? Auf dem Hintergrund dessen, was oben über die Verarbeitung von Sprache und die Beteiligung der Hemisphären zusammenfassend dargestellt wurde, darf davon ausgegangen werden, dass in einem lebendigen Fremdsprachenunterricht, in dem die Zielsprache gesprochen und in sinnvollen Zusammenhängen verwendet wird, auch ohne liegende Acht, deren Wirkung sowieso umstritten ist, beide Hemisphären gefordert sind. Dies schließt nicht aus, dass andere Gründe, wie langes Stillsitzen in der vorausgegangenen Unterrichtsstunde, möglicherweise für einen bewegten Einstieg sprechen. Außerdem können Bewegungen, wie der nächste Abschnitt zeigen wird, zur Hervorhebung von wichtigen Strukturen, Regeln und Mustern genutzt werden.

4.5 Bewegungen und sprachliche Muster

Das Gehirn sucht ständig nach Mustern und Regeln bzw. es generiert Regeln. Neue Informationen werden dahingehend geprüft, ob sie Regelmäßigkeiten aufweisen und sich an andere, bereits im Gehirn repräsentierte Muster anbinden oder in diese einfügen lassen. „Um etwas so Komplexes wie eine Sprache überschaubar und verarbeitbar zu machen, ist das Gehirn [...] darauf angewiesen, Muster zu erkennen" (Sambanis 2010: 22) oder Muster zu generieren. Diese Arbeitsweise des Gehirns lässt sich an einem Beispiel veranschaulichen (vgl. Ebert 2010: 261-262): Stellen Sie sich vor, jemand zeichnete zwölf gleichlange schwarze Linien irgendwie kreuz und quer auf ein Papier, und Sie hätten die Aufgabe, sich diese Darstellung ganz rasch, aber dauerhaft einzuprägen, sodass Sie sie jederzeit aus dem Gedächtnis wiedergeben könnten. Keine einfache Aufgabe, die die meisten verständlicherweise nur mit Abweichungen vom Original bewältigen könnten. Wenn nämlich die übers Papier gestreuten Linien in ihrer Anordnung und Ausrichtung kein Muster ergeben, hat das Gehirn eine Aufgabe zu lösen, die seiner Arbeitsweise nicht entgegenkommt. Wären die zwölf gleichlangen Linien hingegen symmetrisch als Würfel angeordnet, könnte das Gehirn die Information rasch verarbeiten, und die Aufgabe wäre leicht lösbar. Was die Anzahl und Länge der Linien angeht, enthalten zwar beide Darstellungen dieselben Informationen (vgl. Ebert 2010: 261), aber die Anordnung der Linien, die einmal willkürlich, einmal hingegen regelmäßig einem Muster entsprechend ist, unterscheidet sich. In diesem Zusammenhang könnte man von einer gehirn- oder verarbeitungsunfreundlichen und einer gehirn- oder verarbeitungsfreundlichen Darstellung sprechen.[12]

---

[12] Die Adjektive *gehirngerecht* oder *gehirnfreundlich* werden in Zusammenhang mit Lernen oft so gebraucht, dass sich dem kritischen Leser die Frage stellt, was sie eigentlich aussagen sollen und wie mögliche Antonyme lauten könnten: „*Brain-based learning* (gehirngerechtes Lernen) ist ein etwa so sinnvoller Ausdruck wie *leg-based running* (beingerechtes Laufen)" (Spitzer 2010b: 63). In obigem Beispiel werden jedoch zwei Präsentationsformen einander gegenübergestellt, die sich dadurch auszeichnen, dass eine der Arbeitsweise des Gehirns entgegenkommt (gehirn- oder verarbeitungsfreundlich), die andere hingegen nicht.

Strukturen, Ordnung und Muster sind wichtig und entlastend, sogar so wichtig, dass das Gehirn Strukturen konstruiert und Zusammenhänge herstellt, wo sie eigentlich gar nicht existieren: „'Wärme dehnt die Dinge aus – deswegen sind die Tage im Sommer länger!' Klingt logisch, ist aber falsch" (vgl. Ebert 2010: 262). Dies ist zwar kein ernsthaftes Beispiel, aber eine humorvoll-provokative Anspielung darauf, dass das Gehirn ständig Zusammenhänge herstellt und Erklärungsmuster sucht, um Informationen und Wahrnehmungen deuten und sie dadurch einordnen zu können.

In einer Studie zur Erforschung der Arbeitsweise des Gehirns verwendeten Sigala & Logothetis (2002) Bildmaterial, das sich durch seine eindeutige, dabei aber nicht anspruchslose Struktur sehr gut eignet, um zu zeigen, wie das Gehirn Muster herausfiltert und wie es, besonders bei klarem, überschaubarem Input sogar rasch in der Lage ist, Wichtiges von Unwichtigem zu unterscheiden. Die Forscher setzten stilisierte Bilder von Fischen und menschlichen Gesichtern ein, um die Kategorisierungsfähigkeiten von Makaken, einer den Meerkatzen verwandten Primatengattung, zu trainieren. Für die Kategorisierung mussten die Makaken jeweils vier Merkmale des Bildmaterials erkennen und entscheiden, welche davon relevant und welche irrelevant waren. Bei den Gesichtern gab es die vier Merkmale Augenhöhe, Abstand zwischen den Augen, Nasenlänge und Mundhöhe, wovon nur die ersten beiden für die Kategorisierung von Bedeutung waren. Das Ziel der Studie bestand eigentlich darin, herauszufinden, ob bestimmte Neuronen im temporalen Cortex auf Objektmerkmale reagierten (vgl. Sigala & Logothetis 2002: 318). Solches Bildmaterial kann jedoch auch verwendet werden, um herauszufinden, wie das menschliche Gehirn mit Input umgeht, in dem sich leicht Muster entdecken lassen. Insbesondere die sehr stilisierten Gesichter mit einer ovalen Form als Kontur, zwei Punkten als Augen, einem vertikalen Strich als Nase sowie einem horizontalen als Mund eignen sich. Auf die Abbildung weiterer Merkmale (Ohren, Augenbrauen etc.) wird verzichtet, um die Aufgabe nicht zu komplex zu machen. Dieses Bildmaterial kann Probanden für eine rasche Sichtung vorgelegt werden (bereits mehrfach erprobt mit Studierenden, Lehrkräften, Dozenten, vgl. Sambanis 2010: 22). Diese machen sich kurz mit den Gesichtern vertraut, ohne ihre Beobachtungen zu kommunizieren und ordnen die Gesichter danach zwei unterschiedlichen Kategorien zu. Obschon die Probanden nicht wissen, welche Merkmale entscheidend und welche zufällig verteilt sind, erreichen sie in der Regel eine hohe Trefferquote bei der Kategorisierungsaufgabe, was darauf hinweist, dass das Gehirn in der Lage ist, die relevanten Muster aus dem Input herauszufiltern und diese bei der Kategorisierung anzuwenden.

Ähnlich kann man sich das Herausfiltern von Mustern oder Regeln aus sprachlichem Input vorstellen. Das Beispiel illustriert, dass die Mustererkennung dann besonders gut funktioniert, wenn der Input weder zu komplex und zu variabel ist, noch zu einfach, um überhaupt Muster zu transportieren. Auf den Wortschatzerwerb übertragen ließe sich schließen, dass *chunks* (formelhafte Wendungen, weitgehend feststehende Sprachbausteine) einen ähnlich überschaubaren und dennoch gehaltvollen, für die Musterextraktion geeigneten Input darstellen wie die stilisierten Bilder in der Studie. *Chunks* transportieren Einzelwörter innerhalb von Mehrwortkonstruktionen. Um lexikalische Kompetenz zu erreichen, braucht es nicht nur Einzelwörter, sondern vielmehr einen Wortschatz, der es ermöglicht, in variablen Interaktionen, oftmals auch im interkulturellen Kontext, kommunikativ erfolgreich zu sein. Dazu sind vor allem direkt anwendbare, kommunikativ funktionale sprachliche Fertigteile, die schnell verfügbar sind, nötig. Demzufolge darf Wortschatzvermittlung nicht auf Einzelwörter ausgerichtet sein, sondern muss ebenso situativ übertragbare, pragmatisch wertvolle *chunks* berücksichtigen (vgl. Sambanis 2007: 190ff.). Wie Lewis (2002) in Zusammenhang mit seinem *Lexical Approach*, einem „für die Wortschatzvermittlung sehr bedeutenden Ansatz“ (Thaler 2012b: 225), betont: „much language consists of multi-word ‘chunks‘ “ (Lewis 2002: vi). Wortschatzarbeit ist, aus dieser Perspektive betrachtet, an der Schnittstelle zwischen Lexik, Pragmatik und Grammatik angesiedelt. Da sich *chunks* als inhaltlich zusammengehörende Wortgruppen aus sonstigem Input herauslösen lassen und dadurch überschaubar sind, eignen sie sich besonders, um als Prototypen für sprachliche Muster verarbeitet und entsprechend im Gehirn abgespeichert zu werden. Diese „als Versatzstücke eingesetzten Sprachmittel [bilden] die Grundlage, auf der, vereinfacht, die sprachlichen Regeln nach und nach abgeleitet werden“ (Kniffka 2013: 5).

Durch Bewegungen kann die Aufmerksamkeit gelenkt und das Herausfiltern wichtiger Muster und Regeln erleichtert werden. Würde, um nochmals auf das Beispiel der stilisierten Gesichter zurückzukommen, das Bildmaterial zusammen mit Handbewegungen präsentiert, die auf die Augenhöhe und den Abstand zwischen den Augen hinwiesen, wäre es gewiss leichter, diese Merkmale besonders schnell zu entdecken, sie als relevant zu identifizieren, und dem Gehirn die Möglichkeit zu geben, sich gezielt damit auseinanderzusetzen. Für den Fremdsprachenunterricht bedeutet das zwar keineswegs, dass von reichhaltigem Sprachangebot und vielfältigen Gelegenheiten zur Sprachanwendung Abstand genommen werden müsste, um stets eindeutige und klare Muster zur Verfügung zu stellen. Wenn aber die Schülerinnen und Schüler dadurch entlastet werden können, dass sie Muster erkennen bzw. sich Regeln bewusst werden (*Patterning*, Willis 2010: 59-60), dann erscheint es durchaus sinnvoll, phasenweise besonders klares Sprachmaterial anzubieten und zusätzlich Möglichkeiten zur Hervorhebung durch Bewegungen, Farben etc. zu nutzen.

Weitere Techniken, die *Patterning* unterstützen, sind (in Anlehnung an Willis 2010: 59-60):

- sich über Beobachtungen zu sprachlichen Mustern, Regelhaftigkeiten und Abweichungen in der Klasse austauschen, um das Bewusstsein der Lernenden dafür zu erhöhen
- zur Sichtbarmachung von Mustern und möglichen Verknüpfungen Visualisierungstechniken nutzen
- Vernetzungen zu Vorwissen und Querverbindungen zu anderen Themen und Fächern herstellen, sodass Anknüpfungsmöglichkeiten sichtbar werden
- individuell Notizen und Visualisierungen anfertigen sowie gemeinsam gesammelte Punkte oder Beispiele strukturieren lassen, um solchen Darstellungsweisen Raum zu geben, die für den Einzelnen sinnvoll und hilfreich sind
- autokorrektive Materialien einsetzen, die nicht der Notengebung dienen, sondern der Orientierung der Schülerinnen und Schüler sowie als Ansatzpunkt zu gezieltem individualisiertem Weiterarbeiten
- Vorhersagen machen lassen, nach der Erarbeitung auf sie zurückkommen, die Vorhersagen entsprechend modifizieren, präzisieren oder ergänzen
- multisensorisches Lernen ermöglichen (vgl. 4.2)

Praxisfenster

Claudia: Ich finde es gut, sich bewusst zu machen, dass das Gehirn versucht, außer Verbindungen auch Muster zu finden. Das heißt zwar ganz und gar nicht, dass moderner Fremdsprachenunterricht nur Muster und Regeln zu lehren hätte, dass sie aber eine Lernhilfe sein können, sollte man, denke ich, berücksichtigen.

Peter: Ich erinnere mich, von Studien gelesen zu haben, die untersuchten, ab wann Kleinkinder in der Lage sind, sprachliche Muster zu erkennen und diese zu übertragen. Unglaublich, aber wahr: Schon ab dem siebten Lebensmonat![13] Das Gehirn scheint bereits ganz früh darauf ausgerichtet zu sein.

Uli: So früh schon auf Mustersuche? Das scheint ja wirklich eine wichtige Strategie des Gehirns zu sein, um sich nicht in der Fülle der Eindrücke zu verlieren. Sprachliche Muster behandeln wir im Unterricht u.a., wenn wir Grammatik in den Fokus rücken, wobei es natürlich ganz unterschiedliche Auffassungen davon gibt, ob, wozu und wie Grammatik im Fremdsprachunterricht Beachtung finden soll. Wenn wir bei dem Gedanken bleiben, dass sprachliche Muster die Verarbeitung erleichtern können, welches Beispiel aus dem Englisch- oder Französischunterricht finden wir dafür?

Hanna: Mir fällt spontan die Zeitenfolge in den *if-clauses* oder *si*-Sätzen ein. Wenn man dafür jeweils zwei Handbewegungen in Folge verwenden und diese bei verschiedenen Mustersätzen mehrfach gemeinsam beim Sprechen ausführen würde, könnte es den Schülern helfen.

Uli: Außerdem ließen sich die Handbewegungen in Übungs- und Anwendungsphasen zum Hinweis auf Fehler als diskretes, aber vielleicht die Verknüpfungen im Gehirn aktivierendes Feedback einsetzen.

Claudia: Um nochmals auf die Unterscheidung der beiden Möglichkeiten, Bewegungen und Lernen im Fremdsprachenunterricht zu verbinden, zurückzukommen: Mir scheint, als sei das Chorsprechen wirklich ganz besonders wichtig, wenn Bewegungen als direkte Unterstützung des Lernprozesses eingesetzt werden. Erst durch die mehrmalige Wiederholung von Sprache und Bewegung wirkt sich die Verbindung, wie wir gehört haben, stützend aus. Was meint ihr, wie oft müssen die Schüler wiederholen?

Peter: Ich gehe von mindestens acht bis zwölfmal aus.

Uli: So in etwa hätte ich auch geschätzt. Damit die Wiederholungen nicht langweilig werden, würde ich sie aufteilen. Zuerst drei- bis viermal hintereinander dasselbe Wort samt Bewegung sprechen, vielleicht die Lautstärke auf- und abbauen, dann Reihen bilden, die Abfolge variieren, sich in kleineren Gruppen den Wortschatz gegenseitig zuspielen, sich die Bewegungen vormachen und die Wörter oder Wendungen dazu erraten usw. Dann kommt man ziemlich rasch auf zwölf Wiederholungen oder sogar mehr, ohne die Aufmerksamkeit oder Geduld der Schüler zu strapazieren.

Hanna: Ein Vorteil von Chorsprechen ist aus meiner Sicht, dass alle gleichzeitig aktiviert werden und zumindest versuchen können, mit den Wörtern und deren

[13] Vgl. Marcus et al. (1999), Friederici (2011).

Aussprache zurecht zu kommen, was sie nämlich sonst nicht unbedingt täten und schon gar nicht mehrmals. Der Nachteil ist, dass man als Lehrkraft nicht heraushört, wie einzelne Schüler die Wörter aussprechen, und ob es Fehler gibt, die man aufgreifen sollte. Da muss man als Lehrer lernen, phasenweise etwas gelassener zu bleiben, denn Chorsprechen dient nun eben vorrangig dem Ausprobieren im geschützten Raum.

Peter: Was mich noch interessiert: Wie setzt ihr eigentlich Bewegungen auch zur Auflockerung und Abwechslung jenseits der etablierten und eher bekannten Vorgehensweisen sonst noch ein?

Uli: Meine Klassen spielen zum Beispiel gerne den *Humpty Dumpty* im Englischunterricht, ein Spiel mit Platzwechsel, bei dem ein Frage- und Antwortmuster eingeübt wird. Alle sitzen im Stuhlkreis, bis auf ein Kind, das wartet kurz vor der Türe oder mit dem Rücken zur Klasse in der Leseecke. Im Sitzkreis wird leise vereinbart, welches Kind *Humpty Dumpty* ist. Dann kommt der wartende Schüler oder die Schülerin zurück zur Gruppe, stellt sich in die Mitte des Kreises und befragt Kind für Kind: *Are you Humpty Dumpty?* Lautet die Antwort *yes*, wechseln alle die Plätze. Ein Kind bleibt übrig, und das Spiel beginnt von neuem. Bei älteren Schülern kann die Frage-Antwort-Sequenz erweitert werden. Beispielsweise ließe sich vereinbaren, dass die entscheidende Frage *Are you Humpty Dumpty?* immer erst dann gestellt werden darf, wenn davor zumindest eine andere Frage, z.B. nach dem Befinden (*Are you hungry/thirsty/cold...?*), formuliert und beantwortet wurde.

Claudia: Für den Sitzkreis gibt es ganz viele Bewegungsmöglichkeiten. Weil es vorhin beim Szenischen Lernen auch um Aussprache ging, erkläre ich euch mal, wie ich mit meinen Grundschulklassen *Wogensprechen* mache. Also, wir sitzen im Kreis, und ich suche ein Wort oder eine Wendung aus, spreche sie vor und gebe sie durch Zunicken in eine Richtung im Kreis weiter.

Uli: Mit oder ohne Bewegung zum Wort?

Claudia: Oft mit Bewegung, aber die Bewegung kommt noch auf eine andere Art dazu, nämlich durch Aufstehen. Man steht nämlich auf, bevor man das Wort sagt. Und man spricht es jedes Mal wieder mit, wenn das nächste Kind im Kreis aufsteht und das Wort ausspricht. Auf diese Weise läuft das Wort um die ganze Runde bis es wieder beim Absender ankommt. Der Absender bin natürlich nicht immer ich, auch die Kinder sollen Wörter herumschicken.

Hanna: Und *Wogensprechen* heißt es, weil ihr alle nacheinander aufsteht und so eine Welle macht?

Claudia: Ja, aber auch, weil der Sprechchor mit jedem Kind, das dazukommt, etwas lauter und kräftiger wird. So machen wir gemeinsam akustisch und optisch eine Welle.

Peter: Und die lässt sich auf- und auch wieder abbauen.

Claudia: Genau. Was mir daran gefällt, ist, dass der Effekt der Woge nur entsteht, wenn alle dazu beitragen. Das hat etwas Gruppendynamisches. Außerdem wird dasselbe Wort mehrmals wiederholt, aber es wird trotzdem nicht langweilig, weil jeder zur Woge beiträgt.

Hanna: Eigentlich ist das doch eine Mischung aus Chorsprechen und Sprechen in der Kleingruppe bzw. Einzelsprechen am Anfang und Ende der Woge.

Claudia: Ja, anders als beim Chorsprechen kann ich heraushören, ob Schüler Schwierigkeiten mit der Aussprache haben. Hanna, du hast vorhin darauf hingewiesen, dass du dich manchmal beim Chorsprechen fragst, ob alle in der Klasse mit der Aussprache zurechtkommen oder ob Fehler gemacht werden. Beim *Wogensprechen* kann man das beurteilen, trotzdem ist mein Ziel beim *Wogensprechen* genau wie beim Chorsprechen das Üben und Ausprobieren, weniger das perfekte Abliefern. In der Situation unterbreche ich auch nicht, um zu korrigieren, sonst käme die Wellenbewegung ins Stocken. Aber ich bekomme Hinweise darauf, welche Klangbilder noch nicht ganz klar sind und kann das später aufgreifen. Wenn wir zusätzlich zu jedem Wort und dem Aufstehen eine Handbewegung ausführen oder bereits zugeordnete Bewegungen wiederholen, ist das eine schöne Übungsphase, die eigentlich beide Aspekte verbindet: Bewegungen als direkte Unterstützung des Lernens und als Abwechslung zwischendurch.

Hanna: Mit solchen Kreisaktivitäten tun sich meine Heranwachsenden allerdings manchmal schwer. Trotzdem finde ich dieses *Wogensprechen* richtig gut. Ich werde es einfach modifizieren, meine Schüler in einer langen Reihe hintereinander auf den Boden hocken lassen. Der Erste steht auf und sagt ein Wort, der Zweite schließt sich an und wiederholt zusammen mit dem Ersten das Wort usw. Da sie hintereinander stehen, können sie sich zumindest nicht mit Blickkontakt und Grimassen gegenseitig aus dem Konzept bringen. Die Woge hätten wir trotzdem, wenn auch nicht im Kreis.

Peter: Und sie wären alle froh, wenn sie Sprechen und dabei wieder aus der Hocke aufstehen dürften.

Hanna: Ja, das könnte klappen. Was übrigens meine Teenager gerne machen, sind Übungen, bei denen sie mit Fliegenklatschen auf Wortkarten schlagen dürfen. Am größten ist der Anreiz, wenn man das als Wettspiel aufzieht. Wertvoll ist aber auch die Vorbereitungsphase.

Peter: Was macht ihr da?

Hanna: Wir tragen zuerst Wortschatz zusammen, mit dem dann später gespielt wird. Dabei wiederholen wir viel, schreiben die Wörter auf Karten, sodass auch das Schriftbild präsent ist. Die Karten werden dann an der Tafel sortiert, die Wörter in Beispielsätze eingebettet oder *chunks* dazu genannt, geordnet und vernetzt, was bedeutet, dass beim Wiederholen gemeinsam über die Bedeutung und Anwendungsmöglichkeiten der Wörter nachgedacht und gesprochen wird. Beim Whiteboard lässt sich das genauso machen, man braucht nur keine Wortkarten.

Uli: Ihr schafft also Zusammenhänge und findet Muster.

Hanna: Ja. Da meine Schüler die Fliegenklatschen-Aktivität mögen, sich darauf freuen und dabei gerne gut mithalten wollen, sind sie beim vorbereitenden Sammeln eigentlich immer sehr konzentriert und ganz bei der Sache. Fürs Wörterklatschen wird dann die Klasse in zwei Gruppen aufgeteilt. Die eine Gruppe bekommt die blaue, die andere die rote Fliegenklatsche. Ich stelle mich genau vor die Wortschatzsammlung, eine Gruppe stellt sich als Schlange links von mir auf, die andere rechts von mir und zwar in vergleichbarem Abstand zur Wortschatzsammlung. Die beiden vorderen Schüler halten jeweils eine Fliegenklatsche in der Hand. Dann trete ich aus der Gefahrenzone, umschreibe eines der Wörter, mache die Bewegung oder wiederhole einen unserer Beispielsätze mit einem Piepton anstelle des gesuchten Wortes, und die beiden Schüler schlagen mit den Fliegenklatschen so schnell wie möglich auf die zugehörige Karte.

Claudia: Wie weißt du, wer schneller war?

Hanna: In der Regel sieht man es schon beim Klatschen, aber die Schüler halten die Fliegenklatschen in Position, bis der Punkt gezählt ist, sodass eindeutig nachvollziehbar ist, welche Fliegenklatsche zuunterst auf der Wortkarte ist.

Peter: Mit der Unter- und Mittelstufe lässt es sich so bestimmt prima Wörter abklatschen. Mir gefällt dabei, dass ihr durch die Beispielsätze eine Brücke schlagt zur kommunikativen Anwendung von Wörtern und grammatischen Strukturen. Ich bin überzeugt davon, dass dieses Wörterklatschen bei bestimmten Altersgruppen einen hohen Aufforderungscharakter hat, und dass es bewegt und bewegend ist, also motorisch und emotional ansprechend. Bei Bewegung und Lernen ist für mich nicht nur wichtig, dass man die Verbindung herstellt, sondern auch, wie man beides verbindet. Bewegung ist für mich nicht nur ein stützender Lernzugang, sondern ein Medium, um sich auszudrücken und mitzuteilen. Außerdem können durch Körperbewegungen Sprache und Sprechhandlungssituationen auch im Klassenzimmer physisch erlebt werden. Bewegung ist in meinem Fremdsprachenunterricht eng mit Dramapädagogischem verknüpft.

4.6 Zusammenfassung

Für die Berücksichtigung von Bewegung im Fremdsprachenunterricht wurden zu Beginn des Kapitels verschiedene Gründe angeführt, auf die wir an dieser Stelle kurz zurückkommen wollen. Ausgehend von aktuellen Studien zur Kinder- und Jugendgesundheit wurde auf anthropologische und gesundheitserzieherische Gründe, die auf den ersten Blick nur in indirektem Zusammenhang mit dem Fremdsprachenunterricht zu stehen scheinen, hingewiesen. Sie sprechen für eine Einbindung von Bewegung auch nach der Grundschule, wo Bewegung als eines der Prinzipien des kindgemäßen Unterrichts weitgehend anerkannt ist. Da Sprache und Bewegung von Natur aus miteinander verwoben sind, wurde argumentiert, dass diese Verbindung im Unterricht zu berücksichtigen und zu nutzen sei.

Motivationale Gründe sprechen vor allem dafür, Bewegung im Fremdsprachenunterricht zur Abwechslung einzubinden, während für den Einsatz von Bewegungen zur Unterstützung von Lernprozessen vorrangig lerntheoretische und neurophysiologische Gründe angeführt werden können. In diesem Sinne wurden die zwei Bewegungskategorien (Abwechslung/Ausgleich und Unterstützung des Lernprozesses, vgl. 4.1) unterschieden, ihre Wirkungsweise beschrieben und Beispiele für die Unterrichtspraxis gegeben. Die Effekte der Verbindung von Bewegung und Sprache zum Zweck der Unterstützung des Lernens wurden dabei genauer beleuchtet (vgl. 4.2) und Zusammenhänge erklärt (vgl. 4.3). Darauf basierend kann die Empfehlung ausgesprochen werden, Bewegung nicht nur als Ausgleich zum Stillsitzen, sondern ebenso zur Unterstützung des Lernprozesses zu nutzen.

Ferner wurde in Kapitel 4 die Frage, wo Sprache im Gehirn verarbeitet wird, aufgegriffen (vgl. 4.4) und das Herausfiltern oder Hineininterpretieren von Mustern, Regeln und Zusammenhängen als Strategie zur Verarbeitung der Fülle an Eindrücken beschrieben (vgl. 4.5). In diesem Zusammenhang wurden Möglichkeiten dargestellt, um dieser Arbeitsweise des Gehirns entgegenzukommen, d.h. im Fremdsprachenunterricht beispielsweise durch Visualisierungen oder Bewegungen das Erkennen von Regeln und Mustern zu erleichtern.

Das folgende Kapitel führt das Thema Bewegung im Hinblick auf den dramapädagogischen Fremdsprachenunterricht und dessen besondere Bewegungsorientierung weiter.

5. Dramapädagogik

Was bedeutet eigentlich dramapädagogischer Fremdsprachenunterricht? Beantworten wir diese Frage, indem wir sie zunächst umgekehrt stellen, dadurch die Perspektive verkehren und herausarbeiten, was er, entgegen verbreiteter Annahmen, nicht bedeutet. Dramapädagogischer Fremdsprachenunterricht zielt nicht auf möglichst perfekte Inszenierungen. Dramapädagogik und Theaterpädagogik sind, wie weiter unten noch gezeigt wird, keine synonymen, austauschbaren Begriffe, sondern beziehen sich auf unterschiedliche Konzepte. Dramapädagogik bedeutet nicht, eine Fremdsprache ausschließlich oder vorrangig durch Bearbeitung und Inszenierung von Texten, die der literarischen Gattung Drama (Komödien, Tragödien) zuzurechnen sind, zu lehren. Dramapädagogischer Fremdsprachenunterricht muss kein Zusatzangebot sein und damit nicht zwingend der Rubrik *Was denn noch alles?* zugerechnet werden. Dramapädagogik kann vielmehr, wie im Folgenden noch gezeigt wird, zur unterrichtsmethodischen Gestaltung eines abwechslungsreichen, emotional und kognitiv ansprechenden interaktiv-kommunikativen, kompetenzorientierten Fremdsprachenunterrichts beitragen.

„Dramapädagogik ist eine ganzheitliche Lehr- und Lernmethode" (Moraitis 2011), die im Besonderen pragmatische, interaktiv-kommunikative, aber auch methodisch-reflexive Kompetenzen fokussiert, sich jedoch nicht auf diese beschränkt. Die Ganzheitlichkeit des Ansatzes zielt nämlich darauf ab, im dramapädagogischen Unterricht unter Berücksichtigung der intellektuellen, körperlichen, ästhetischen und emotionalen Dimensionen des Lernens, letztlich die Entwicklung sämtlicher Kompetenzen zu fördern: Hörverstehens- und Hör-Seh-Verstehenskompetenz, Sprech-, Lese-, Schreib- und Sprachmittlungskompetenz, phonologische, lexikalische, grammatische und pragmatische Kompetenz, Textkompetenz, literarische und interkulturelle Kompetenz, Methoden- und Medienkompetenz (vgl. Thaler 2012b: 159ff.). Dramapädagogischer Unterricht zeichnet sich ferner durch seine besondere Handlungsorientierung aus, worauf übrigens schon das Wort Drama, vom Griechischen δράω (handeln), hinweist.

Die Wurzeln von Dramapädagogik „as a means to reach educational goals" (Blöchl 2012: 40) gehen zurück bis ins 18. Jahrhundert, wo bereits „Überlegungen für einen handlungsorientierten Fremdsprachenunterricht" (Moraitis 2011) in Verbindung mit Theatermethoden angestellt wurden. Das britische *Drama in Education* (vgl. Bolton 1984) gilt als der wahrscheinlich wichtigste Einflussgeber für die weitere Entwicklung u.a. im deutschsprachigen Raum und damit auch für heutige dramapädagogische Konzepte. In Großbritannien existiert das Schulfach *Drama* bereits seit den 1950ern (vgl. Surkamp 2010: 38). In Deutschland hat es als *Darstellendes Spiel* (DS) erst vor einigen Jahren Einzug in den Fächerkanon einiger Bundesländer genommen, darunter Berlin, Nordrhein-Westfalen und Hamburg. Die Hansestadt nimmt hierbei eine Vorreiterrolle ein, da dort DS seit dem Schuljahr 2011/2012 durchgängig von der Schuleingangsstufe bis zum Abitur angeboten wird. In der Grundschule ist in Hamburg DS mindestens einstündig ab Klasse 1 als Pflichtfach verankert.

In Deutschland soll die Bezeichnung *dramapädagogisch* in Zusammenhang mit DaF (Deutsch als Fremdsprache) erstmals 1988 in die Fachdiskussion eingebracht worden sein (vgl. Moraitis 2011). Seit Anfang der 1990er befassen sich auch die Fremdsprachendidaktiken in Deutschland mit der *Dramapädagogik*. Manfred Schewes *Fremdsprachen inszenieren* (1993) gilt als erste wegweisende Veröffentlichung. Sie setzt den dramapädagogischen Fremdsprachenunterricht in enge Beziehung zum kommunikativen Unterricht und schreibt dramapädagogischen Übungen das Potential zu, sämtliche Fertigkeiten entfalten zu können. Seitdem sind Materialien (z.B. Maley & Duff 2002, Elena 2011, Sambanis et al. 2013) und verschiedene, oftmals theoretisch fundierte Konzepte für den DaF-Bereich (z.B. Evens (2003) Ansatz der Drama Grammatik) sowie für den Fremdsprachenunterricht publiziert worden (z.B. Kesslers (2008) Arbeit zur Interkulturellen Dramapädagogik, Blöchls (2012) Diplomarbeit zur Dramapädagogik im kommunikativen Fremdsprachenunterricht). Mit der im Jahr 2007 gegründeten Online-Zeitschrift *Scenario* (www.ucc.ie/en/scenario/) wurde ein „Forum für fachlichen Austausch" (Surkamp 2010: 40) rund um *Drama and Theatre in Foreign and Second Language Education* geschaffen. Die Zahl der Studien, die sich mit der Erforschung dramapädagogischen Fremdsprachenunterrichts und DS befassen, nimmt nach und nach zu (vgl. Ronke 2005, Domkowsky & Walter 2012 etc.), wobei eine systematische Wirkungsforschung zur Erfassung der Lernerträge im Fremdsprachenunterricht noch aussteht. Darüber hinaus werden dramapädagogische Verfahren mit, wie es scheint, wachsendem Interesse und zunehmender Akzeptanz auch in der Lehreraus- und -fortbildung eingesetzt (vgl. u.a. Haack & Surkamp 2011, Sambanis et al. 2013). Der Lehrerberuf ist als „un métier de communication" (Quentin 2004: 31) in höchstem Maße kommunikativ, sozial-interaktiv und performativ zugleich. Dies gilt für Lehrkräfte, die eine Sprache unterrichten in besonderem Maße. Auf diesem Hintergrund scheint es sinnvoll, Möglichkeiten zu erproben, um die performative Kompetenz, im Sinne Hallets (2010) als Inszeniertheit des sozialen Handelns und Mitgestaltungsfähigkeit von Interaktionen verstanden (vgl. Schewe 2011: 23), in der Lehrerausbildung und -fortbildung zu fördern. Auch im Fremdsprachenunterricht zeichnet sich in gewisser Weise eine performative Wende ab, die das unterrichtliche Handeln verändern könnte bzw. bereits zu verändern begonnen hat.

Im dramapädagogischen Fremdsprachenunterricht werden die Kompetenzen im Gebrauch und durch den Gebrauch mittels *Learning by doing*, also aufgrund von vielfältiger Sprachrezeption, -produktion und intensiver Reflexion entwickelt (vgl. Schewe 1993: 404ff.). Schüler-, Bewegungs- und Prozessorientierung sind weitere Merkmale dramapädagogischen Unterrichts, der interaktiv angelegt ist und zumeist auf kollaborativen Arbeitsformen fußt. Die unterrichtlichen Vorgehens- und Arbeitsweisen sind durch die Entlehnung von Theatermethoden, im weiteren Sinne auch Methoden aus Literatur, Kunst, Psychologie und mitunter Therapie, gekennzeichnet, die als solche wertgeschätzt und aufgrund ihres Potentials zur Erreichung pädagogischer und didaktischer Ziele eingesetzt werden. Durch die Nutzung dieser Methoden gelingt es, im Klassenzimmer variable Als-ob-Situationen zu schaffen, in denen sich die Schülerinnen und Schüler mit unterschiedlichen Kontexten auseinandersetzen können, dabei Rollen einnehmen, diese kreativ ausgestalten, und in ihren Rollen vielfältige Erfahrungen durch sprachlich-interaktives Probehandeln sammeln können. Auf diese Weise wird der „Theatralität des Alltags" (Schewe 2011: 23) Rechnung getragen und die Lernenden können „im geschützten Raum der Fiktion alternative Handlungsmöglichkeiten" (ebd.) erkunden und ihre Kompetenzen weiterentwickeln. In der gemeinsamen Reflexion, die ebenfalls einen wichtigen Bestandteil des dramapädagogischen Unterrichts bildet, wird das sprachliche Probehandeln unter verschiedenen Aspekten aufgearbeitet und dabei zumeist auch auf eine metakognitive Ebene gehoben. Außerdem können in der Reflexion Lernprozesse und -zuwächse sichtbar gemacht werden, was sich förderlich auf die Progression und Lernbereitschaft auswirken kann (vgl.

hierzu die in 2.5 dargestellten Zusammenhänge zwischen Dopamin, Belohnung und Motivation).

Nachdem im Vorausgegangenen einige der wesentlichen Merkmale des dramapädagogischen Unterrichts angesprochen wurden, soll nun die eingangs erwähnte Unterscheidung zwischen Drama- und Theaterpädagogik auf einige wesentliche Aspekte verdichtet werden. Die Dramapädagogik entlehnt zwar, wie gesagt, Theatermethoden, ist aber trotzdem von der Theaterpädagogik zu unterscheiden. Die folgende Aufstellung fasst die wesentlichen Merkmale knapp zusammen und stellt sie einander gegenüber:

Dramapädagogik	**Theaterpädagogik**
Fokus auf: Prozessorientierung (Aufführung fakultativ)	Fokus auf: Produktorientierung (Aufführung obligatorisch)
Ausrichtung auf: Teilnehmer	Ausrichtung auf: Publikum
Ziel: Dynamisches, mehrkanaliges Lernen mit Imagination, Interpretationen, Dramatisierungsversuchen, Probehandeln, Feedback und Reflexion	Ziel: Aufführung mit entsprechender Vor- und Nachbereitung
Vorgehen: Rollenspiele und Improvisationen einschließlich Pantomime, Standbilder etc., Feedback, Reflexion, falls Aufführung im Anschluss siehe *Theaterpädagogik*	Vorgehen: Textauswahl, Rollen und Zweitbesetzungen vergeben, Techniker für Licht, Vorhang, Ton, Proben, Kulissen, Kostüme etc., Raum, Ankündigung der Vorstellung, Aufführung, Nachbereitung, ggf. Reflexion

Die Dramapädagogik stellt also ein Vorgehen dar, das sich einer Aufführung öffnen kann, aber nicht zwingend darauf ausgerichtet ist. Dadurch verschiebt sich der Fokus im Vergleich zur Theaterpädagogik, die ebenfalls sehr intensive Lernerlebnisse ermöglichen kann, wobei aber auf das Ziel, ein Stück zu einem bestimmten Termin auf die Bühne zu bringen, hingearbeitet wird. Diese Zielsetzung kann sich durchaus förderlich auswirken, denn in der Regel sind alle Beteiligten daran interessiert, dass die Aufführung erfolgreich verläuft. Sie engagieren sich, identifizieren sich mit dem Produkt, nicht zuletzt, weil sie sich damit exponieren, der Kritik der Zuschauer aussetzen. Daraus resultiert die Fokussierung auf das Produkt und das Publikum, was den gesamten Schaffensprozess beeinflusst und ihm bestimmte Richtungen sowie eine entsprechende Dynamik gibt.

> „The difference between theatre and classroom drama is that in theatre everything is contrived so that the audience gets the kicks. In the classroom, the participants get the kicks. However, the tools are the same.“ (Wagner 1979: 147)

Im dramapädagogischen Unterricht stehen die Teilnehmer und ihre Lernprozesse im Vordergrund. Ziel ist die persönliche Auseinandersetzung und das Schaffen von bedeutungsvollen, kognitiv herausfordernden sowie emotional ansprechenden Situationen, die es dem Lerner ermöglichen, Bezüge zu den Inhalten herzustellen und aufgrund der persönlichen Involviertheit effektiv zu lernen. Das ästhetische Erleben von Dramaaktivitäten steht in engem Zusammenhang mit der emotionalen Beurteilung der Lernsituationen. Durch das Moment der Imagination, das fester Bestandteil des dramapädagogischen Unterrichts ist, können fiktive Handlungskontexte geschaffen und „im Imaginären reale Sprache angewendet werden" (Ortner 1998: 42). Die Imagination bildet also den Rahmen für authentische Kommunikation.

> „Whereas drama-oriented exercises can be employed without much preparation in regular everyday classroom instruction, theater projects – as most projects – need more groundwork, time, and energy on the part of the teacher so that they can bring the anticipated learning results." (Ronke 2005: 279)

Die Herausarbeitung der Unterschiede zwischen Drama- und Theaterpädagogik dient einer Konturierung der Begrifflichkeiten, sie soll aber keineswegs zu dem Schluss veranlassen, dass es zwischen beidem keine Schnittmengen oder Verknüpfungen gäbe. Diese gibt es vor allem in den verwendeten Verfahren. Außerdem wird bei größeren dramapädagogischen Projekten nicht selten in einem zweiten Schritt eine Aufführung oder Filmaufzeichnung angeschlossen, die dann im Sinne des theaterpädagogischen Vorgehens die entsprechenden Vorbereitungen anstößt.

Zusammenfassend ließe sich der dramapädagogische Unterricht durch einige Merkmale nochmals knapp beschreiben: Ganzheitlichkeit, Körperlichkeit und Mehrkanalität, Handlungs- und Schülerorientierung, Interaktivität und Kollaboration, (Lern-) Prozessorientierung, Teilnehmerorientierung, Imagination, Ästhetik, Probehandeln, Reflexion.

5.1 Dramapädagogischer Fremdsprachenunterricht

Im dramapädagogischen Fremdsprachenunterricht rücken fiktive Situationen ins Zentrum, in denen die Schülerinnen und Schüler mit Mitteln des sprachlichen und körperlichen Ausdrucks experimentieren können. Das Lernen aus Erfahrung wird dadurch zu einem wesentlichen Bestandteil. Wie in Kapitel 1 ausgeführt, lernen wir am besten durch eigene Erfahrungen, zu denen das Gehirn gebrauchsabhängige Spuren bildet (vgl. 1.1). Im dramapädagogischen Unterricht werden unter Nutzung unterschiedlichster Impulse (Bilder, Musik, Texte etc.) Szenarien eröffnet, die von den Lernenden ausgestaltet werden. Diese Ausgestaltung erfordert eine intensive Auseinandersetzung mit Themen, Inhalten und sprachlichen Aspekten sowie mit Möglichkeiten der Darstellung mittels Dramatisierung (Rollenspiele, Simulationen, Improvisationen) oder Standbildern. Die Auseinandersetzung geschieht meistens in Zusammenarbeit mit anderen Lernern, die dann gemeinsam die Verantwortung für den Prozess, und damit auch in entscheidendem Maße für das eigene Lernen übernehmen. „Die neueren kompetenzorientierten Lehrpläne fordern, dass Schüler die Möglichkeit erhalten sollen, ihren Lernprozess zunehmend selbstständig und verantwortungsbewusst zu gestalten" (Elena 2011: 6). Im Zuge der Auseinandersetzung mit einem Text oder anderen Impulsen, die bearbeitet und darstellerisch aufbereitet werden sollen, finden emotionale und kognitive Komponenten des Lernens Berücksichtigung. Dabei werden, wie eingangs erwähnt, verschiedene Kompetenzen gefördert, z.B. die Hörverstehens-, Hör-Seh-Verstehens- und Sprechkompetenz bei der Dramatisierung sowie oftmals die Lese- und Schreibkompetenz usw. Im dramapädagogischen Fremdsprachenunterricht nehmen die Lernenden innerhalb der großen Bandbreite möglicher imaginierter Situationen immer wieder neue Rollen ein, die es ihnen erlauben, in der jeweiligen Rolle zu agieren und sich dadurch beim Probehandeln von der eigenen Person und Verletzlichkeit zu distanzieren (in diesem Zusammenhang vgl. 3.2 zur Risikobereitschaft und Vulnerabilität von Teenagern). Zugleich stehen die Lernenden vor der Herausforderung, sich in unterschiedliche Perspektiven einzudenken und einzufühlen (Perspektivübernahme). Dramaübungen können „a useful springboard into real-life language use“ (Thornburry 2006: 70) sein.

> „Situations that learners are likely to encounter when using English in the real world can be rehearsed and a greater range of registers can be practised than are normally available in classroom talk.“ (Thornbury 2006: 70)

Durch ihre Variabilität und Unvorhersagbarkeit zwingen die fiktiven Situationen oftmals zu spontanem Handeln (vgl. Even 2003: 147), zur raschen Entscheidungsfindung und zur Überbrückung von Lücken. Authentische Sprachverwendungssituationen zeichnen sich ebenfalls dadurch aus, dass ihr Verlauf selten vollständig antizipiert werden kann. Häufig enthalten auch sie etwas Unvorhersehbares oder sogar eine überraschende Wendung. In diesem Zusammenhang wird von Vertretern der Dramapädagogik auf das Potential von Theatermethoden hingewiesen, durch die, mittels Imagination, viele Realitäten ins Klassenzimmer gebracht werden können. Deren Ausgestaltung eröffnet wiederum intensive Lerngelegenheiten, in denen sich nicht zuletzt der Umgang mit Unvorhersehbarem trainieren lässt. Tselikas (1999: 39, 41) spricht in diesem Zusammenhang von „Sprachnotsituationen“ und meint damit all jene Situationen, in denen reagiert werden muss, aber keine Zeit bleibt, um lange strategisch, inhaltlich oder sprachlich zu überlegen. Sprachnotsituationen im dramapädagogischen Unterricht bringen die Lernenden dazu, im Spiel besondere Herausforderungen anzunehmen. Um in ihrer jeweiligen Rolle bleiben zu können, müssen die Schülerinnen und Schüler spontan entscheiden und flexibel reagieren sowie alle ihnen zur Verfügung stehenden Ausdrucksmittel in kreativer Kombination nutzen. Auf diese Weise können sie aus der Erfahrung im Schutz der dramapädagogischen Arbeit lernen, dass sie beispielsweise bei Wortschatzlücken nicht verstummen oder sofort aufs Deutsche zurückgreifen müssen, sondern alternative Ausdrucksmittel nutzen können. „The carefully managed exposure to *Sprachnotsituationen* in a classroom-environment where students feel safe and at ease can help learners to overcome inhibitions” (Sambanis et al. 2013).[14] Sprachnotsituationen weisen also besondere Ähnlichkeiten mit alltäglichen Verwendungskontexten auf und können dazu beitragen, „im Spannungsfeld der zweifachen Aufgabe des Fremdsprachenunterrichts, Sprachwissen und Sprachkönnen zu vermitteln“ (Bonnet & Küppers 2011: 42). Sie bereiten auf Kommunikations- und Interaktionsanforderungen vor, beschränken sich jedoch nicht auf das Ziel der Vorbereitung, sondern tragen zugleich dazu bei, dem Unterricht Bedeutsamkeit, Abwechslung und einen hohen Aufforderungscharakter zu verleihen. In diesem Sinne bilden Sprachnotsituationen „an opportunity to positively challenge the students, to train their communication as well as their improvisation skills, and to involve them as whole personalities, i.e. not only cognitively“ (Sambanis et al. 2013).

[14] Zur Bedeutung von Erlebnisqualität im Fremdsprachenunterricht vgl. Sambanis 2007: 161ff.

Nach diesen einleitenden Überlegungen stellt sich nun die Frage, welche Möglichkeiten sich zur Umsetzung von dramapädagogischem Fremdsprachenunterricht bieten. Grundsätzlich können unterschiedliche organisatorische Rahmenbedingungen wie Arbeitsgemeinschaften (AG), Projekte, Workshops, Unterrichtseinheiten, -stunden oder einzelne Phasen innerhalb von Unterrichtsstunden für dramapädagogisches Arbeiten genutzt werden. Die Dramapädagogik wird je nach gewählter Form eher als ein einmaliges Ereignis oder als etwas Vertrautes wahrgenommen, wobei angesichts der vielfältigen Möglichkeiten, die Theatermethoden bieten, die sich teilweise jedoch erst bei zunehmender Vertrautheit voll entfalten lassen, eher zu einer Verankerung als Baustein des regulären Unterrichts, z.B. in Form von Unterrichtssequenzen oder Workshops, geraten wird. Die Projektform kann, je nach Zielvorstellung, aber auch Vorteile bieten: Als zeitlich begrenztes Lernereignis stellt sie etwas Besonderes dar, ermöglicht ein Kennenlernen von dramapädagogischen Vorgehensweisen, erlaubt sowohl den Lehrenden als auch den Lernenden ein Ausprobieren ohne zu einer Weiterführung zu verpflichten und kann, wenn das Projekt zeitlich nicht zu eng bemessen ist, in einer Aufführung münden.

Unabhängig davon, ob als AG, Projekt, oder Unterrichtsstunde etc. organisiert, besteht dramapädagogischer Unterricht in der Regel aus drei aufeinanderfolgenden Schritten (vgl. Tselikas 1999: 44), nämlich einer Aufwärm-, einer Kern- und einer Ausstiegsphase. Im Folgenden wird erklärt, mit welchen Intentionen diese drei Phasen verknüpft sind. Im Anschluss daran werden erste Umsetzungsbeispiele gegeben.

Ziele der Aufwärmphase

Die Aufwärmphase dient der Schaffung eines wertschätzenden Klimas und einer vertrauensvollen, dramafreundlichen Atmosphäre, die auch mit einem sogenannten „Ensemblegefühl“ (Elena 2012: 21) oder einem „Wir-Gefühl“ bzw. einer „Wir-Ich-Balance“ (Sambanis 2007: 137) in Verbindung gebracht wird. Eine wichtige Funktion besteht darin, dass die Teilnehmer die Möglichkeit bekommen, einander kennenzulernen bzw., wenn sie sich bereits kennen, miteinander in Kontakt zu treten. Sie ist Eisbrecher, *Energizer*, gemeinschaftliches Erlebnis, soll Hemmungen abbauen und Bereitschaft oder sogar Vorfreude auf die anschließende dramapädagogische Arbeit wecken. „Eine gute Aufwärmung lohnt sich, sie ist wie Dünger, der einen guten Boden schafft, aus dem Ideen, Fantasie, sprachliches Material wachsen können“ (Tselikas 1999: 61). Die Aufwärmphase hat mehrere sehr wichtige Funktionen, die sowohl die Gruppenebene als auch das Individuum betreffen. Aus eigener Erfahrung mit Dramapädagogik im Fremdsprachenunterricht, in der Lehrerausbildung und -fortbildung kann die Relevanz der Aufwärmphase uneingeschränkt bestätigt werden. Sie sollte auf keinen Fall übergangen werden, gegebenenfalls ist sogar eine Einstiegsphase in die dramapädagogische Arbeit ratsam, in der nur Aufwärm- und Kennenlernübungen bzw. Aktivitäten zur Kontaktpflege eingesetzt werden, um ein geeignetes Gruppenklima aufzubauen. Bestimmte Aufwärmaktivitäten bereiten den Übergang von der Realität in die Als-ob-Situation vor, andere wiederum stellen Inszenierungstechniken ins Zentrum, sodass diese ausprobiert und gegebenenfalls in der Kernphase genutzt werden können. Eine Beschränkung auf eine Aufwärmübung ist möglich, es können in dieser von der Lehrkraft geplanten und angeleiteten Phase aber auch mehrere Übungen in Folge eingesetzt werden, dann zumeist so, dass sie von nichtverbalen Ausdrucksformen ausgehen und zum verbalen Ausdruck hinführen (vgl. Feldhendler 2009: 53).

Ziele der Kernphase

In der Kernphase, die auch Bearbeitungs-, Haupt- oder Vertiefungsphase genannt wird, arbeiten die Schülerinnen und Schüler aktiv an einem Thema, und zwar auf dramatischer Ebene: „[...] the students take on different roles, step into someone else's shoes, think about storylines, sequence actions, create scenes etc." (Sambanis et al. 2013). Sie entwickeln Rollen, bauen „auf den Ebenen des Realen, Imaginären und Symbolischen" (Feldhendler 2009: 53) eine Handlung auf und probieren Möglichkeiten aus, um diese zu inszenieren. Als Impuls kann ein Text dienen oder andere Materialien wie z.B. Bilder, Fotos, Realobjekte. Texte können als Ausgangsbasis genutzt und umgeschrieben werden oder die Teilnehmer arbeiten ohne Textvorlage und schreiben selbst den Text bzw. improvisieren frei je nach Inszenierungstechnik. In der Kernphase ist es auch möglich, der Lehrkraft oder Mitschülern erste Dramatisierungsversuche zu zeigen und im Austausch zu erkunden, wo Handlungs- oder Inszenierungsalternativen möglich wären bzw. wie etwas gegebenenfalls noch besser zum Ausdruck gebracht oder wie ein Problem zielführend gelöst werden kann. „Eine Präsentation der Arbeitsergebnisse ist [...] sinnvoll und sollte zeitlich eingeplant werden" (Elena 2011: 30). In der Regel zeigen sich die Teilnehmer neugierig und wollen ihre Arbeitsergebnisse vorführen sowie unbedingt sehen, was ihre Mitschülerinnen und Mitschüler erarbeitet haben. Neugier ist eine bedeutende Triebfeder des Lernens: Durch Neugier werden die „Lernzentralen" im Gehirn, also die Bereiche, die in Zusammenhang mit Lernen und Gedächtnis stehen, aktiviert (vgl. Spitzer & Bertram 2010: VIII). Neugier führt zu hoher Aktivierung, fokussiert die Aufmerksamkeit und ermöglicht besseres und rascheres Lernen (ebd.).

Ziele der Ausstiegsphase

In der Ausstiegsphase geht es zunächst darum, die fiktiven Rollen wieder zu verlassen und zurück in die Realität zu kommen: „[...]cool-down activities [...] help the students to relax and they present an explicit ending to the drama phase encouraging students to make their transition from drama mode back into real-life mode" (Sambanis et al. 2013). Im Anschluss daran wird der Prozess und der Lernzuwachs reflektiert und sichtbar gemacht: „In der Reflexion geht es darum zu überlegen, was die Stunde/der Workshop gebracht hat, was man gelernt hat und was hätte besser sein können" (Elena 2011: 16). Auch die Lehrkraft erhält dabei wichtige Rückmeldungen. „Diese Phase ist auch der Moment für eine vertiefte Aufarbeitung linguistischer Fragen (Grammatik, Semantik, Wortschatz etc.), die während des Verlaufs aufgetreten sind" (Feldhendler 2009: 54). Auf die Bedeutung von fehlerkorrektivem Feedback für den Lernprozess, die Schaffung eindeutiger, verarbeitbarer Eindrücke und die mitunter notwendige Modifikation neuronaler Netzwerke wurde bereits hingewiesen (vgl. 2.7). Wie Even betont (2003: 122), führt Sprachvermittlung auf rein kommunikativem Niveau, wenn dabei keine Rückmeldung zu Fehlern, Mustern und Regeln erfolgt, in eine Sackgasse.

Beispiel für die Aufwärmphase

Als ein erstes Beispiel für die Aufwärmphase sei ein Ratespiel (in Anlehnung an Seymour & Popova 2003: 54) erwähnt, das die Schülerinnen und Schüler in Gruppen von jeweils vier bis sechs Personen in Kontakt bringt. Die Aktivität dient als Eisbrecher und Sprechimpuls und thematisiert persönliche Interessen der Lernenden. Zunächst werden Tandems gebildet, die dann freiwillig oder per Zufallszuordnung mit einem zweiten Tandem zusammenkommen, um eine Vierergruppe zu bilden. Die Tandems sitzen einander gegenüber und werden darüber informiert, dass sie sogleich einige Fragen zu beantworten haben, zu denen sie sich mit ihrem Partner, aber nicht mit dem anderen Tandem (bei mehr als vier Lernern pro Gruppe werden Trios gebildet) austauschen sollen. Daraufhin stellt die Lehrkraft die erste Frage in der Zielsprache, z.B. *Wer von den euch Gegenübersitzenden liest gerne Bücher? Was glaubt ihr?* Die Aufgabe der Tandems besteht nun darin, Vermutungen anzustellen und diese stichwortartig zu notieren. Es folgen weitere Fragen (z.B. *Wer von den euch Gegenübersitzenden isst gerne Schokolade/tanzt gerne/spielt ein Instrument/geht am Samstagabend in einen Club/ist besonders romantisch/rebellisch?*). Schließlich dürfen sich die vier Gruppenteilnehmer austauschen, d.h. vergleichen, mit welchen Vermutungen sie richtig lagen und mit welchen nicht. Kennen sich Klassen schon recht gut, stellt dieses Ratespiel eine Chance dar, um Lernende, die sonst eher wenig miteinander zu tun haben, in Kontakt zu bringen. Bei neu zusammengesetzten Gruppen können die Teilnehmer nicht auf bereits bekannte Informationen zurückgreifen, sondern nutzen ihre Intuition sowie insbesondere die Deutung von Körpersprache und anderen visuellen Informationen, die ihnen das Gegenüber für ihre Vermutungen bietet. Wird die letzte Frage so formuliert, dass sie thematisch auf die Kernphase hinweist, kann mit diesem Ratespiel auch ein Brückenschlag zum Nachfolgenden geschaffen werden.

Beispiel für die Kernphase

Für die Kernphase soll aus der Fülle möglicher Beispiele eines für Lerner ab Klasse 5 und eines für Anfänger in der Grundschule herausgegriffen werden. Bei beiden handelt es sich um Improvisationen, die als Sprachnotsituationen bezeichnet werden können. Die Improvisation für die etwas älteren Lerner, *Bus Stop*, geht auf Kurtz (2001: 140 ff.) zurück und entstand in Anlehnung an eine Szene aus dem Spielfilm *Forrest Gump*, in der die Hauptperson auf einer Bank sitzt und auf den Bus wartet. Anderen Wartenden erzählt Forrest Gump von seinem Leben und bietet ihnen mit den Worten *Das Leben ist wie eine Schachtel Pralinen – man weiß nie, was man kriegt* etwas Süßes an. In der Improvisation *Bus Stop* wird diese Szene aufgegriffen. Die Pralinenschachtel dient als Requisite. Sie wird im Vorfeld mit Gesprächs- und Formulierungsvorschlägen, die auf kleine Papierstreifen gedruckt oder geschrieben werden, bestückt, sodass die Akteure die Streifen als Sprechimpulse nutzen können. „Die Improvisation beginnt mit einem kleinen vorgefertigten Dialog“ (Kurtz 2001: 141), den die Darstellenden dann möglichst lange weiterführen sollen. Gerät das Gespräch ins Stocken, kommt die Pralinenschachtel ins Spiel: Der eine Darsteller bietet dem anderen, wie Forrest Gump im Film, etwas Süßes an. Vom zweiten Akteur wird daraufhin eines der Papiere, also eine Als-ob-Praline, dankend angenommen und als neuer Sprechimpuls eingesetzt. Mögliche Sprechimpulse können Smalltalk-Themen wie das Wetter aufgreifen, es können Fragen zu einer anderen Person oder einem Gegenstand gestellt werden usw. Besonders bemerkenswert an *Bus Stop* ist dessen „kommunikativer Notausgang“ (Kurtz 2001: 142). Gelingt es den Akteuren schließlich nicht mehr, das Gespräch aufrecht zu erhalten, kann es jederzeit beendet werden, indem einer der beiden aufsteht und sich mit dem Hinweis auf den eintreffenden Bus vom anderen verabschiedet. Pralinenschachtel und Notausgang stellen zwei äußerst wertvolle Maßnahmen dar, um die Schülerinnen und Schüler sprachlich und inhaltlich zu unterstützen bzw. ihnen die emotional stabilisierende Möglichkeit eines sinnvollen, jederzeit einsetzbaren Ausstiegs an die Hand zu geben.

Damit Sprachlernanfänger von Anfang an eine natürliche Sprechhaltung aufbauen können und sich nicht vorrangig auf die Rolle des Sprachrezipienten festlegen, lassen sich bereits ab dem Einstieg ins erste Lernjahr reizvolle Szenarien mit einfach strukturierten Handlungsräumen schaffen, die dann gemeinsam ausgestaltet werden. Aufgrund des bei den Kindern noch kaum vorhandenen Wortschatzes und verbunden mit der didaktischen Zielsetzung, dramapädagogische Aktivitäten als eindrucksvolle, berührende Lernereignisse zu nutzen, um Sprache kontextualisiert zur Verfügung zu stellen, übernimmt die Lehrkraft in der Regel eine aktive Rolle. Dadurch ist sie zugleich Spielleiter oder zumindest Teilnehmer und Beobachter. Eine von Wright (1997: 19) inspirierte dramapädagogische Kernaktivität für Anfänger ist die als Ratespiel angelegte, durch eine pantomimische Darstellung initiierte Improvisation *The Box/La boîte* (Sambanis 2007: 209ff.). Die Lehrkraft bringt eine imaginäre Schachtel oder Kiste ins Klassenzimmer, wobei sie durch die Art und Weise, diese zu tragen und abzustellen, non-verbale Informationen zu deren Größe und Gewicht gibt. Mit dem Hinweis, in der Schachtel befinde sich offenbar ein Tier, aber es sei unklar, welches, wird eine Als-ob-Situation mit einem zu lösenden Problem geschaffen, das gemeinsam bewältigt werden muss. Was soll mit der Schachtel geschehen? Eine Entscheidung kann erst getroffen werden, wenn die Frage, welches Tier sich darin befindet, geklärt wurde. Vermutungen werden unter Bezugnahme auf Größe und Gewicht der Kiste geäußert, d.h. es werden Tiere benannt oder, wenn die Kinder die zielsprachlichen Wörter noch nicht kennen, von ihnen pantomimisch dargestellt bzw. an der Tafel skizziert und von der Lehrkraft benannt. Die Lehrkraft greift die Tiernamen auf, erweitert die sprachlichen Äußerungen und bettet die Benennungen kommunikativ ein (*Yes, it might be a(n) .../Oui, peut-être un/une...*). Die Kinder suchen in der Regel nach weiteren Hinweisen und fordern die Lehrkraft beispielsweise auf, die Kiste vorsichtig zu schütteln, damit sich das imaginäre Tier durch charakteristische Laute verrät oder an der Schachtel zu riechen usw. Dies zeigt, wie gut sich gerade junge Lerner auf solche Als-ob-Situationen einlassen können. Durch die Suche nach weiteren Hinweisen bieten sich vielfältige Möglichkeiten, Wörter und Wendungen auch wiederholt zu gebrauchen, sodass wiederkehrende sprachliche Muster, in diesem Fall z.B. die Frage *Is it a(n)...?/C'est un(e)...?* oder die Negation ohne gleichförmige Übungen hervorgehoben und von den Lernenden verarbeitet werden können (vgl. 4.5 zur Muster- und Regelextraktion). Wenn die Spannung ihren Höhepunkt erreicht, fasst sich die Lehrkraft ein Herz und öffnet vorsichtig die Kiste. Da sie damit angeblich erfährt, welches Tier sich darin befindet, wird ihre Reaktion genau beobachtet, daraufhin gezielt geraten und schließlich eine Vermutung bestätigt. Gemeinsames Applaudieren löst die Spannung. Je nachdem, welches Tier sich in der Kiste befindet, wird entschieden, wohin sie weitergeschickt wird, damit das Tier in einer artgerechten Umgebung leben kann. Also muss die Kiste wieder vorsichtig verschlossen, adressiert und frankiert werden, bevor sie behutsam vor der Klassenzimmertüre deponiert wird, damit sie der fürsorgliche Expressbote dort sofort abholen und das Tier wohlbehalten an einen geeigneten Adressaten weiterleiten kann. Die Handlung ist damit sinnvoll abgeschlossen Ein weiterer Durchgang, in dem nun ein Kind das Mimen übernimmt, kann initiiert werden. Im Unterschied zur Improvisation *Bus Stop* beteiligen sich bei *The Box/La boîte* möglichst alle Kinder, um noch fehlende Handlungsstrategien und zielsprachliche Ressourcen dadurch auszubalancieren, dass sie „gemeinsam und aufeinander angewiesen an einem Handlungsgefüge 'weben' " (Sambanis 2007: 147).

Beispiel für die Ausstiegsphase

Als Ausstiegsphase könnte sich an *The Box/La boîte* eine Fantasiereise anschließen, in der das Tier nach Zustellung der Kiste an den von der Klasse ausgewählten Adressaten besucht und in seiner neuen Umgebung beobachtet wird, ehe dann die Reise zurück ins Klassenzimmer führt. Eine andere Möglichkeit, die auch von älteren Lernern gerne angenommen wird und das Visualisieren von Lernwegen unterstützt, ist der Blick zurück, auch Erinnerungsreise genannt (Elena 2011: 24). Die Schülerinnen und Schüler schließen die Augen. Von einem Sprecher werden dann die Stationen der Dramasequenz oder -stunde nochmals nacheinander benannt. Sprechpausen sollen dafür sorgen, dass sich die Teilnehmer erinnern können, indem sie Ereignisse, Inhalte, ihre Handlungen und Emotionen Revue passieren lassen.

Lehrerrollen

Die Rolle der Lehrkraft weist im dramapädagogischen Unterricht verschiedene Facetten auf. „Das erste Ziel des Lehrerhandelns ist es, [...] Wohlbefinden statt Befremdung aufzubauen“ (Sambanis 2007: 149) und den Schülerinnen und Schülern das Gefühl zu vermitteln, dass sie sowohl als Individuen als auch als Teil der sozialen Gruppe wahrgenommen werden und willkommen sind. Die Lehrkraft möchte mit den Lernenden die gemeinsame Zeit „anregend und zielorientiert, d.h. mit thematischer Substanz“ (Sambanis 2007: 150) gestalten. Phasenweise dominieren bei der Lehrkraft im dramapädagogischen Unterricht unterschiedliche Rollen, nämlich die des Lehrenden, die des Vermittlers, die des Schauspielers, die des Regisseurs und die des Dramatikers. Als *Teacher in Role* kann die Lehrkraft so in Dramatisierungsversuche eingreifen, dass sie zum Mitspieler wird, durch ihren Einstieg in die Handlung Impulse gibt, ins Stocken geratene Abläufe wieder anschiebt, bewusst eine Irritation herbeiführt, die Situation dramatisch und sprachlich erweitert etc. Meistens ist die Lehrperson aber Impulsgeber, Ansprechpartner, Beobachter, sie gibt Feedback und organisiert den Ablauf sowie das am Bedarf orientierte vertiefende Üben im Anschluss an das eigentliche dramapädagogische Arbeiten. Außerdem kommt der Lehrkraft eine wichtige Funktion im Hinblick auf die Organisation der Zeitstruktur und, im Rahmen des Realisierbaren, die Schaffung günstiger räumlicher Möglichkeiten zu. In der Regel werden beim dramapädagogischen Arbeiten zumindest in einem Bereich des Zimmers die Tische beiseitegeschoben, sodass in der Mitte ein Begegnungsraum entsteht. Bei verschiedenen Arbeitsschritten brauchen die Kinder keine Stühle, sondern stehen und bewegen sich, sodass zumindest phasenweise auch die Stühle zur Seite gerückt werden, um den nutzbaren Raum dadurch noch zu vergrößern. Empfehlenswert ist außerdem, einen Bereich des Zimmers zur Bühne und damit zugleich zu einer besonderen Zone zu erklären. Der Bühnenbereich dient vor allem dazu, die Ergebnisse von Arbeitsprozessen im Plenum vorzustellen und im Anschluss miteinander zu reflektieren, sich auszutauschen, Feedback einzuholen.

Eine weitere Rolle der Lehrkraft im dramapädagogischen Fremdsprachenunterricht besteht darin, die Kinder zu unterstützen, dass sie Rückmeldungen annehmen, diese als Impulse für weiteres Arbeiten nutzen und selbst Rückmeldungen in wertschätzender Form geben können. Erfahrungsbasiert kann dazu geraten werden, vor dem Einstieg in ein Dramaprojekt oder den dramapädagogischen Unterricht Feedback zumindest kurz zum Thema zu machen: Was ist eigentlich die Funktion von Feedback? Wem sollen Rückmeldungen nützen? Muss man Feedback persönlich nehmen?

Diese und weitere Fragen sollten bearbeitet werden, wobei viele Klassen recht konkrete Vorstellungen besitzen und diese auch formulieren können, wenn man sich der Thematik nähert, indem man sie auf den Kopf stellt und von der Frage ausgeht: Welche Art von Feedback findest du nicht gut/tut dir nicht gut und warum nicht? Davon ausgehend lassen sich im Anschluss zusammen mit der Klasse zwei bis drei Feedbackregeln aufstellen, die unter der Überschrift *Wir wollen, dass unser Feedback…* im Raum sichtbar festgehalten werden können. Außerdem empfiehlt es sich, einige Formulierungen für Rückmeldungen in der jeweiligen Fremdsprache zu sammeln und diese zugänglich zu machen, sodass die Schülerinnen und Schüler bei Bedarf darauf zurückgreifen können. So gelingt es den Lernenden in der Regel, zunächst einen positiven Aspekt anzusprechen (*An eurer Dramatisierung hat mir besonders gut gefallen,…*) und daran einen Hinweis oder Verbesserungsvorschlag anzuschließen. Die Lernenden sollten dafür sensibilisiert werden, Schwachpunkte stets so aufzugreifen, dass diese nicht verurteilend, sondern in ihrer Wirkung auf den Feedback-Gebenden dargestellt werden (*Für mich ist allerdings unklar geblieben/ich habe mich gefragt, warum ihr/…*). Die zugrundeliegende Faustregel besagt, dass stets wertschätzend miteinander umzugehen ist, und dass keiner vorgeführt oder an den Pranger gestellt wird.

Schülerinnen und Schüler reagieren recht sensibel auf Freiräume und Grenzen und brauchen, gerade beim kreativen Arbeiten, Orientierung und verlässliche Strukturen, innerhalb derer sie Freiräume nutzen können, ohne sich verloren fühlen zu müssen. Daher ist es im dramapädagogischen Unterricht nicht nur im Hinblick auf Rückmeldungen wichtig, durch ein paar sinnvolle Regeln dafür Sorge zu tragen, dass eine förderliche Atmosphäre entsteht und erhalten bleibt, und dass sich die Teilnehmer gut orientiert fühlen. Hierfür brauchen die Lernenden zunächst Informationen darüber, was dramapädagogischer Fremdsprachenunterricht bedeutet und wozu er eingesetzt wird. Durch entsprechende Transparenz lässt sich die Bereitschaft zur aktiven Beteiligung erhöhen, und es kann eine Verständigung darüber in Gang gebracht werden, welche Grundregeln einzuhalten sind, damit das Vorhaben gelingt. Zu diesen Grundregeln zählen Pünktlichkeit, aktive Teilnahme und ein wertschätzender Umgang miteinander sowie die weitgehende Verwendung der Fremdsprache. Die vereinbarten Regeln können in einem Dramavertrag festgehalten werden (vgl. Tselikas 1999: 57ff.), den alle Teilnehmer unterzeichnen. „[The] drama contract can be used as a tool to raise awareness of what it means and what it takes to establish and to cultivate a suitable, drama-friendly atmosphere in the classroom“ (Sambanis et al. 2013). Ergänzend dazu schlägt Elena (2012: 26ff.) vor, Regeln für das Theaterspielen, Arbeitsregeln, Bühnenregeln und Zuschauerregeln aufzustellen, wozu angemerkt sei, dass allzu viele oder zu facettenreiche Regelwerke nicht immer zuträglich sind (vgl. 3.2). Oftmals lassen sich Grundregeln so formulieren, dass sie verschiedene Bereiche abdecken und weitere Regelkataloge überflüssig machen. Sollte sich im Zuge des dramapädagogischen Unterrichts z.B. der Bedarf nach gesonderten Bühnenregeln herauskristallisieren, können diese immer noch aufgestellt werden.

Im dramapädagogischen Fremdsprachenunterricht finden, wie die vorausgegangene Zusammenstellung erster Beispiele gezeigt hat, unterschiedliche Inszenierungsformen und -techniken Anwendung. Nachfolgend soll eine Möglichkeit zu deren Klassifizierung vorgestellt werden.

Inszenierungsformen und -techniken

Bei der Verwendung der Begriffe Inszenierungsformen und Inszenierungstechniken herrscht in der Literatur nicht immer Eindeutigkeit. Eine Unterscheidung kann jedoch dazu beitragen, die mit dramapädagogischem Fremdsprachenunterricht verknüpften Vorstellungen zu klären. Aus diesem Grund wird zunächst ein Überblick über Inszenierungsformen gegeben. Daran schließt sich die Nennung und Kurzbeschreibung einiger Inszenierungstechniken an.

Der folgende tabellarische Überblick über Inszenierungsformen wurde in Anlehnung an Even (2003: 156ff.) erarbeitet. Von links nach rechts dargestellt, reduziert sich das Maß an Lenkung, was zugleich eine „zunehmende Aufmerksamkeitsverlagerung von der Sprachbeherrschung [...] zum Sprachgebrauch“ (Even 2003: 159) bedeutet. Während stark gelenkte Inszenierungsformen das Lernen und die Sprachbeherrschung fokussieren, verschiebt sich der Akzent bei den weniger gelenkten und bei den offenen Inszenierungsformen zunehmend in Richtung Sprachanwendung.

Inszenierungsformen

Gelenkt/geschlossen	Weniger gelenkt	Ungelenkt/offen
Einüben von Strukturen, Wortschatz usw. durch... **Sprachlernspiele**		
Rollenspiele Rollen, Text und Ablauf vorgegeben	**Improvisierte Rollenspiele** Kommunikatives Ziel festgelegt, Verlauf und Ausgang nicht festgelegt	**Szenische Improvisationen** Sich über längeren Zeitraum erstreckendes, weitgehend offenes Szenario mit einer Abfolge von Ereignissen und Episoden, oft aus mehreren Perspektiven dargestellt und mit unterschiedlichen Handlungsebenen
Simulationen Simulieren realer Situationen; Text und Ablauf vorgegeben	**Improvisierte Simulationen** Kommunikatives Ziel festgelegt, Verlauf und Ausgang nicht festgelegt	

Bei den gelenkten Inszenierungsformen des Rollenspiels und der Simulation, die begrifflich übrigens schwer trennscharf zu unterscheiden sind, steht das Übernehmen von vorgezeichneten Rollen im Vordergrund, bei den ungelenkten Inszenierungsformen hingegen das Schaffen bzw. Ausgestalten von Rollen und Handlungen.

Inszenierungstechniken

Aus der Vielfalt möglicher Inszenierungstechniken werden nun einige herausgegriffen. Weitere Vorschläge finden sich im *Praxisfenster* und unter 5.4.

Die verschiedenen möglichen Inszenierungstechniken, die im dramapädagogischen Fremdsprachenunterricht genutzt werden können, sind nicht zwingend einer einzigen Inszenierungsform oder Dramaphase zugeordnet. Ihr Einsatz ist oftmals variabel. Bestimmte Techniken lassen sich jedoch zumindest tendenziell einzelnen Inszenierungsformen zuordnen, da sie im Besonderen deren Zielsetzung entsprechen.

Zu Sprachlernspielen ließen sich unendlich viele Beispiele nennen, u.a. *Simon says/Jacques a dit, Bingo, Memory* usw.[15] Anregungen für Sprachlernspiele finden sich in den meisten Unterrichtsmaterialien, außerdem existiert eine Reihe spezieller Veröffentlichungen zu Spielen für den Fremdsprachenunterricht (vgl. u.a. Klippel 1980). Von einem Mangel an Spielideen ist also nicht auszugehen, mitunter scheint es vielmehr schwierig, sich einen Überblick über die Fülle zu verschaffen.

> „Für den Kontext des Lernens und Lehrens von Fremdsprachen gilt, dass S.[prachlernspiele] vom Lehrenden mit einer didaktischen Funktion eingesetzt oder vom Lernenden mit der Intention ausgewählt werden, Spiel- und Lerntätigkeit miteinander zu verbinden." (Surkamp 2010: 283)

Viele möglicherweise als eintönig empfundenen Übungen, die dem Festigen von Kenntnissen und Fertigkeiten dienen (zur Bedeutung von Wiederholung für das Lernen vgl. 1.2), lassen sich durch einfache organisatorische Maßnahmen zu Sprachlernspielen machen, die in der Regel auf mehr Akzeptanz stoßen als Üben ohne altersgemäß spielerische Note. Beispielsweise kann die Rücken-an-Rücken-Technik vielfältig eingesetzt werden. Das Üben und gegenseitige Abfragen von Inhalten, Vokabeln etc. bekommt einen spielerischen Charakter, wenn jeweils zwei Lernpartner zusammenarbeiten und sich dabei, anstatt nebeneinander oder einander gegenüber zu sitzen, Rücken an Rücken setzen. Die Rücken-an-Rücken-Technik kann außerdem beim Einüben von Texten zu Rollenspielen oder Simulationen oder bei Bildbeschreibungen genutzt werden. An die Stelle der Beschreibung eines für alle sichtbaren Bildes tritt dann eine Partnerarbeit, bei der von einem der Partner das zu beschreibende Bild ausgewählt oder selbst erstellt und in die Arbeitsphase mitgebracht wird. Sitzen die beiden dann, ausgestattet mit Papier und Bleistift, Rücken an Rücken, liefert derjenige, der das Bild mitgebracht hat, seinem Partner eine Beschreibung, die so präzise sein soll, dass dieser anhand der Hinweise das Bild nachzeichnen kann (vgl. Sambanis et al. 2013). Im Anschluss wird das entstandene Bild mit der Vorlage verglichen, wobei die Schülerinnen und Schüler auf das Ergebnis neugierig sind und es dabei meistens zu Überraschungen und Erheiterungen, aber auch zu Hinweisen auf Sprachliches und die Genauigkeit der Bildbeschreibung kommt. Wenn zeitlich möglich, sollte sich ein zweiter Durchgang mit getauschten Rollen anschließen.

Bei der Auseinandersetzung mit einer Rolle und im Zuge der Ausgestaltung einer Handlung wird vielfach die Standbild-Technik/*Frozen Image* eingesetzt. Sie erleichtert das Sichtbarmachen von Gefühlen und Gedanken oder Personenkonstellationen und kann als Arbeits- und Inszenierungstechnik dazu genutzt werden, Schlüsselsituationen einzufrieren. Eine Variation des Einfrierens eines Schlüsselmoments ist dessen Darstellung in Zeitlupe. In der Einstiegs-/Aufwärmphase können Schülerinnen und Schüler durch Standbilder ihre Befindlichkeiten ausdrücken, während eine zweite Person versprachlicht, was sie sieht und wie sie das Standbild deutet. Auch als Feedback-Technik lassen sich Standbilder mitunter nutzen.

Bei der Arbeit an Rollen kann außerdem das Sammeln von zugeschriebenen Eigenschaften, Gedanken und Einstellungen hilfreich sein. Diese werden in einer Sil-

---

[15] Ein Überblick über verschiedene spielerische Übungsformen, geordnet nach rezeptivem, reproduktivem und produktivem Vermögen, findet sich in Sambanis 2003a, 2003b.

houette der fiktiven Person oder in einer Denkblase aufgeschrieben, was beispielsweise „als Grundlage für einen gesprochenen inneren Monolog dienen" kann (Even 2003: 161).

Eine bekannte Technik, von der es wiederum verschiedene Variationen gibt, ist die des Spiegelns. Sie kann zum Aufwärmen genutzt werden, indem ein Teilnehmer die Mimik, Bewegungen und spontansprachlichen Äußerungen seines Gegenübers möglichst exakt nachahmt (vgl. Ronke 2005: 220). Dabei werden Formen des nonverbalen und des verbalen Ausdrucks geübt, die Beobachtungsfähigkeit geschult, außerdem treten Schülerinnen und Schüler miteinander in Kontakt. Als Inszenierungstechnik wird vielfach durch Doppeln gespiegelt. Beim Doppeln wird eine Figur zugleich von zwei Darstellern verkörpert, einem stumm agierenden und einem die Emotionen und Gedanken verbalisierenden Darsteller (vgl. Ronke 2005: 131, 206), der beim Sprechen die Bewegungen des stumm Agierenden nachahmt. „So wird beispielsweise ein Kontrast zwischen innerer und äußerer Haltung veranschaulicht" (Even 2003: 162).

Durch die Spalier-Technik, auch als *Conscience Alley* oder *Thought Tunnel* bekannt, können Konflikte und widerstreitende Positionen sichtbar gemacht werden. Die Technik lässt sich bei der Inszenierung selbst oder in deren Vorbereitung zur Entscheidungsfindung oder Konfliktveranschaulichung nutzen. Die Klasse stellt sich als Spalier auf mit Ausnahme der Person, die eine Entscheidung zu fällen hat bzw. in der Dramatisierung die Rolle einer Person in Entscheidungsnot spielt. Während der Entscheidungssuchende langsam durch das Spalier geht, gibt ihm jeder einen Ratschlag. Wird der einen Seite des Spaliers die Pro-Position in der Streitfrage zugeordnet und der anderen die Kontra-Position kommt die Zerrissenheit und die Schwierigkeit der Entscheidungsfindung besonders gut zum Ausdruck. Am Ende der *Conscience Alley* fällt der Suchende seine Entscheidung.

Eine weitere Technik zur Bearbeitung kontroverser Themen und Entscheidungen sowie zur Auseinandersetzung mit Texten und beim Feedback ist der sogenannte heiße Stuhl/*Hot Seat*. Ein Freiwilliger nimmt auf dem heißen Stuhl Platz und wird von seinen Mitschülerinnen und Mitschülern zu einem Thema befragt. Er antwortet aus der Perspektive einer ausgewählten Rolle. Beim heißen Stuhl kann ebenfalls mit einer Doppelung gearbeitet werden: Damit sich der Freiwillige nicht verlassen oder allzu exponiert fühlt, kann er sich einen Schatten mitnehmen, d.h. eine Mitschülerin oder einen Mitschüler, der auf einem zweiten Stuhl Platz nimmt, am besten auch hier Rücken an Rücken. Der Schatten unterstützt ihn bei der Beantwortung der Fragen (vgl. Grieser-Kindel et al. 2006: 103). Einen ähnlichen Effekt hat die Erweiterung auf drei Freiwillige, die, ohne Blickkontakt miteinander herzustellen, die Perspektive desselben Charakters einnehmen und die Fragen im Wechsel beantworten. Dadurch hat der Einzelne auf dem heißen Stuhl die Möglichkeit, einem der anderen die Beantwortung solcher Fragen zu überlassen, zu denen ihm selbst nichts Passendes einfällt. Wird ein vierter Stuhl dazu gestellt, der flexibel besetzt und wieder geräumt werden darf, ist es möglich, spontanen Einfällen aus der gesamten Gruppe Raum zu geben. In der Variation *Famous People* versetzen sich Schülerinnen und Schüler auf dem heißen Stuhl „in die Rolle einer Berühmtheit, deren Name den Mitschülern nicht bekannt ist" (ebd.). Durch die Fragen an die Person auf dem heißen Stuhl sammelt die Klasse Hinweise, um schließlich die Identität der Berühmtheit zu erraten. Es ist sinnvoll, die Anzahl der Fragen vorab festzulegen.

Der Aufbau eines Repertoires an Inszenierungstechniken, mit denen die Lernenden vertraut sind, die als Unterrichtsroutinen genutzt sowie immer wieder neu variiert und kombiniert werden können, bildet die Grundlage des dramapädagogischen Arbeitens im Unterricht.

Nachdem umrissen wurde, wodurch sich der dramapädagogische Fremdsprachenunterricht auszeichnet, soll nun die Frage aufgegriffen und vertieft werden, warum die Dramapädagogik auf dem Hintergrund dessen, was in den Kapiteln 1 bis 4 zur Arbeitsweise des Gehirns und zu Gelingensfaktoren des Lernens referiert wurde, interessante und vielversprechende Perspektiven eröffnet:

> „Aus dem, was wir über die Gehirnentwicklung wissen und ein paar wenigen durchaus plausiblen zusätzlichen Annahmen folgt damit, dass man kaum etwas Besseres mit jungen Menschen tun kann als mit ihnen Theater zu spielen." (Spitzer 2009b: 102)

5.2 Dramapädagogik und Arbeitsweisen des Gehirns

Die Wirkungen dramapädagogischen Fremdsprachenunterrichts bilden auch weiterhin „a promising area for further research" (Stern 1981: 95). Inzwischen liegen jedoch schon zahlreiche Erfahrungsberichte und Dokumentationen sowie verschiedene Studien vor, die, sehr vorsichtig interpretiert, zumindest die Annahme förderlicher Effekte von Dramapädagogik stützen. Evens Arbeit zum dramapädagogischen Grammatikunterricht zeichnet ein „positives Bild der psychologischen Auswirkungen [...] auf Angstabbau und Risikobereitschaft, Frustrations- und Ambiguitätstoleranz, Selbstwertgefühl und Empathie sowie Motivation und Einstellungen" (2003: 293). Außerdem konnte eine Erweiterung von Sprachlernstrategien beobachtet werden (ebd.). Auch Domkowskys Studie, die die Wirkungen des Faches Darstellendes Spiel erforschte, erlaubt den Schluss, dass der dramapädagogische Ansatz im Hinblick auf keinen der untersuchten lernrelevanten Faktoren (Leistungsmotivation, Extraversion, Empathie etc.) zu Beeinträchtigungen führt, sich vielmehr, zumindest in der Tendenz, förderlich auswirkt (vgl. Domkowsky 2011, Domkowsky & Walter 2012). Domkowskys Arbeit bestätigt dabei viele Ergebnisse der internationalen DICE-Studie (*Drama Improves Lisbon Key Competences in Education* vgl. DICE Konsortium 2010). In zwölf Ländern beteiligten sich fünftausend Jugendliche zwischen 13 und 16 Jahren an dieser Studie, die verschiedene Schlüsselkompetenzen (u.a. Lernen lernen, soziale und interkulturelle Kompetenz) untersuchte. Die gewonnenen Erkenntnisse wurden als Grundlage zur Formulierung von Empfehlungen genutzt. Die Empfehlung des Konsortiums zum Einsatz von Drama- und Theatermethoden in der Schule lautet:

> „Kinder sollten im Rahmen ihres Schulbesuches einen regelmäßigen Zugang zu Bildungstheater und -drama haben, der Bestandteil der nationalen Lehrpläne ist und von gut ausgebildeten Theater- und Dramaspezialisten unterrichtet werden sollte." (DICE-Konsortium 2010: 39)

Dramapädagogischer Fremdsprachenunterricht, Darstellendes Spiel etc. bilden ein Feld, das seit einigen Jahren intensiver als zuvor erforscht wird. Den derzeitigen Kenntnisstand zusammenfassend lässt sich festhalten, dass man wohl tatsächlich „kaum etwas Besseres mit jungen Menschen tun kann" (Spitzer 2009b: 102). Dies veranlasst zu der Frage nach möglichen Zusammenhängen: Wie lassen sich die positiven Wirkungen u.a. auf die Leistungsmotivation, Offenheit, Extraversion sowie auf die Aussprache und Ausdrucksfähigkeit erklären?

Diese Frage führt zurück zu dem, was in den Kapiteln 1 bis 4 thematisiert wurde, nämlich Lernen und Emotionen, Lernen und Bewegung, Reizfilterung, Muster- und Regelerkennung usw. Zu jedem dieser Aspekte werden im Folgenden, ausgehend vom dramapädagogischen Unterricht, Verbindungen zu den vorangegangenen Kapiteln hergestellt.

Bei der Frage nach möglichen Gründen für das insgesamt recht positive Bild des dramapädagogischen Unterrichts und seiner Wirkungen, scheint es besonders naheliegend, von Zusammenhängen auszugehen, die auf die Ganzheitlichkeit des Ansatzes zurückzuführen sind: „Lerntheoretisch bezieht sich das Konzept auf das neuropsychologische Prinzip der multiplen Vernetzung – je mehr Sinnesleistungen mit einbezogen werden, desto wirksamer wird gelernt" (Even 2003: 53). Die Annahme, dass das dramapädagogische Vorgehen als ein ganzheitlicher Ansatz die multimodale Verarbeitung begünstigt und dadurch die im Vorausgegangenen dargestellten Effekte erzielen kann, scheint sehr plausibel. Bleiben wir also zunächst bei diesem Aspekt, um im Anschluss daran weitere Verbindungen zu betrachten.

Ganzheitlichkeit, multisensorisches Lernen:
- nimmt den Lernenden als Menschen in seiner Ganzheit wahr.
- kann sich auf den Lernertrag günstig auswirken (vgl. 4.2).
- steht in Einklang mit der Netzwerkstruktur des Gehirns (vgl. 1.2 und 4.4).
- Dramapädagogik versteht sich als ganzheitliches Vorgehen.

Lernen und Emotionen:
- großer Einfluss von Emotionen auf Lernprozesse und Lernerfolg (vgl. Kap. 2, 3.1, 3.2, 3.3, 3.4)
- emotionales, kreatives und kognitives Potential von Dramaformen und -techniken
- „Activities such as simulations and role plays are often highly engaging and enhance not only the meaning of the material but also the emotional connections." (Wolfe 2001: 108-109; vgl. 4.3)
- Inszenierungen ermöglichen intensive *Chill*- und Lern-Erlebnisse (vgl. 3.3, zu *Flow*-Erlebnissen vgl. 5.3).
- Dramapädagogischer Fremdsprachenunterricht fördert eine angstfreie positive Lernatmosphäre durch a) den Schutz der Als-ob-Situation („the role shields the learners", Stern 1981: 80) und b) durch die Gruppe („drama functions as a group effort, giving safety through numbers", ebd.), wovon nicht zuletzt Heranwachsende profitieren können (vgl. Kap. 3).
- Dramapädagogischer Fremdsprachenunterricht basiert auf Kooperation; kooperative Lernformen sind anderen überlegen: „Cooperative learning is certainly a powerful intervention. It exceeds its alternatives" (Hattie 2012: 78).[16]

Kriterien zur Reizfilterung:
- Notwendigkeit des Auswählens aus der Fülle an eingehenden Reizen den Entwicklungsphasen entsprechend (vgl. 1.3),

[16] In Experimenten mit Ratten zeigte sich, dass bei Tieren, die mit Artgenossen frei herumtoben, sich also in Gesellschaft anderer bewegen durften, die Konzentration des Wachstumsfaktors BDNF, der für die Bildung und Erhaltung von Neuronen und ihrer Verknüpfungen zuständig ist, anstieg, während biochemische Stoffe, die in Verbindung mit Angst stehen, abnahmen (vgl. Spitzer 2008b: 461). Man schließt auf günstige Einflüsse der spielerischen Bewegung und der sozialen Interaktion.

- Hippocampus wirkt als Eingangsfilter (vgl. 2.4),
- Hippocampus reagiert auf emotionale Bedeutung, Humorpotential etc. (vgl. 2.4),
- Hippocampus wählt nach Neuigkeit, Besonderheit und persönlicher Bedeutsamkeit aus (vgl. 2.4),
- Dramapädagogik bietet vielfältige Gelegenheiten zur Schaffung von Bedeutsamkeit, zur Ermöglichung von persönlicher Auseinandersetzung und Relevanz, zur Förderung von Humor und mit Anderen geteilter Freude.

Lernen und Musterextraktion:
- Die Muster- und Regelfindung ist eine wichtige Strategie des Gehirns (vgl. 4.5, zu prototypischen Erlebnissen und Inhalten vgl. 3.4).
- Verschiedene bewegungsbasierte Dramatechniken, die z.B. als Übungen in der Aufwärmphase genutzt werden können, bieten die Möglichkeit, sprachliche Muster und Bewegungen zu koppeln und dadurch hervorzuheben.
- Gelenkte Inszenierungsformen erlauben es, sprachliche Muster und *chunks* (vgl. Walter 2012) wiederholt, z.B. in Rollenspielen mit vorgegebenem Text, zu üben (zur Bedeutung von Wiederholungen vgl. 1.2).
- Weniger gelenkte und ungelenkte Inszenierungsformen bieten die Möglichkeit, sprachliche Muster in variablen Kontexten anzuwenden.
- „Im dramagrammatischen Unterricht wird das Verständnis grammatischer Regeln durch ihre praktische Anwendung in verschiedenen Sprachhandlungssituationen gezielt gefördert“ (Even 2003: 294).

Bewegungslernen:
- nutzt die natürliche Verbindung von Sprache und Bewegung; „etwa zwei Drittel unserer Kommunikation spielen sich nonverbal ab – in Mimik, Gestik und Blickverhalten“ (Vogeley 2013: 70).
- führt zur Anlage sogenannter motorischer Gedankenspuren, die sich auf die Schnelligkeit des Lernens und auf das langzeitliche Behalten günstig auswirken können (vgl. 4.1, 4.2, 4.3).
- Physische Erfahrungen ermöglichen unterschiedliche sensorische Eindrücke und führen zu einer vernetzten Speicherung der Inhalte (vgl. 4.3. zum modalitätsspezifischen Gedächtnismodell).
- Vielfältige Gründe sprechen für Bewegung im Unterricht (vgl. Kap. 4), darunter auch die mögliche Begünstigung von Konsolidierungsprozessen (vgl. 3.4, 4.3).
- Dramapädagogischer Fremdsprachenunterricht trägt der Körperlichkeit Rechnung und ist aufs Engste mit Bewegungslernen verknüpft.

In Zusammenhang mit Lernen, auch speziell in Verbindung mit Bewegung und Sprachenlernen, wird mitunter auf die Spiegelneuronen hingewiesen (z.B. Schiffler 2012: 11).[17] Sie scheinen maßgeblich daran beteiligt zu sein, wenn uns das Gähnen eines anderen Menschen ansteckt oder wenn wir das Lächeln eines Gesprächspartners erwidern (vgl. 2.2 zur Wirkung freundlicher und mürrischer Gesichtsausdrücke). Die Nervenzellen des Spiegelneuronensystems (vgl. Rizzolatti & Sinigaglia 2008) „werden immer dann aktiv, wenn wir bei anderen Personen Bewegungen sehen, uns diese im

[17] Ein Teil des Spiegelneuronensystems befindet sich im prämotorischen Cortex, beispielsweise im Broca-Zentrum, einem für Sprachproduktion, Syntax und Grammatik relevanten Areal (vgl. 4.4).

Geist vorstellen oder sie nachahmen“ (Vogeley 2013: 68). Sie feuern, wenn wir eine Handlung beobachten, außerdem scheinen sie im Besonderen am Nachvollziehen von Handlungen anderer sowie am Deuten von Handlungsintentionen, -plänen und noch unvollständigen Handlungen beteiligt zu sein. Diese Fähigkeit zur Deutung und Ergänzung beruht auf eigenen Erfahrungen mit der jeweiligen Handlung, d.h. die Spiegelneuronen werden nur dann aktiv, „wenn die Handlungen [...] Bestandteil unseres eigenen motorischen Repertoires sind“ (Gallese & Buccino 2010: 46). Obschon die Spiegelneuronen an der Deutung und Planung motorischer Handlungen beteiligt sind, scheint die unmittelbare Ausführung motorischer Handlungen nicht in ihre Zuständigkeit zu fallen. Das Wissen darüber, wie Spiegelneuronen funktionieren, hat sich seit ihrer Entdeckung in den frühen 1990ern zwar erweitert, aber insgesamt ist die „systematische Untersuchung [...] gerade erst im Gang“ (Vogeley 2013: 70). Aktuell bildet die Erforschung mehrerer Netzwerke, nämlich eines sozialen neuronalen Netzwerks, „das dafür verantwortlich sein soll, anderen Menschen Gedanken und Gefühlszustände zuzuschreiben“ (Vogeley 2013: 69) und des Spiegelneuronensystems zur Verarbeitung von Bewegungen einen der Schwerpunkte. Das Phänomen des Spiegelns wird also nicht nur im Hinblick auf motorische Handlungen erforscht, sondern auch hinsichtlich sozialer und emotionaler Funktionen (Mitempfinden, Empathie, nonverbale Kommunikation usw.).

Es gibt Hinweise darauf, dass Spiegelneuronen an der „Imitation einfacher motorischer Akte beteiligt [...] [sind] sowie am Imitationslernen komplexer motorischer Sequenzen, etwa beim Erlernen eines Musikinstruments durch die Beobachtung der Bewegung eines erfahrenen Vorbilds“ (Gallese & Buccino 2010: 47). Beim Menschen ist von einer Veranlagung zur Nachahmung und einer Fähigkeit zum Imitationslernen, d.h. dem Lernen durch Imitation von Modellen, auszugehen. Diese Fähigkeit und Veranlagung ist auch für bestimmte Bereiche des Lernens im Fremdsprachenunterricht von Bedeutung. Die Spiegelneuronen bilden das neuronale Korrelat des Imitationslernens. Erst durch ihre Existenz und Funktionsweise wird das Lernen an Modellen ermöglicht.

Der derzeitige Stand der Forschung und die kontrovers diskutierte Erkenntnislage erlauben es m.E. jedoch noch nicht, fundierte Aussagen über Zusammenhänge zwischen Spiegelneuronenaktivität und der Art des Lernens im dramapädagogischen Fremdsprachenunterricht zu machen. Möglicherweise bietet der dramapädagogische Unterricht mit seiner besonders engen Verbindung von Sprache und Bewegung, von Darstellen und Deuten verschiedener Handlungen usw. tatsächlich günstige Bedingungen für eine vielfältige Aktivierung des sozialen neuronalen Netzwerks und der Spiegelneuronen, doch sollen an dieser Stelle durch Spekulationen keine falschen Begehrlichkeiten geweckt und kein weiterer neurodidaktischer Mythos in die Welt gesetzt werden. Wir brauchen in dieser Frage mehr gesicherte Erkenntnisse, um uns von Spekulationen lösen zu können. Es gibt Grund zur Annahme, dass sich Forschung hierzu lohnt.

Betrachten wir nach diesem Exkurs zu den Spiegelneuronen die Frage nach möglichen Ursachen für die beobachteten bzw. nachgewiesenen Wirkungen dramapädagogischen Unterrichts einstweilen aus einem anderen Blickwinkel, nämlich aus dem der Theorie der Verarbeitungstiefe (*Levels of Processing*, vgl. Craik & Lockhart 1972). Sie basiert auf der Annahme, dass „das Ausmaß und die Art und Weise des Lernens bedingen [...], wie gut das Gelernte später erinnert wird“ (Teepe 2005: 162). Damit wird einerseits die Aktivität und Bereitschaft des Lernenden, andererseits die Qualität der Lernangebote angesprochen. Bleibt die Verarbeitung an der Oberfläche, entstehen keine Gedächtnisspuren im eigentlichen Sinn, und die Inhalte werden leicht wieder vergessen (zum Vorgang des Vergessens vgl. 3.4). Fordern Inhalte den Lernenden hingegen zu intensiverer Auseinandersetzung heraus und ist der Lernende bereit, sich auf diese Herausforderung einzulassen, bestehen laut der Theorie der Verarbeitungstiefe gute Chancen, dass diese Inhalte nachhaltig verarbeitet und dauerhaft behalten werden. Eine Verbindung zwischen dieser Theorie und dem dramapädagogischen Unterricht liegt nahe, da diesem ein besonderes Potential zugesprochen wird, um die Bereitschaft der Lernenden zu wecken, ihre Aufmerksamkeit zu fokussieren und eine Vielfalt an bedeutungsvollen Eindrücken zu ermöglichen, die selten auf flachen Ebenen verarbeitet werden können. Befassen sich Lernende z.B. durch den Einsatz von Theatermethoden auf vielfältige, anregende und die eigene Auseinandersetzung herausfordernde Weise mit Inhalten, ist die Wahrscheinlichkeit groß, dass diese Spuren im Gedächtnis hinterlassen (vgl. Spitzer 2003: 6).

Die Verarbeitungstiefe bleibt jedoch bei aller Plausibilität ein theoretisches Konstrukt, das nur mittelbar erforscht werden kann. Meistens werden Wörterexperimente verwendet und dabei das unbewusste Lernen getestet. Da es für die Verarbeitungstiefe kein unabhängiges Maß gibt, d.h. es ist nicht möglich, unterschiedliche Tiefen der Verarbeitung als solche zu messen und sie durch ein statistisches Maß auszudrücken, muss sie mittelbar anhand der Behaltensleistung erforscht werden. Aus der Perspektive des Forschers beurteilt, ist das nicht optimal, denn letztlich wird anhand von Testergebnissen auf ein angenommenes Konstrukt und dessen unterschiedliche Ausprägungen geschlossen, mit denen dann wiederum die unterschiedlichen Resultate erklärt werden. Diese Problematik sei aber nur am Rande erwähnt. Bei Experimenten zur Verarbeitungstiefe werden, gestützt auf fundierte Annahmen, verschiedene Aufgaben ausgearbeitet, die zu unterschiedlicher Verarbeitungstiefe führen sollen. Beispielsweise können Studienteilnehmer dazu aufgefordert werden, Wörter danach zu ordnen, ob sie groß oder klein geschrieben werden oder danach, ob es sich beim einzelnen Wort um ein Substantiv oder ein Verb handelt. Eine dritte Aufgabenstellung könnte darin bestehen, dass zu den präsentierten Wörtern Reimwörter gefunden werden sollen oder dass zu entscheiden ist, ob die einzelnen Wörter etwas Belebtes oder Unbelebtes bezeichnen. Nach der Bearbeitungsphase und einer kurzen Pause werden die Teilnehmer an Studien zur Verarbeitungstiefe mit der Frage überrascht, an welche Wörter sie sich erinnern können (unbewusstes Lernen). Praktiker wird es kaum erstaunen, dass die wenigsten Wörter in Erinnerung bleiben, wenn lediglich der Anfangsbuchstabe beachtet wurde, und die meisten, wenn die Wörter den Kategorien belebt – unbelebt zuzuordnen oder Reime zu finden waren. Dies wird als Hinweis darauf gewertet, dass durch unterschiedliche Aufgaben manchmal eher eine oberflächliche Bearbeitung, manchmal eine tiefere angestoßen wird. Im dramapädagogischen Unterricht wäre denkbar, die Lernenden aufzufordern, sich nach dem Zufallsprinzip eines der Wörter aus der Liste auszuwählen und dieses in der Eröffnung eines Dialogs (Inszenierungsform Improvisation) zu verwenden. In der Kernphase einer dramapädagogischen Sequenz könnten die Schülerinnen und Schüler zu den Wörtern jeweils einen Satz auf Papierstreifen schreiben, wobei Humor- und Phantasievolles etc. ausdrücklich erlaubt sein sollte. Danach zieht ein Lernender einen Streifen, liest ihn vor und der Satz wird von der Gruppe oder einem Einzelnen in Pantomime übersetzt. Die Auseinandersetzung ist bei diesen Aufgaben auf jeden Fall anderer Art als beim Fokus auf die Groß- und Kleinschreibung. Es ist davon auszugehen, dass das skizzierte dramapädagogische Vorgehen eine tiefere Verarbeitung und damit eine bessere Verankerung im Gedächtnis zur Folge hat. Zurückzuführen ist dies auf die Art der Verarbeitung, die, wie weiter oben schon erwähnt, einerseits von der Bereitschaft des Lernenden, andererseits aber auch von der kognitiven und emotionalen Qualität des Lernangebots und -impulses abhängig ist, der im dramapädagogischen Fremdsprachenunterricht große Beachtung geschenkt wird: „ [...] drama activities can be fascinating to the point that the participants get completely absorbed" (Sambanis et al. 2013).

5.3 *Flow*-Erlebnisse

Man stelle sich eine Klasse vor, in der die Schülerinnen und Schüler so in ihre Arbeit vertieft sind, dass sie ganz in ihrem Tun aufgehen, völlig absorbiert wirken, sich nicht einmal durch die Schulglocke irritieren lassen und selbst vom Pausenzeichen unbeeindruckt weiterarbeiten. Im Zimmer herrscht eine von hoher Aktivität und freudiger Konzentration geprägte Atmosphäre. Die Lernenden fokussieren ihre Aufmerksamkeit, sind optimal herausgefordert, lassen sich nicht ablenken, lenken einander nicht ab und sind in höchstem Maße aktiv. Trotz ihrer Konzentration und der Ernsthaftigkeit sowie Intensität ihres Arbeitens wirken sie nicht angestrengt und auch nicht müde, sondern lernbereit und zuversichtlich, selbstvergessen sowie offenbar von intrinsischer Motivation getragen. Was sich wie der Wunschtraum einer Lehrkraft anhört, beschreibt einen Zustand optimaler Erfahrung, der als *Flow* bezeichnet wird. Die sogenannte *Flow*-Forschung befasst sich seit den 1970ern mit diesem Zustand optimaler Erfahrung (vgl. Csíkszentmihály 2008, Massimini & Carli 1995; Plöhn 2002 aus Sicht der Erziehungswissenschaften, Sachser 2009 aus theaterwissenschaftlicher und künstlertheoretischer Sicht usw.). *Flow*-Erlebnisse sind dadurch gekennzeichnet, dass man in einer Tätigkeit ganz aufgeht. Wunderbare Beispiele dafür finden sich, wenn man spielende Kinder beobachtet. Sie blenden alles andere aus und gehen mit größter Energie, Freude und zugleich Ernsthaftigkeit in ihrer Spieltätigkeit auf. *Flow*-Erlebnisse bilden einen idealen Zustand völliger Fokussierung, in dem intensiv gelernt werden kann:

> „Man fühlt sich einer herausfordernden Aktivität gewachsen, die Handlung verläuft flüssig und unterbrechungsfrei wie von selbst einer 'inneren Logik' folgend. Der Aufmerksamkeitsfokus gilt vollständig der gerade ausgeübten Tätigkeit – so werden irrelevante Reize ausgeblendet und verschwinden aus dem Bewusstsein. Eine gesteigerte Wahrnehmung innerer und äußerer Vorgänge und eine veränderte Zeitwahrnehmung stellen sich ein. Aus diesem Erleben heraus erfährt das Individuum einen Zuwachs an Kompetenz." (Sachser 2009: 14)

Flow-Erlebnisse sind mit positiven Emotionen verbunden, wobei sie am besten als freudvolle Erfahrungen (vgl. Sachser 2009: 17) beschrieben werden. Mit dem Einfluss von Emotionen auf das Lernen haben wir uns in Kapitel 2 auseinandergesetzt und festgestellt, dass sich positive Emotionen besonders günstig auf Lernprozesse auswirken. In diesem Zusammenhang wurde auch der Neurotransmitter Dopamin erwähnt, der sowohl mit der Klarheit des Denkens und der Aufmerksamkeitssteuerung als auch mit Motivation, Belohnungserleben usw. in Verbindung steht (vgl. 2.5, 2.6 und 2.7). Dieser ist auch an *Flow*-Erlebnissen beteiligt. Neuere Studien weisen sogar auf einen engen Zusammenhang zwischen *Flow* und Dopamin hin, der nicht nur das Erleben des optimalen Zustandes selbst betrifft. Vielmehr wird angenommen, dass Dopamin überdies die individuelle Empfänglichkeit für *Flow*-Erlebnisse beeinflusst. Die Beobachtung, dass manche Menschen leichter in einen *Flow*-Zustand kommen, während es anderen schwerer fällt, wird auf Persönlichkeitsmerkmale zurückgeführt, die vom Dopaminsystem gesteuert werden: „We suggest that the proneness to experience flow is related to personality dimensions that are under dopaminergic control and characterized by low impulsiveness, stable emotion, and positive affect" (Manzanoa et al. 2013: 1).

Flow bezeichnet einen Zustand, in dem Lernen auf eindrucksvolle Weise, emotional berührend und die Leistungsbereitschaft fordernd, erfolgt. Überdies entsteht im *Flow* unter der Einwirkung von Dopamin der Wunsch nach weiteren vergleichbaren Erlebnissen. Daraus erwächst ein innerer Antrieb, der dazu veranlasst, sich wieder in Handlungen zu vertiefen, um erneut in den Genuss des intensiven positiven Erlebens zu kommen. Motivations- und Spieltheorien bilden die beiden Säulen des *Flow*-Konzepts, auf die in der Regel auch in Zusammenhang mit der Dramapädagogik Bezug genommen wird. In der Motivationsforschung wird *Flow* mit Tätigkeiten in Verbindung gebracht, die um ihrer selbst willen ausgeführt werden, die ohne weitere Anreize attraktiv sind und einen eigenen Aufforderungscharakter besitzen (zu *Flow* in der Motivationsforschung vgl. Rheinberg 2006). *Flow* wird als eine Form intrinsischer Motivation bezeichnet bzw. nach Csíkszentmihály als Prototyp intrinsischer Motivation (vgl. Sachser 2009: 62).

Die Nähe zur Spieltheorie kann unter Bezugnahme auf Schillers 15. Brief *Über die ästhetische Erziehung des Menschen* hergestellt werden: „Der Mensch spielt nur, wo [...] er ganz Mensch ist und ist nur da ganz Mensch, wo er spielt" (vgl. [1997]: 618). Spiele sind von Emotionen begleitete Prozesse. Die zentralen Kriterien des Spiels sind die „Freiwilligkeit, intrinsische Motivation, Zweckungebundenheit und positive Emotionen aus einem intensivem Erleben" (Petillon 2000: 5). Außerdem machen Spiele „Lust auf Leistung" (Petillon 2000: 8). Als notwendige Voraussetzung für den Eintritt in ein Spiel ist das Freisein von Angst und Druck zu nennen. Über die Möglichkeit, Spielen und Lernen zu verbinden, hat zusammenfassend Scheuerl (1994, 1997) geschrieben. Auf ihn bezieht sich wiederum Sachser (2009: 109) und folgert, dass Spiele „exemplarische *Flow*-Aktivitäten" seien. Durch die Einführung des Begriffs des „Ernstspielhaften" gelingt Sachser (2009: 110) ein Brückenschlag zwischen Ernsthaftigkeit und Spiel, zwischen ernsthafter Kunst und freudvoller Spielerfahrung sowie, im übertragenen Sinn, zwischen Lernen und *Flow*-Erleben. Spielen ist Lernen: Das Spiel bereitet „für nachfolgendes Lernen gleichsam den neuronalen Boden" (Spitzer 2008b: 461). Mimen, Darstellen und Verkörpern erlauben es Kindern, sich die Welt zu erschließen und Heranwachsenden wie Erwachsenen, sie immer wieder neu oder besser zu verstehen. Nach dieser knappen Bezugnahme auf die theoretischen Säulen des *Flow*-Konzepts, wenden wir uns im Folgenden der Frage zu, wodurch sich *Flow*-Erfahrungen auszeichnen und betrachten im Anschluss daran, welche Verbindungen zum dramapädagogischen Fremdsprachenunterricht gesehen werden können. Die Komponenten von *Flow* sind:[18]

[18] Die Auflistung der Komponenten von *Flow* orientiert sich an Csíkszentmihálys Arbeiten, die zusammenfassend u.a. bei Aguado 2012, bei Sachser 2009: 49ff. oder Sambanis et al. 2013 dargestellt wurden.

Optimale Passung zwischen Anforderung und Fähigkeit:
- Die Lernenden empfinden das Verhältnis zwischen ihren Fähigkeiten und den Anforderungen als optimal.
- Die Herausforderung ist nicht zu flach, sodass sich der Einzelne weiterentwickeln kann und keine Langeweile aufkommt. Die Herausforderung ist nicht zu hoch, wodurch negative Emotionen vermieden werden. Bei zu hoher oder zu niedriger Anforderung stellt sich statt *Flow Antiflow* ein.
- Die Studie von Massimini & Carli (1995) bei Heranwachsenden belegt, dass „Flow nur dann eintritt, wenn Anforderungen und Fähigkeiten in einem oberen Bereich, also über dem durchschnittlichen Anforderungs- und Fähigkeitsniveau des Individuums, und im Gleichgewicht angesiedelt sind“ (Sachser 2009: 46).[19]

Die Steigerung des Selbst (vgl. Sachser 2009: 51):
- nach höheren Leistungen suchen
- im Handeln über sich selbst hinauswachsen

Klare Zielsetzung und Rückmeldungen:
- Die Handlungsanforderungen, der Rahmen und die Handlungsstruktur sind klar.
- Die Erfahrungen sind unmittelbar, in der Regel mehrkanalig, das aktive Tun steht im Zentrum.
- Die Wirkungen des eigenen Handelns können direkt wahrgenommen werden, es erfolgen außerdem verständliche Rückmeldungen.

Kontrolle:
- Die Situation ist nicht vollständig vorhersagbar, was Spielräume eröffnet und die Ausgestaltung des Handlungsrahmens notwendig macht.
- Die Unvorhersagbarkeit stellt eine Herausforderung dar, die die Möglichkeiten des Einzelnen nicht überschreitet.
- Im *Flow* fühlen sich Handelnde den Herausforderungen und der Unkalkulierbarkeit gewachsen, sie vertrauen auf ihre Fähigkeiten.

Konzentration auf ein begrenztes Stimulusfeld:
- Die Aufmerksamkeit wird äußerst fokussiert auf ein eingegrenztes Feld gerichtet, z.B. auf ein Spiel, eine Aufgabe, bestimmte Bewegungsabläufe.
- Distraktoren, d.h. alles Störende sowie weniger relevante Reize, werden ausgeblendet, sodass sie das *Flow*-Erleben nicht beeinträchtigen.
- Dem eigenen Tun wird völlige Aufmerksamkeit geschenkt.
- Die Konzentration stellt sich mühelos, wie von selbst ein.

---

19 In diesem Zusammenhang vgl. Vygotskys ZPD (*Zone of Proximal Development*) und Krashens Formel der minimalen Überforderung ($i + 1$).

Verändertes Zeiterleben:

- Das Zeitempfinden entspricht im *Flow* meistens nicht der chronometrisch messbaren Zeit (vgl. Sachser 2009: 50).
- Die Zeit scheint zu verfliegen, mitunter langsamer zu vergehen als tatsächlich messbar.

Verschmelzen von Selbst und Handlung:

- Selbstvergessenheit stellt sich durch völliges Aufgehen im Tun ein.
- Die Handlung läuft glatt, einer inneren Logik folgend.
- Gedanken, die um das Selbst kreisen, und Sorgen werden ausgeblendet.

Autotelische Tätigkeit:

- Tätigkeiten, bei denen sich *Flow* einstellt, werden als selbstbelohnend, ihren Zweck in sich selbst tragend beschrieben.
- Die Ausführung der Tätigkeit ist zweckfrei, also nicht an die Erwartung einer Belohnung von außen gebunden.
- Die Tätigkeit selbst ist Ziel des Handelns, der Blick richtet sich auf den Prozess, nicht vorrangig auf das Produkt.

Die *Flow*-Komponenten sind aus Sicht der Didaktik deshalb besonders interessant, weil sie konkrete Ansatzpunkte darstellen, um über *Flow*-begünstigende Unterrichtsfaktoren nachzudenken. Zum einen ist *Flow* ein subjektiv wahrgenommener Zustand und wird von Faktoren beeinflusst, die im Lerner selbst liegen. Zum anderen gibt es aber auch externe Auslöser für optimales Erleben. Diese spiegeln sich in verschiedenen der oben aufgelisteten *Flow*-Komponenten und bilden mögliche Stellschrauben, an denen pädagogisches Handeln ansetzen kann, um Rahmenbedingungen zu schaffen, die diesen optimalen, für das Lernen wertvollen Zustand begünstigen. *Flow*-Erleben ist, wie gezeigt wurde, vielschichtig, sodass nicht von einem einfachen Reiz-Reaktions-Schema ausgegangen werden kann, aber es deutet Vieles darauf hin, dass die genannten Komponenten tatsächlich *Flow* auslösen können. Werden also *Flow*-begünstigende Faktoren im Unterricht berücksichtigt, erhöht sich die Wahrscheinlichkeit, dass Schülerinnen und Schüler den Zustand optimaler Erfahrung erreichen bzw. ihn öfter erleben.

Der dramapädagogische Fremdsprachenunterricht scheint in mehrfacher Hinsicht geeignet, um *Flow* zu begünstigen. Abgesehen von den intensiven, oftmals zugleich emotional, ästhetisch und kognitiv stimulierenden Erfahrungen mit Dramatisierungen, lassen sich weitere *Flow*-kompatible Merkmale aufzeigen. Beispielsweise steht die Prozessorientierung der Dramapädagogik in Einklang mit der Prozessorientierung beim *Flow*-Erleben selbst. Diese rückt wiederum das unterrichtliche Handeln in unmittelbare Nähe zur autotelischen Tätigkeit (zu Belohnungsmechanismen vgl. 2.5). Die Ausrichtung des dramapädagogischen Fremdsprachenunterrichts auf Schüleraktivierung, Ganzheitlichkeit und unmittelbare Erfahrung, die, wie in Kapitel 1 dargestellt, eine förderliche Grundlage für das Lernen und die lernrelevanten Vorgänge im Gehirn bildet, kann *Flow*-begünstigende Rahmenbedingungen schaffen. Die Phasen des dramapädagogischen Unterrichts (vgl. 5.1) lassen sich in ein dreiphasiges Modell zur *Flow*-Begünstigung im Fremdsprachenunterricht übertragen:

1. Aufwärmphase zum Abbau von Druck und Befangenheit, zum Herstellen von Zuversicht, zur Förderung von Gruppeninteraktion und Gemeinschaftsgefühl, als Anstoß zur Konzentration, zur Einstimmung, Orientierung und Fokussierung auf ein begrenztes Stimulusfeld
2. Kernphase als Herausforderung, wobei Sprachnotsituationen im Besonderen mit den *Flow*-Komponenten Kontrolle, optimale Anforderung und Steigerung des Selbst korrespondieren
3. Ausstiegsphase mit Wertschätzung der Arbeit und klaren Rückmeldungen

Das Modell verweist auf eine hohe Kompatibilität zwischen *Flow*-begünstigenden Bedingungen und dem dramapädagogischen Vorgehen. Zur empirisch fundierten Klärung der Frage nach dem tatsächlichen *Flow*-ermöglichenden Potential des dramapädagogischen Unterrichts ist die Fremdsprachendidaktik jedoch noch weiter gefordert. Die Forschung kann an Vorarbeiten anknüpfen, z.B. an den *Flow*-Fragebogen (vgl. Rheinberg et al. 2003) und an Studien zu *Flow* u.a. bei Sportlern, Musikern und Schauspielern.

Praxisfenster

Uli: Das mit dem *Flow* klang für mich zuerst etwas wolkig, aber ich kenne auch Situationen, in denen ich voll in meiner Arbeit aufgehe, die Zeit vergesse usw. In der Schule gibt es auch manchmal Sternstunden, in denen es richtig gut läuft. Die Schüler vertiefen sich und protestieren sogar, wenn ich die Arbeitsphase beenden möchte. Das beeindruckt und freut mich, und ich wünschte, dieser Zustand könnte anhalten oder käme öfter vor, aber ob das wirklich beeinflussbar ist, weiß ich, ehrlich gesagt, nicht so ganz.

Claudia: Wie ich es verstanden habe, kann man das noch nicht genau sagen, inwieweit *Flow* tatsächlich beeinflussbar ist, aber Komponenten wie klare Zielsetzung, optimale Passung zwischen Herausforderung und Fähigkeiten, Konzentration auf eine Sache, Balance zwischen Wagnis und Kontrolle, klare und nützliche Rückmeldungen klingen für mich auf jeden Fall sinnvoll. Und wenn das dann dazu beiträgt, dass sich die Schüler vertiefen können, die Zeit vergessen und vielleicht sogar einen optimalen Zustand erreichen, umso besser!

Hanna: Meines Erachtens nach müssen die Herausforderungen aber nicht nur Passung aufweisen, sondern auch eine bestimmte Qualität, und diese ist, wie in Zusammenhang mit der Theorie der Verarbeitungstiefe schon besprochen wurde, ein Anliegen des dramapädagogischen Unterrichts. Von zentraler Bedeutung scheint mir das Klima in der Klasse. Es muss wirklich positiv sein, sonst, denke ich, haben wir eher Chancen auf *Antiflow*.

Peter: Über das Schaffen eines positiven Klimas wurde in Zusammenhang mit der Zielsetzung der Drama-Phasen schon einiges gesagt. Wichtig ist, das Gruppenklima nie als stabil zu betrachten, es also immer weiter durch gruppendynamische Übungen zu pflegen, die Schüler auf vielfältige Weise miteinander in Kontakt zu bringen, Humor zu zeigen, gemeinsam zu lachen usw. Gerade bei Heranwachsenden ist das ein ganz wichtiger Aspekt. Viele sind in dem Alter, darüber haben wir ja auch schon ausführlicher gesprochen, besonders auf der Hut, wollen sich auf keinen Fall blamieren und achten sehr auf die Reaktionen der Mitschüler. Umso wichtiger ist es, das Gruppengefühl zu stärken und positive Reaktionen zu fördern, z.B. durch bestätigendes Klatschen. Ehe ich in Klassen mit dramapädagogischen Mitteln arbeite, erkläre ich meinen Schülern vorher immer, warum ich das tue. Außerdem gebe ich ein paar Informationen zur Funktionsweise des Gehirns und erkläre, warum ich denke, dass dramapädagogische Elemente im Fremdsprachenunterricht gute und intensive Lerngelegenheiten bieten.

Claudia: Wenn du den Schülern kommunizierst, dass du an die Wirksamkeit von Dramapädagogik glaubst und das auch noch mit der Arbeitsweise des Gehirns begründest, dann provozierst du doch einen Rosenthaleffekt, die selbsterfüllende Prophezeiung, oder? Ich meine, wenn man als Lehrer oder Leiter eines Experiments seine Überzeugungen und Erwartungen zu erkennen gibt, dann hat man doch meistens einen gewissen Erfolg.

Peter: Klar, das will ich ja auch. Als Praktiker kann ich diesen Überzeugungseffekt als Schubkraft für meine Schüler und ihr Lernen nutzen, in einem Experiment wäre es für den Forscher wohl ein Störfaktor.

Hanna: Wenn du deinen Klassen also erklärt hast, warum du mit ihnen dramapädagogisch arbeiten möchtest und dadurch um ihre Bereitschaft geworben hast, sich darauf einzulassen, steigst du dann direkt ein?

Peter: Im Grunde ja und zwar mit Aufwärmübungen, an die wir erste Reflexions- und Feedbackrunden anschließen. Dabei einigen wir uns auf zwei oder drei grundlegende Regeln, die wir einhalten wollen. Die schreiben wir in einen Dramavertrag.

Uli: Welche Regeln?

Peter: Die erste Regel bezieht sich auf einen respektvollen und wertschätzenden Umgang. In der praktischen Arbeit stellen wir dann fest, dass damit eigentlich schon fast alles geregelt ist, nämlich der respektvolle Umgang miteinander, die Bereitschaft zur Zusammenarbeit in wechselnden Konstellationen sowie angemessene Formen der Rückmeldung. Außerdem fällt darunter auch die Abmachung, dass niemand ausgelacht wird und dass sich die Schüler nicht gegenseitig bei der Arbeit stören. Der pflegliche Umgang mit der Einrichtung und Materialien, Pünktlichkeit und Verlässlichkeit zählen ebenfalls zu Respekt und Wertschätzung. Durch eine zweite Regel soll die Zuversicht der Lernenden gestärkt werden. Sie besagt, dass wir auf unsere Fähigkeiten vertrauen und darauf, unsere Ziele zu erreichen.

Hanna: Und wie sorgst du für klare Zielsetzungen?

Peter: Vor der Aufwärmphase gebe ich zur Orientierung der Schüler in der Regel einen Überblick über den geplanten Ablauf der Sequenz oder Stunde und formuliere das übergeordnete Ziel, das wiederum Teilziele zulässt. Diese kristallisieren sich oftmals erst im Verlauf der praktischen Arbeit heraus. Die Schüler brauchen, wie gesagt, eine Vorstellung davon, was auf sie zukommt, worauf sie sich einlassen und wohin das Ganze führen soll. Manchmal formulieren wir Erwartungen, halten diese fest und kommen in der Reflexionsphase darauf zurück, d.h. wir prüfen, inwieweit unsere Erwartungen erfüllt worden sind und ob sich irgendwo die Notwendigkeit abzeichnet, nachzugreifen oder vertiefend zu arbeiten. Dabei geht es mir nicht nur darum, für Klarheit zu sorgen und Erwartungsmanagement zu betreiben, sondern auch darum, zum Nachdenken anzustoßen, Rückmeldungen zu fördern, das Erreichen von Zielen sichtbar zu machen und den Lernenden dadurch zu zeigen, dass dramapädagogischer Fremdsprachenunterricht keine Bespaßung ist, sondern Unterrichtsziele verfolgt.

Claudia: Es gibt aber auch Kinder, die Theatermethoden nicht so besonders mögen, nämlich scheue Kinder.

Uli: Ja, aber gerade die könnten doch profitieren, wenn sie auf diese Weise herausfinden, was in ihnen steckt und wenn sie merken, dass sie sich eigentlich unterschätzen.

Peter: Man sollte sie allerdings vorsichtig ermutigen und, wie gesagt, dafür sorgen, dass es Notausgänge für sie gibt, wie am Beispiel *Bus Stop* gezeigt wurde oder stumme Rollen, Doppelungen, verdeckte Rollen, die beim Dramatisieren aus dem Off sprechen und dadurch nicht in Erscheinung treten müssen. Scheue Kinder sind eine Adressatengruppe, die meistens zunächst mit Zurückhaltung reagiert, es dann aber tatsächlich, wie du sagst, Uli, zum Aufblühen der Kinder kommen kann. Die zweite, nicht uneingeschränkt für Dramapädagogisches empfängliche Gruppe, bilden oftmals sehr kognitiv orientierte Lerner. Besonders zu Anfang zweifeln sie daran, dass Lernziele so tatsächlich erreicht werden können, und sie fürchten, intellektuell unterfordert zu werden. Außerdem arbeiten einige von ihnen sonst lieber für sich alleine und empfinden es sogar als eine Art Zumutung, wenn sie in immer wieder wechselnden Gruppen mit anderen zusammenarbeiten sollen.

Hanna: Diese Zumutung macht aber doch Sinn: Ein gewisses Maß an Teamfähigkeit sollte bei aller Eigenständigkeit schließlich trotzdem entwickelt werden. Außerdem kann der dramapädagogische Unterricht, wie ich es verstanden habe, ganz flexibel dosiert werden, sodass weiterhin auch Raum bleibt für andere Formen des Arbeitens. Die Scheuen müssen sich nicht ständig herausgefordert fühlen, die sehr Intellektuellen brauchen nicht auf ihre sonstigen Lernpräferenzen zu verzichten, aber das Methodenrepertoire erweitert sich. In diesem Zusammenhang würde ich jetzt gerne noch ein paar Anregungen für die Praxis bekommen. Hat jemand zum Beispiel einen Tipp für eine gute Aufwärmübung?

Uli: Einer meiner Favoriten hat mit Bewegung zu tun. Ich nenne die Übung *Gehen wie...* Alle Kinder stehen auf, dann gebe ich ihnen, natürlich in der Fremdsprache, Anweisungen, wie sie sich durchs Zimmer bewegen sollen: geradeaus, rechts, rückwärts usw. Sie hören die Anweisungen, setzen sie um, bewegen sich dabei und müssen gleichzeitig darauf achten, dass sie sich nicht gegenseitig behindern, also Rücksicht nehmen.

Claudia: Ganz ähnlich kenne ich das auch, aber statt mehrerer Anweisungen in Folge, gebe ich nur eine, z.B. macht ganz kleine Schritte oder geht rückwärts. Damit die Kinder wissen, wann sie losgehen und wann sie wieder anhalten sollen, lege ich eine Musik-CD ein. Stoppt die Musik, bleiben die Kinder wie angewurzelt stehen und warten auf die nächste Anweisung.

Uli: Anweisungen, wie auf Zehenspitzen schleichen, Schritte seitwärts machen oder beim Gehen an die Decke schauen?

Claudia: Genau. Sehr beliebt ist auch das Gehen wie ein Roboter oder in Zeitlupe. Das Durchschreiten des Raumes ist ganz nebenbei eine auflockernde Bewegungs- und eine gute Koordinationsübung.

Hanna: Manchmal lässt sich mit dieser Aufwärmübung bestimmt auch thematisch eine Brücke zur Kernphase schlagen. Wenn in der Kernphase beispielsweise ein

Text über Ferien darstellend er- oder bearbeitet werden soll, böte sich als letzter Bewegungsimpuls das Gehen auf weichem oder heißem Sand an.

Claudia: Oder man bringt unsichtbare Objekte ins Spiel, gibt zum Beispiel die Anweisung, ein Klavier in ein Haus zu tragen.

Peter: Mit deinen unsichtbaren Objekten hast du mich an eine Inszenierungstechnik erinnert, die ich sehr gerne einsetze, nämlich die des *Invisible Character*. Dabei wird meistens ein leerer Stuhl genutzt, auf dem, so wird vorgegeben, eine unsichtbare Person sitzt. Diese ist Teil der Inszenierung, als hätte sie einen aktiven Sprech- und Handlungspart. Aus den Reaktionen der Darsteller, die den leeren Stuhl in ihre Aktionen und ihr Gespräch einbauen, geht hervor, welche Handlungen, Intentionen, Emotionen, Charakterzüge usw. sie dem Unsichtbaren zuschreiben. Die Technik ist auch für Improvisationen geeignet oder wenn in einer Gruppe ein Darsteller fehlt.

Claudia: Peter, du hast von uns hier am meisten Erfahrung mit dramapädagogischem Fremdsprachenunterricht. Würdest du sagen, dass das zu jedem Lehrer passt?

Peter: Das möchte ich nicht einfach platt behaupten. Ich denke, das sollte jeder für sich beantworten und zwar am besten, indem er es selbst ausprobiert. Ich wäre sehr dafür, dass Fremdsprachenlehrer schon im Studium mit der Dramapädagogik in Kontakt kommen, um zu erkunden, wie sich z.B. eine Stichwortimprovisation oder andere Inszenierungsformen und -techniken für den Lerner anfühlen und welches Potential sie zur Entwicklung der Kompetenzen bieten. Später sind Fortbildungen ein wertvoller Begleiter und Impulsgeber für den Alltag. Wir haben ja schon mehrfach darüber gesprochen, dass die Qualität einer der großen Gelingensfaktoren ist. Ich glaube, die lässt sich schwer erreichen, wenn man als Lehrkraft keinen Zugang zu einem unterrichtlichen Vorgehen oder einer Methode findet. Das gilt im Übrigen nicht nur für den dramapädagogischen Unterricht. Aus der Fülle der Anregungen, die die Dramapädagogik bereithält und die z.B. Möglichkeiten zur Schaffung von mehr Bewegung im Unterricht, zur Erhöhung der Eigenaktivität und der Bedeutsamkeit bieten, kann meiner bestimmt nicht objektiven Meinung nach jede Lehrkraft zunächst Inspiration schöpfen und dann immer noch entscheiden, ob sie diese Anregungen nutzen möchte, ob sie sie als Unterrichtsbausteine oder intensiver und umfassender einsetzt.

5.4 Exemplarische Sequenzen

Mit den folgenden Beispielsequenzen soll gezeigt werden, wie eine dreischrittige Dramaphase im Fremdsprachenunterricht aufgebaut werden kann. Die Sequenzen sind als variierbare Vorschläge und Anregungen für die Praxis zu verstehen. Bei den ersten beiden wird die Aufwärmphase in der Ausstiegsphase wieder aufgegriffen, was eine schöne Möglichkeit darstellt, um die dramapädagogische Unterrichtsphase in sich abzurunden. Bei Sequenz 3 böte sich eine Wiederaufnahme der Einstiegsphase ebenfalls an, es wird an dieser Stelle jedoch bewusst eine andere Möglichkeit vorgeschlagen, um das Spektrum zu erweitern und zu verdeutlichen, dass die Ausstiegsphase nicht zwingend an die Aufwärmphase gekoppelt sein muss.

Aufwärmphase I: *Standbildszenerie*

Mehrere Freiwillige stellen sich am Rand des Bühnenbereichs auf. Vom Spielleiter wird ein Impuls gegeben, beispielswiese *Im Supermarkt*, zu dem die Darsteller eine Standbildszenerie schaffen sollen. Der oder die erste Freiwillige betritt dann den Bühnenbereich und nimmt als Standbild z.B. die Position eines Supermarktkunden ein, der einen Einkaufswagen schiebt, an der Kasse in der imaginären Schlange steht, sich streckt, um etwas aus dem Regal zu holen etc. Der oder die Nächste betritt den Bühnenbereich und ergänzt das Standbild, dann folgt der Dritte usw. Nach und nach entsteht so eine ganze Szenerie. Wenn alle ihre Position eingenommen haben, werden sie von denjenigen, die sich nicht als Freiwillige gemeldet hatten, ausgelöst: Das Standbild wird durch die übrigen Schülerinnen und Schüler nun nämlich versprachlicht bzw. vertont. Den einzelnen Statuen werden Gedanken und Gefühle zugesprochen, Äußerungen zugeordnet usw. Die Statuen, denen etwas zugesprochen wurde, lösen sich aus dem Standbild. Auf diese Weise baut sich die Szenerie nach und nach wieder ab. Ziel dieser Übung ist es, das Eis zu brechen, zum Darstellen überzuleiten, Formen des körperlichen und des verbalen Ausdrucks zu nutzen, spontanes Sprechen und Hörverstehen/Hör-Seh-Verstehen zu trainieren. Oftmals kommt es zu humorvollen Unterstellungen und Deutungen des Standbildes sowie zu einem kurzen Austausch zwischen den Darstellern und den Zuschauern, die durch das Zusprechen aktiv partizipieren und dadurch nicht weniger beteiligt sind als die freiwilligen Darsteller. Als Impulsstichwörter eignen sich unterschiedliche Schauplätze, an denen Menschen zusammenkommen und Tätigkeiten ausführen, z.B. im Lehrerzimmer, auf dem Pausenhof, im Kindergarten, in der U-Bahn, auf einer Party usw. Mitunter lässt sich eine thematische Verbindung zur Kernphase herstellen.

Kernphase I: *Szenisches Lesen*

In der Kernphase soll, je nach Kompetenzstand der Klasse und intendierter Offen- bzw. Gelenktheit der Inszenierungsform, ein bekannter oder unbekannter Text (dramatische Texte, Dialoge oder Texte mit Erzähl- und Dialogpassagen usw.) in Gruppen erarbeitet werden. Ziel ist es, den Text im Anschluss im Plenum stimmlich, mimisch und gestisch möglichst überzeugend und lebhaft umzusetzen, sodass das gedruckte Wort durch den Lesevortrag zum Leben erweckt wird. Die Gruppen – es können, je nach Einschätzung der Lehrkraft, Neigungsgruppen gebildet werden oder Zufallsgruppierungen – verteilen die Rollen und erarbeiten sich dann den Text durch Lesegemurmel, d.h. alle lesen gleichzeitig und sprechen dabei halblaut vor sich hin, durch Lesen im Gehen oder die Lernenden nutzen andere Lesetechniken, mit denen sie vertraut sind. Sie schließen dann eine erste gemeinsame Runde mit der *Read and look up*-Technik in den Gruppen an. Dabei lesen die Lernenden einen Satz oder einen Teilsatz, merken sich diesen, legen zumindest zu Beginn noch den Finger auf die Zeile, schauen auf und sprechen den Satz aus dem Gedächtnis. Auf diese Weise werden sie mit dem Text vertrauter, können sich zunehmend Textbausteine merken, was es ihnen erlaubt, sich vom gedruckten Wort zu lösen und am mimischen und gestischen Ausdruck zu arbeiten. Innerhalb der Gruppen beraten sich die Teilnehmer, wie sie die szenische Lesung gestalten möchten, sie klären inhaltliche Fragen sowie möglicherweise Vokabeln. Hierbei kann die Lehrkraft, wenn gewünscht und nötig, unterstützen. Gleiches gilt bei Ausspracheschwierigkeiten. An die Erarbeitungsphase schließt sich das Vorstellen der Arbeitsergebnisse im Plenum an, wobei durch Applaus die Wertschätzung bekundet werden sollte.

Szenisches Lesen zielt darauf, die Auseinandersetzung mit einem Text zu intensivieren, wobei sprachliche Mittel und deren Aussprache geübt werden. Eine weitere Zielsetzung besteht in der Anwendung von Lesetechniken, dem Sich-Lösen von der Textvorlage und im Experimentieren mit der Kombination von verbalen und nonverbalen Ausdrucksformen.

Ausstiegsphase I: *Stepping out of a Snapshot*

Die Schülerinnen und Schüler bauen in den Gruppen, in denen sie während der Kernphase gearbeitet haben, ein Standbild auf, in dem sie die Rolle einnehmen, die sie bei der Lesung innehatten (vgl. Sambanis et al. 2013). Die Lehrkraft geht leise durch das Zimmer und löst die Teilnehmer nach und nach durch leichtes Antippen an der Schulter aus den Standbildern. Sie treten heraus und verlassen damit ihre Rolle. Alternativ oder in Kombination mit einer anderen Kernphase kann die Standbildszenerie, die in der Aufwärmphase geschaffen wurde, wieder hergestellt und erweitert werden, indem alle zum Gesamtbild beitragen und dann, wie beschrieben, durch Antippen herausgelöst werden. In der Feedback- und Reflexionsrunde finden Stimmungsbilder, Fragen zu den einzelnen szenischen Lesungen und Rückmeldungen Raum.[20]

Aufwärmphase II: *Klanglandschaft aufbauen*

Bei dieser Aufwärmübung, die oftmals geeignet ist, um auf die Kernphase einzustimmen, wird zu einem Thema durch die Imitation von Geräuschen, Klatschen usw. eine Klanglandschaft erschaffen. Das Thema könnte beispielsweise lauten *In der Großstadt* oder *Am Strand*, aber auch Stimmungen und Emotionen können als Klanglandschaft dargestellt werden. Jüngere Kinder beteiligen sich recht spontan an Klanglandschaften. Aus organisatorischen Gründen sollte vorab ein Handzeichen vereinbart werden, mit dem die Lehrkraft die Klanglandschaft auch wieder beenden kann. Bei älteren Lernern (vgl. Kap. 3) kann es hilfreich sein, mögliche Geräusche zunächst gemeinsam zu benennen, zu überlegen, wie man sie simulieren kann und dann jeweils mehrere Schülerinnen und Schüler einem Geräusch zuzuordnen. Außerdem ist es sinnvoll, den Zweck der Übung zu verdeutlichen, um die Partizipationsbereitschaft der Teilnehmer zu wecken. Ein unmittelbares Ziel könnte darin bestehen, durch die Klanglandschaft vorzuentlasten: Folgt in der Kernphase nämlich eine Improvisation oder Dramatisierung, bei der das Klangbild zur Schaffung eines besonderen Effektes eingesetzt werden kann, sind die Lernenden in der Regel bereit, sich zu beteiligen. Sollte sich jedoch keine Bereitschaft abzeichnen, wird eine andere Aufwärmübung genutzt.

---

[20] Im *Method Guide* (Grieser-Kindel et al. 2006: 59) findet sich ein auf Englisch abgefasster Evaluationsbogen, mit dem die Schülerinnen und Schüler gegenseitig ihr szenisches Lesen kriteriengeleitet beurteilen können. Die Kriterien lassen sich problemlos z.B. ins Französische übersetzen. Der Bogen kann den Lernenden helfen, ihre Beobachtung zu fokussieren und zielorientiert Rückmeldungen zu geben.

Kernphase II: *Drama on the Spot*

Bei *Drama on the Spot* wird zu einem der Klasse noch nicht bekannten Text improvisiert, und zwar im Plenum. Zunächst werden die Rollen verteilt. Die Darsteller halten sich am Bühnenrand bereit. Dann tritt der Erzähler auf und liest den ersten Sinnesabschnitt des Textes vor. Danach hält er inne, und das Vorgelesene wird von den jeweiligen Spielern spontan improvisierend dargestellt. Danach verharren sie in einer Standbildposition während der Erzähler den nächsten Abschnitt vorliest und die Darstellung weitergeführt wird. Zu Beginn können einfache Texte gewählt werden, die ein Darstellen Satz für Satz ermöglichen. Anspruchsvollere Texte können so ausgedruckt werden, dass die Lehrkraft vorab die Aufgliederung in Sinnesabschnitte vornimmt und dem Erzähler den Text entsprechend deutlich in Abschnitte gegliedert vorlegen kann, sodass dieser weiß, wann er beim Vorlesen eine Pause zum Dramatisieren einlegen soll. Oftmals ist es sinnvoll, dem Vorleser eine kurze Vorbereitungsphase mit Anwendung der *Read and look up*-Technik zu geben, während die übrigen Schülerinnen und Schüler z.B. noch an der Klanglandschaft weiterarbeiten. Natürlich kann bei Bedarf auch die Lehrkraft selbst den Text vorlesen. Für *Drama on the Spot* eignen sich humorvolle Texte besonders gut bzw. solche mit einer Pointe oder einer überraschenden Wendung. Auch dem Alter der Schülerinnen und Schüler angepasste Witze können oftmals so erweitert werden, dass sich aus ihnen eine geeignete Textvorlage machen lässt. Die Spieler können rein pantomimisch agieren, während die Zuschauer die Klanglandschaft wiederaufleben lassen und damit die Darstellung untermalen. Soll *Drama on the Spot* als möglichst wenig gelenkte Inszenierungsform genutzt werden, kann ein Text mit offenem Ende gewählt werden, den die Spieler dann improvisierend zu einer Lösung führen müssen.

Ausstiegsphase II: *Klanglandschaft abbauen*

Zur Beendigung der Kernphase und zur Abrundung der gesamten Sequenz kann die Klanglandschaft abschließend ein letztes Mal aufgebaut, in der Lautstärke gesteigert und auf ein vorab vereinbartes Handzeichen hin beendet werden. Eine Alternative besteht darin, die Klanglandschaft immer leiser werden zu lassen, bis sie schließlich nicht mehr wahrnehmbar ist und damit die Dramaphase ausklingen zu lassen.

Aufwärmphase III: *Murmelgang*

Alle gehen im Zimmer und murmeln zu einem vorgegebenen Thema vor sich hin. Nach einer Weile können die Teilnehmer Blickkontakt zu einem anderen Murmelgänger herstellen und versuchen, mit ihm in einen Murmeldialog zu kommen, während sie weiter durch das Klassenzimmer gehen. Gerät das abwechselnde Murmeln ins Stocken, trennen die beiden sich und jeder spricht wieder vor sich selbst hin. Murmelgänger, die alleine bleiben wollen, können durch Vermeiden von Blickkontakt oder Kopfschütteln die Kontaktaufnahme unterbinden. Ziel des Murmelgangs ist das Sprechen in Bewegung ohne Unterbrechung und ohne Korrekturen, gewissermaßen ein risikoloses Sich-Warm-Reden in der Fremdsprache.

Eine Variation mit etwas veränderter Zielsetzung stellt *Schau auf mich/Schau nicht auf mich* (Elena 2011: 69) dar. Dabei machen nur einige Schülerinnen und Schüler den Murmelgang, und zwar im Bühnenbereich. Abwechselnd erhalten sie die Aufgabe, beim Murmeln so unscheinbar wie möglich zu wirken oder die Aufmerksamkeit der anderen auf sich zu ziehen. Bevor die nächste Schülergruppe den Bühnenbereich betritt, schließt sich eine kurze Auswertungsrunde an.

Kernphase III: *Playback Theater*

Anders als die Bezeichnung suggeriert, bezeichnet *Playback Theater* keine Inszenierungen, bei denen der Text eingespielt wird, während die Darsteller nur die Lippen bewegen. Vielmehr wird eine Erzählung von (Laien-)Schauspielern, im Klassenzimmer von schauspielfreudigen Schülerinnen und Schülern, improvisierend dargestellt. Die Erzählung wird von einem Zuschauer eingebracht, der von einer Begebenheit berichtet oder eine persönliche Anekdote teilt. Die Darsteller spielen die Essenz des Erzählten als Improvisation an den Erzähler und das Publikum zurück. Der Name *Playback Theater* verweist auf dieses Zurückspielen (vgl. Playbacktheater *Die Spiegelneuronen*). Das *Playback Theater*, das übrigens in den 1970ern in den USA entwickelt wurde, ist eine „besondere Form des interaktiven Theaters" (Feldhendler 2013: 55). Die Spieler sitzen im Bühnenbereich den Zuschauern gegenüber. Auf der linken Seite stehen zwei Stühle, einer für den Leiter (*Conductor*), einer für den Erzähler.[21] Die Rolle des Leiters sollte zumindest bei den ersten *Playback Theater*-Versuchen von der Lehrkraft übernommen werden, da der Leiter durch seine Fragen dafür sorgt, dass die Erzählung eine klare Struktur erhält. Den Erzählstuhl neben dem Leiter darf jeder Freiwillige aus dem Publikum einnehmen, der etwas zu berichten hat und damit als Erzähler fungieren möchte. Nimmt eine Schülerin oder ein Schüler dort Platz, beginnt das Interview, d.h. der Erzähler wird so durch Frageimpulse (besonders W-Fragen) geleitet, dass er strukturiert erzählt und alle für die Spieler und das Publikum wichtigen Informationen bereitstellt. „Nach der Erzählung einer Geschichte werden die Darsteller eingeladen, die Essenz der Szene in verdichteter Form wiederzugeben" (Feldhendler 2013: 61). Dabei geht es nicht um ein Persiflieren oder um groteskes Überzeichnen, sondern vielmehr darum, „spontan und mit Bedacht, intuitiv und auf den Punkt gebracht" zu spielen (vgl. Playbacktheater *Die Spiegelneuronen*). Die Erzählung soll durch die Darstellung wertgeschätzt und Emotionen zum Ausdruck gebracht werden. Dem Erzähler wird somit eine Interpretation seines eigenen, aus der Perspektive der Spieler betrachteten Erlebens zurückgespielt, was sehr interessante Sichtweisen eröffnen kann. „Nach dem Spiel wird die Geschichte in einer symbolischen Form an den Erzähler sozusagen zurückgegeben, und dieser kommentiert die spontan entstandene szenische Umsetzung" (Feldhendler 2013: 56).

Playback Theater kann durch die Darstellung unterschiedlicher Sichtweisen zur Perspektivenübernahme anregen, wodurch es für den Fremdsprachenunterricht, abgesehen vom zielsprachlichen Gehalt, zusätzlich wertvoll erscheint. Beim Erzählen können Lerner ihre Sprachkenntnisse anwenden, haben aber zugleich durch den Leiter eine Person zur Seite, die ihnen bei Bedarf in Sprachnotsituationen weiterhelfen kann. Auch den Spielern kann im Klassenzimmer die Möglichkeit gegeben werden, den Leiter als Vermittler zu nutzen, sollte die Darstellung einmal nicht gelingen oder

---

[21] Im „echten" *Playback Theater* befindet sich rechts von den Zuschauern ein Musiker, der die Umsetzung des Erzählten unterstützt. Die Wirkung von Musik als Mittel der emotionalen Kommunikation und die Verbindung zu *Chill*-Erlebnissen wurde in 3.3 angesprochen. Auch für das *Playback Theater* ist die Musik eine Unterstützung, allerdings kann die Grundidee (zunächst) auch ohne Musik umgesetzt werden.

ins Stocken geraten. Beim *Playback Theater* kommen die Lernenden selbst zu Wort, d.h. ihre Erlebnisse rücken ins Zentrum und dürfen Raum beanspruchen (vgl. Kap. 2 zu Bedeutsamkeit, Lernen und Emotionen), wobei es durchaus sinnvoll ist, ein Thema vorzugeben. Bei Lernern mit geringen Fremdsprachenkenntnissen kann der Leiter zusätzlich die Rolle dessen übernehmen, der Erzählpassagen auf Deutsch in der Fremdsprache zusammenfasst und damit wertvolle Hörgelegenheiten schafft. Durch die impulsgestützte Leitung des Erzählprozesses werden überdies Modellbeispiele für strukturiertes Erzählen zur Verfügung gestellt. *Playback Theater* sollte nicht nur einmalig eingesetzt werden, da sich die zunehmende Vertrautheit mit dem Ablauf förderlich auf die sprachliche und darstellerische Risikofreude auswirkt. Vorteile des *Playback Theaters* bestehen darin, dass es in nahezu jedem Raum umgesetzt werden kann, keiner speziellen Requisiten bedarf und kaum Planungsaufwand im Vorfeld mit sich bringt. Lehrkraft und Teilnehmer müssen jedoch bereit sein, sich auf das Nicht-Planbare einzulassen, neugierig und offen auf das Geschehen zuzugehen und spontan zu reagieren.

Ausstiegsphase III: *Spiegelbilder*

Jeweils zwei Schülerinnen oder Schüler bilden ein Tandem. Sie sitzen einander gegengenüber. Der eine bewegt sich langsam, während der andere versucht, den Bewegugen wie ein Spiegelbild zu folgen. Die Übung erfordert Ruhe und Konzentration aufeinander. Im Anschluss an diese kurze Bewegungsphase sollten alle Teilnehmer die Möglichkeit bekommen, ihre Eindrücke zum *Playback Theater* anzusprechen, inhaltliche und sprachliche Fragen zu stellen und ein Stimmungsbild abzugeben.

5.5 Zusammenfassung

Das fünfte und letzte Kapitel von *Fremdsprachenunterricht und Neurowissenschaften* widmete sich, besonders in Weiterführung der Themen Bewegung und Lernen, Emotionen und Kognition, Verarbeitung von Inhalten und Erfahrungen, Behalten und Vergessen, dem dramapädagogischen Fremdsprachenunterricht. Nach einer Zielkonkretisierung und ersten Beispielen für die drei dramapädagogischen Phasen (Aufwärm-, Kern- und Ausstiegsphase), nach Anmerkungen u.a. zur Lehrerrolle, zur Bedeutung von Feedback sowie zu Inszenierungsformen und -techniken (vgl. 5.1), wurden Verbindungen zu den im Vorausgegangenen bearbeiteten Themen hergestellt (vgl. 5.2), die wiederum durch Hinweise zum Spiegelneuronensystem und der Theorie der Verarbeitungstiefe ergänzt wurden. Die aufgezeigten Verbindungsmöglichkeiten veranlassen zu dem Schluss, dass die grundlegende Herangehensweise an das Lehren und Lernen und die Impulse, die die Dramapädagogik dem Fremdsprachenunterricht bietet, eine wertvolle Inspirationsquelle für die Umsetzung dessen bilden, was zu „gehirngerechtem" Unterricht beiträgt (zu *gehirngerecht* vgl. 4.5).

Mit *Flow*-Erlebnissen als dopaminergen Ereignissen, die mit positiven Emotionen und der Mobilisierung beachtlicher Energieressourcen einhergehen und so zu einem idealen Fokussierungszustand führen, befasste sich 5.3. Anhand der Komponenten von *Flow* wurden Faktoren benannt, die dem Erleben dieses optimalen Zustandes zuträglich zu sein scheinen. Es zeigte sich eine hohe Kompatibilität zwischen den *Flow*-Komponenten und Komponenten des dramapädagogischen Unterrichts.

Abschließend wurden mehrere exemplarische Sequenzen für den dramapädagogischen Fremdsprachenunterricht dargelegt (vgl. 5.4). Jede berücksichtigt die drei aufeinanderfolgenden Dramaphasen und macht konkrete Vorschläge für die Unterrichtspraxis.

Der Fremdsprachenunterricht stellt eine großartige Aufgabe und zugleich eine ständige Herausforderung für Lehrkräfte und Lernende dar. Die Erkenntnisse, die die Fremdsprachendidaktik und ihre Bezugswissenschaften, darunter die Neurowissenschaften, hervorbringen, ermöglichen es, die Vorgänge beim Lernen besser zu verstehen und das unterrichtliche Handeln entsprechend zu gestalten, es fundiert zu reflektieren und weiterzuentwickeln. In diesem Sinne hat das vorliegende Buch zu einer Entdeckungsreise eingeladen, in deren Verlauf zentrale Aspekte des Themas *Lernen* vor allem im Licht neurowissenschaftlicher Erkenntnisse aus Sicht des Fremdsprachenunterrichts betrachtet wurden. Im Zuge dieser Entdeckungsreise wurde der Versuch unternommen, Wissen zugänglich zu machen und es weder zu beherzt noch zu zögerlich in die Praxis des Fremdsprachenunterrichts zu übersetzen.

Bibliografie

Aguado, K. (2012): Progression, Erwerbssequenzen und Chunks. Zur Lehr- und Lernbarkeit von Grammatik im Fremdsprachenunterricht. In: *Arbeitskreis Deutsch als Fremdsprache – Deutsch als Zweitsprache in der Schweiz* – Rundbrief, Nr. 64/2012, Lehr- und Lernbarkeit, Teil 2, 7-22.

Allwright, D. / Bailey, K. M. (1991): *Focus on the Language Classroom: An Introduction to Classroom Research for Language Teachers.* New York, Cambridge.

Altenmüller, E. / Grewe, O. / Nagel, F. / Kopiez, R. (2007): Der Gänsehaut-Faktor. In: *Gehirn & Geist* 1-2, 58-63.

Altenmüller, E. (2013): Warum bewegt uns Musik? Über die emotionale Wirkung und ihren evolutionären Ursprung. In: *Forschung & Lehre* 3, 190-191.

Antonovsky, A. (1997): *Salutogenese. Zur Entmystifizierung der Gesundheit.* Tübingen.

Asher, James J. (1965): The strategy of the total physical response: An application to learning Russian. In: *IRAL – International Review of Applied Linguistics in Language Teaching* III, 4, 294-300.

Asher, J. J. (1969): The Total Physical Response Approach to second language learning. In: *The Modern Language Journal* 1, 3-17.

Baars, B. J. / Gage, N. M. (Hrsg.) [2](2010): *Cognition, Brain, and Consciousness. Introduction to Cognitive Neuroscience.* San Diego Elsevier.

Bargh, J. / Chen, M. / Burrows, L. (1996): Automaticity of social behavior: Direct effects of trait construct and stereotype activation on action. In: *Journal of Personality and Social Psychology* 71, 230-244.

Bargh, J. / Chartrand, T. (2009): The Mind in the Middle: A Practical Guide to Priming and Automaticity Research. In: Reis, H.T. / Judd, C.M. (Hrsg.): *Handbook of Research Methods in Social and Personality Psychology.* Cambridge, 253-285.

Bäumer, U. (1984): *Wir wollen doch nur deine Seele. Rockszene und Okkultismus: Daten, Fakten, Hintergründe.* Bielefeld.

Berger, M. / Normann, C. (2008): Hirndoping. Kosmetik für graue Zellen. Die Chancen und Risiken von Neuro-Enhancement. In: *Gehirn & Geist* 10, 36-41.

Birr, T. (2012): *On se left you see se Siegessäule. Erlebnisse eines Stadtbilderklärers.* München.

Blöchl, S. (2012): *Staging English: Drama Pedagogy in the Communicative Foreign Language Classroom.* Universität Wien, Diplomarbeit.

Blood, A. / Zatorre, R. (2001): Intensely Pleasurable Responses to Music Correlate with Activity in Brain Regions implicated in Reward and Emotion. In: *Proceedings of the National Academy of Science* 98, 11818-11823.

Bolton, G. [4](1984): *Towards a Theory of Drama in Education.* Harlow.

Borst, A. / Grothe, B. (2011): Die Welt im Kopf. Das Gehirn und die Sinne. In: Bonhoeffer, T. / Gruss, P. (Hrsg.): *Zukunft Gehirn. Neue Erkenntnisse, neue Herausforderungen.* München, 37-58.

Börner, W. / Vogel, K. (Hrsg.) (2004): *Emotion und Kognition im Fremdsprachenunterricht.* Tübingen.

Breiter, H. C. et al. (1997): Acute effects of cocaine on human brain activity and emotion. In: *Neuron* 19, 591-611.

Buddemeier, H. / Strube, J. (1989): *Die unhörbare Suggestion. Forschungsergebnisse zur Beeinflussung des Menschen durch Rockmusik und subliminale Kassetten*. Stuttgart.

Butzkamm, W. [3](2012): *Lust zum Lehren, Lust zum Lernen: Eine neue Methodik für den Fremdsprachenunterricht.* Tübingen.

Cappa, S. F. / Pulvermüller, F. (2012): Cortex special issue: Language and the motor system. In: *Cortex* 48, 785-787.

Craik, F. I. M. / Lockhart, R. S. (1972): Levels of processing. A framework for memory research. In: *Journal of Verbal Learning and Verbal Behaviour* 11, 671-684.

Csíkszentmihályi, M. (2008): *Flow. The Psychology of Optimal Experience*. New York u.a.

Dauber, H. / Döring-Seipel, E. (2010): Salutogenese in Lehrberuf und Schule. Konzeption und Befunde des Projekts SALUS. In: *Pädagogik* 10, 32-35.

Dawirs, R. / Moll, G. (2011): *Endlich in der Pubertät. Vom Sinn der wilden Jahre.* Weinheim, Basel.

Deci, E. L. / Ryan, R. M. (1985): *Intrinsic motivation and self-determination in human behavior.* New York.

Doidge, N. (2007): *The Brain That Changes Itself.* New York.

Domkowsky, R. / Walter, M. (2012): Was kann Theater? Ergebnisse empirischer Wirkungsforschung. In: *Scenario: Journal for Drama and Theatre in Foreign and Second Language Education* 1 (VI).

Dörnyei, Z. (1994): Understanding L2 motivation: on with the challenge. In: *The Modern Language Journal* 4, 515-523.

Ebert, V. (2010): Glaubst du noch oder denkst du schon? Moderne Hirnforschung und religiöse Gefühle. In: Spitzer, M. / Bertram, W. (Hrsg.): *Hirnforschung für Neu(ro)gierige.* Stuttgart, 261-274.

Elena, D. (2011): *Dramapädagogik für Englisch in der Sekundarstufe. Klasse 5-10.* Buxtehude.

Elena, D. (2012): *Dramapädagogik für Englisch in der Grundschule. Klasse 3-4.* Buxtehude.

Elger, C. E. (2011): Der Spielraum des Individuums. Entscheidungsprozesse im Gehirn. In: *Forschung & Lehre* 12, 916-918.

Elliot, A.J. / Maier, M.A. et al. (2007): Color and Psychological Functioning: The Effect of Red on Performance Attainment. In: *Journal of Experimental Psychology* 1, 154-168.

Erk, S. / Kiefer, M. / Grothe, J. / Wunderlich, A.P. / Spitzer, M. / Walter, H. (2003): Emotional context modulates subsequent memory effect. In: *Neuroimage* 18 (2), 439-447.

Erk, S. / Spitzer, M. et al. (2002): Cultural objects modulate reward circuity. In: *Neuroreport* 13 (18), 2499-2503.

Even, S. (2003): *Drama Grammatik. Dramapädagogische Ansätze für den Grammatikunterricht Deutsch als Fremdsprache.* München.

Farah, M. J. / Illes, J. / Cook-Deegan, R. / Gardner, H. / Kandel, E.R. et al. (2004): Neurocognitive Enhancement: what can we do and what should we do? In: *Nature Reviews Neuroscience* 5, 421-425.

Feldhendler, D. (2009): Das Leben in Szene setzen. Wege zu einer relationellen Sprachdramaturgie. In: *Scenario: Journal for Drama and Theatre in Foreign and Second Language Education* 1, 50-69.

Fenn, K.M. et al. (2003): Consolidation during sleep of perceptual learning of spoken language. In: *Nature* 425, 614-616.

Friederici, A.D. (2011): Den Bär schubst der Tiger. Wie Sprache im Gehirn entsteht. In: Bonhoeffer, T. / Gruss, P. (Hrsg.): *Zukunft Gehirn. Neue Erkenntnisse, neue Herausforderungen.* München, 106-120.

Gallese, V. / Buccino, G. (2010): Wir und die anderen. Von den Spiegelneuronen zum Mitgefühl. In: Spitzer, M. / Bertram, W. (Hrsg.): *Hirnforschung für Neu(ro)gierige.* Stuttgart, 43-59.

Gaßmann, R. / Merchlewicz, M. / Koeppe, A. (Hrsg) (2012): *Hirndoping – Der große Schwindel.* Weinheim.

Gehring, W. ³(2010): *Englische Fachdidaktik. Theorien, Praxis, Forschendes Lernen.* Berlin.

Gerlach, D. (2010): *School – Legasthenie und LRS im Englischunterricht: Theoretische Befunde und praktische Einsichten.* Münster u.a.

Godde B. / Berkefeld T. et al. (2002): Age-related changes in primary somatosensory cortex of rats: evidence for parallel degenerative and plastic-adaptive processes. In: *Neuroscience & Biobehavioral Reviews* 26, 743-752.

Grieser-Kindel, C. / Henseler, R. / Möller, S. (2006): *Method Guide. Schüleraktvierende Methoden für den Englischunterricht in den Klassen 5 – 10.* Brauchschweig u.a.

Haack, A. / Surkamp, C. (2011): „Theatermachen" inszenieren – Dramapädagogische Methoden in der Lehrerbildung. In: Küppers, A. / Schmidt, T. / Walter, M. (Hrsg.): *Inszenierungen im Fremdsprachenunterricht. Grundlagen, Formen, Perspektiven.* Braunschweig, 53-66.

Hamann, S. /Mao, H. (2002): Positive and negative emotional verbal stimuli elicit activity in the left amygdala. In: *Neuroreport* 13, 15-19.

Hascher, T. (2005): Emotionen im Schulalltag: Wirkungen und Regulationsformen. In: *Zeitschrift für Päagogik.* 51 (5), 611-625.

Hattie, J. (2009): *Visible Learning. A Synthesis of over 800 Meta-Analyses relating to Achievement.* London, New York.

Hattie, J. (2012): *Visible Learning for Teachers. Maximizing Impact on Learning.* London, New York.

Heinemann, T. (2012): *Populäre Wissenschaft. Hirnforschung zwischen Labor und Talkshow.* Göttingen.

Hille, K. / Gust, K. / Bitz, U. / Kammer, T. (2011): Associations between music education, intelligence, and spelling ability in elementary school. In: *Advances in Cognitive Pschology* 7, 1-6.

Hübener, M. / Klein, R. (2011): Elektrisch aktiv. Funktion und Entwicklung des Gehirns. In: Bonhoeffer, T. / Gruss, P. (Hrsg.): *Zukunft Gehirn. Neue Erkenntnisse, neue Herausforderungen.* München, 12-36.

Hüther, G. (2010): Wie funktioniert das Lernen im Kopf? Erkenntnisse der Neurobiologie über Lernprozesse. In: *Pädagogik* 4, 40-45.

Jaffke, C. (Hrsg.) (1992): *Recueil de Poèmes, Chants, Jeux et Comptines, à l'usage des professeurs de français pour les quatre premières classes des Écoles Waldorf.* Stuttgart.

Kampe, K.K.W. et al. (2001): Reward value of attractiveness and gaze. In: *Nature* 413, 598.

Kandel, E. [3](2006): *Auf der Suche nach dem Gedächtnis. Die Entstehung einer neuen Wissenschaft des Geistes.* München.

Kandel. E.R. / Schwartz, J.H. / Jessell, T.M. [4](2000): *Principles of Neural Science.* New York u.a.

Kehrein, A.S. (2013): *Strategien zum Wortschatzerwerb im Englischunterricht.* FU Berlin, Masterarbeit (Publikation über den Dokumentenserver der Freien Universität in Vorbereitung).

Kessler, B. (2008): *Interkulturelle Dramapädagogik. Dramatische Arbeit als Vehikel des interkulturellen Lernens im Fremdsprachenunterricht.* Frankfurt a.M.

Kiefer, M. / Sim, E.-J. et al. (2007): Experience-dependent plasticity of conceptual representations in human sensory-motor areas. In: *Journal of Cognitive Neuroscience* 19, 525-542.

Kiefer, M. / Adams, S.C. / Zovko, M. (2012): Attentional sensitization of unconscious visual processing: Top-down influences on masked priming. In: *Advances in Cognitive Psychology* 8 (1), 50-61.

Kieweg, W. (2001): Evaluation fremdsprachlicher Leistungen im schulischen Kontext. In: *Fremdsprachen lehren und lernen* 30, 65-86.

Kieweg, W. (2003): Die Rolle der Emotionen beim Fremdsprachenlernen. In: *Der fremdsprachliche Unterricht Englisch* 3, 4-10.

Kinkel, I. (2012): *Englisch in Bewegung – Der Einfluss von Yogaübungen auf die Behaltensleistung von Grundschülern im Englischunterricht.* FU Berlin, Masterarbeit (unveröffentlicht).

Klippel, F. (1980): *Lernspiele im Englischunterricht.* Paderborn.

Kniffka, G. (2013): Deutsch für Kinder – Früher Fremd- und Zweitspracherwerb Deutsch. In: *Fremdsprache Deutsch 48,* 3-12.

Korte, M. / Bonhoeffer, T. (2011): Wie wir uns erinnern. Über Lernen und Gedächtnis. In: Bonhoeffer, T. / Gruss, P. (Hrsg.): *Zukunft Gehirn. Neue Erkenntnisse, neue Herausforderungen.* München, 59-82.

Krashen, S.D. (1981): *Second language acquisition and second language learning.* Oxford.

Krashen, S.D. (1982): *Principles and Practice in Second Language Acquisition.* Oxford.

Kretschmer, C. (1991): *Unterstützung schulischer Lernprozesse bei Grundschülern durch bewegungsorientierten, körperbezogenen, ganzheitlichen Unterricht.* Johann Wolfgang Goethe-Universität Frankfurt am Main, Dissertation.

Kröger, F. (2010): Haptisch-kinästhetische Adressierung im Frühen Fremdsprachenunterricht. In: Arnold, K.H. (Hrsg.): *Zwischen Fachdidaktik und Stufendidaktik: Perspektiven für die Grundschulpädagogik.* Wiesbaden, 133-136.

Kuhl, B. A. et al. (2007): Decreased demands on cognitive control reveal the neural processing benefits of forgetting. In: *Nature Neuroscience* 10, 908-914.

Kurtz, J. (2001): *Improvisierendes Sprechen im Fremdsprachenunterricht. Eine Untersuchung zur Entwicklung spontansprachlicher Handlungskompetenz in der Zielsprache.* Tübingen.

Langer, E.J. (1999): *Kleine Anleitung zum Klugsein. Sieben Kapitel über sinnvolles Lernen.* Stuttgart (Originalausgabe *The Power of Mindful Learning* 1997).

Largo, R.H. / Czernin, M. (2011): *Jugendjahre. Kinder durch die Pubertät begleiten.* München.

Leßmöllmann, A. (2013): Die Gabe der Sprache. In: *Gehirn & Geist* Dossier, 62-67.

Lewis, M. (2002): *The Lexical Approach. The State of ELT and a Way Forward.* Boston.

Lozanov, G. (1978): *Suggestology and Outlines of Suggestopedia.* New York, London, Paris.

Lukesch, H. (2000): Lernen ohne Anstrengung? Der Sirenengesang der geheimen Verführer. In: *Zeitschrift für Pädagogische Psychologie* 14 (2/3), 59-62.

Macedonia, M. / Müller, K. / Friederici, A.D. (2011): The Impact of Iconic Gestures on Foreign Language Word Learning and Its Neural Substrates. In: *Human Brain Mapping* 32 (6), 982-998.

Maguire, E.A. / Woollett, K. (2011): Acquiring "the Knowledge" of London's Layout Drives Structural Brain Changes. In: *Current Biology* 21 (24), 2109-2114.

Maley, A. / Duff, A. (2002): *Drama techniques in language learning. A resource book of communication activities for language teachers.* Cambridge.

Marcus, G.F. / Vijayan, S. / Bandi Rao, S. / Vishton, P.M. (1999): Rule-learning by seven-month-old infants. In: *Science* 283, 77-80.

Martin, J.-P. (1994): *Vorschlag eines anthropologisch begründeten Curriculums für den Fremdsprachenunterricht.* Tübingen.

McCafferty, S.G. / Stam, G. (2008): *Gesture: second language acquisition and classroom research.* London.

McGivern, R. F. / Andersen, J. / Byrd, D. et al. (2002): Cognitive efficiency on a match to sample task decreases at the onset of puberty in children. In: *Brain and Cognition* 50, 73-89.

Mehta, R. / Zhu, R.J. (2009): Blue or Red? Exploring the Effect of Color on Cognitive Task Performances. In: *Science* 323, 1226-1229.

Meier, B.P. / D'Agostino, P.R. et al. (2012): Color in Context: Psychological Context Moderates the Influence of Red on Approach- and Avoidance-Motivated Behavior. In: *PLoS ONE* 7, 1-5.

Müller, C. / Petzold, R. (2006): *Bewegte Schule: Aspekte einer Didaktik der Bewegungserziehung in den Klassen 5 bis 10/12.* Sankt Augustin.

Ortner, B. (1998): *Alternative Methoden im Fremdsprachenunterricht: Lerntheoretischer Hintergrund und Praktische Umsetzung.* Ismaning.

Osteroth, P. (2013): *Seeing Red: The Effect of Colour Priming on Detail-Oriented Performance in Achievement Contexts*. FU Berlin, Masterarbeit (Publikation über den Dokumentenserver der Freien Universität in Vorbereitung).

Oxford, R.L. (1990): *Language Learning Strategies. What Every Teacher Should Know*. Boston, Massachusetts.

Palmer, H.E. / Palmer, D. (1970): *English through Actions*. London.

Pawlak, R. et al. (2003): Tissue plasminogen activator in the amygdala is critical for stress-induced anxiety-like behavior. In: *Nature Neuroscience* 6, 168-174.

Petillon, H. (2000): Spiele(n) in der Grundschule. Versuch einer Problemerklärung. In: *Grundschulmagazin* 2, 4-9.

Phillips, D.P. (1974): The Influence of Suggestion on Suicide: Substantive and Theoretical Implications of the Werther Effect. In: *American Sociological Review* 39, 340–354.

Plöhn, I. (2002): *Zur erziehungswissenschaftlichen Relevanz des «Flow»-Begriffes. Eine Analyse reformpädagogischer Konzepte*. Universität Hamburg, Dissertation.

Pulvermüller, F. (2005): Brain mechanisms linking language and action. In: *Nature* 6, 576-582.

Quentin, G. ²(2004): *Enseigner avec aisance grâce au théâtre*. Lyon.

Raaf, B. (2005): *Humor im Englischunterricht*. München (MAFF – Münchener Arbeiten zur Fremdsprachenforschung Bd. 11.).

Ramirez, G. / Beilock, S.L. (2011): Writing about testing worries boosts exam performance in the classroom. In: *Science* 331, 211-213.

Rheinberg, F. / Vollmeyer, R. / Engeser, S. (2003): Die Erfassung des Flow-Erlebens. In: Stiensmeier-Pelster, J. / Rheinberg, F. (Hrsg.): *Diagnostik von Motivation und Selbstkonzept*. Göttingen, 261-279.

Rheinberg, F. ³(2006): Intrinsische Motivation und Flow-Erleben. In: Heckhausen, J. / Heckhausen, H. (Hrsg.): *Motivation und Handeln*. Berlin, 331-354.

Rizzolatti, G. / Sinigaglia, C. (2008): *Empathie und Spiegelneurone: Die biologische Basis des Mitgefühls*. Frankfurt a.M.

Ronke, A. (2005): *Wozu all das Theater? Drama and Theater as a Method for Foreign Language Teaching and Learning in Higher Education in the United States*. TU Berlin, Dissertation.

Rose, N. (2013): Mancher leidet am Gehirn-Übertreibungssyndrom. Interview in: *Gehirn & Geist* Dossier, 12-15.

Rück, H. (2004): *Fremdsprachen in der Grundschule. Französisch und Englisch*. Landau (zweite, überarbeitete Auflage 2008).

Rüegg, J.C. / Bertram, W. (2010): Hirnlandschaften. Eine funktionell-neuroanatomische Tour d' Horizon. In: Spitzer, M. / Bertram, W. (Hrsg.): *Hirnforschung für Neu(ro)gierige*. Stuttgart, 1-11.

Sachser, D. (2009): *Theaterspielflow. Über die Freude als Basis schöpferischen Theaterschaffens*. Berlin.

Sambanis, M. (Hrsg.) (2003a): *Englisch in der Grundschule – leicht gemacht*. Donauwörth.

Sambanis, M. (Hrsg.) (2003b): *Französisch in der Grundschule – leicht gemacht*. Donauwörth.

Sambanis, M. (2007): *Sprache aus Handeln. Englisch und Französisch in der Grundschule*. Landau (Landauer Schriften zur Kommunikations- und Kulturwissenschaft Bd. 14).

Sambanis, M. (2009a): *Keep up! – Fördermaterialien und Tipps für den Englischunterricht ab Klasse 3*. Augsburg.

Sambanis, M. (2009b): Stärken und Schwächen des Fremdsprachenunterrichts aus Sicht von Sekundarstufenschülern/innen. In: *Praxis Fremdsprachenunterricht* 3, 9-12.

Sambanis, M. / Speck, A. (2010): Lernen in Bewegung: Effekte bewegungsgestützter Wortschatzarbeit auf der Primarstufe. In: *Französisch heute* 3, 111-115.

Sambanis, M. (2010): Neurowissenschaftliche Reflexionen zum Fremdsprachenunterricht in der Grundschule. In: Altmayer, C. et al. (Hrsg.): *Grenzen überschreiten: sprachlich – fachlich – kulturell*. Baltmannsweiler, 15-27.

Sambanis, M. (2011): Weniger stillsitzen, mehr lernen? – Effekte bewegungsbasierter Wortschatzarbeit auf der Primar- und Sekundarstufe. In: Schäfer, P. / Schowalter, C. (Hrsg.): *In mediam linguam. Mediensprache – Redewendungen – Sprachvermittlung*. Festschrift für Heinz-Helmut Lüger, 365-376.

Sambanis, M. (2013): Lernen mit Bewegungen. In: *Fremdsprache Deutsch* 48, 25-28.

Sambanis, M. / Baran, D. / Beltrop, K. / Grabert, L. / Knorr-Dadfar, J. / März, J. / Schneider, A. / Splitt, F. / Wonschik, K. (2013): Drama to go! Hints and hands-on activities for the classroom. In: *Scenario: Journal for Drama and Theatre in Foreign and Second Language Education*. http://research.ucc.ie/scenario/2013/01.

Sambanis, M. (erscheint 2014): Englisch bewegt! In: *Grundschule Englisch*.

Schaarschmidt, U. [2](2005): *Halbtagsjobber? Psychische Gesundheit im Lehrerberuf – Analyse eines veränderungsbedürftigen Zustandes*. Weinheim.

Scheuerl, H. [12](1994): *Das Spiel. Untersuchungen über sein Wesen, seine pädagogischen Möglichkeiten und Grenzen*. Bd. 1. Weinheim.

Scheuerl, H. [12](1997): *Das Spiel. Theorien des Spiels*. Bd. 2. Weinheim.

Schewe, M. (1993): *Fremdsprache inszenieren. Zur Fundierung einer dramapädagogischen Lehr- und Lernpraxis*. Oldenburg.

Schewe, M. (2011): Die Welt auch im fremdsprachlichen Unterricht immer wieder neu verzaubern – Plädoyer für eine performative Lehr- und Lernkultur! In: Küppers, A. / Schmidt, T. / Walter, M. (Hrsg.): *Inszenierungen im Fremdsprachenunterricht. Grundlagen, Formen, Perspektiven*. Braunschweig, 20-31.

Schiffler, L. (1989): *Suggestopädie und Superlearning – empirisch geprüft*. Frankfurt a.M.

Schiffler, L. (2012): *Effektiver Fremdsprachenunterricht. Bewegung – Visualisierung – Entspannung*. Tübingen.

Schiller, F. (1795): Über die ästhetische Erziehung des Menschen. In: Schiller, F. [1997]: *Sämtliche Werke*. Bd. 5. Darmstadt, 614-619.

Schlander, M. / Trott, G.E. / Schwarz, O. (2010): Gesundheitsökonomie der Aufmerksamkeitsdefizit / Hyperaktivitätsstörung in Deutschland. Teil 2: Therapeutische Optionen und ihre Kosteneffektivität. In: *Nervenarzt* 81, 301-314.

Schleim, S. (2010): Gedankenlesen. Fiktion oder Zukunftstechnologie? In: Spitzer, M. / Bertram, W. (Hrsg.): *Hirnforschung für Neu(ro)gierige*. Stuttgart, 207-218.

Schleim, S. (2013): Die 7 größten Neuromythen. In: *Gehirn & Geist* Dossier, 6-11.

Schulte-Körne, G. / Warnke, A. / Remschmidt, H. (2006): Zur Genetik der Lese-Rechtschreibschwäche. In: *Zeitschrift Für Kinder- und Jugendpsychiatrie und Psychotherapie*, 34(6), 435-444.

Schunk, D.H. [6](2012): *Learning Theories. An Educational Perspective.* Boston.

Scrivener, J. [3](2011): *Learning Teaching. The Essential Guide to English Language Teaching.* Oxford.

Seymour, D. / Popova, M. (2003): *700 Classroom Activities. Instant Lessons for Busy Teachers*. Oxford.

Sigala, N. / Logothetis, N.K. (2002): Visual Categorization shapes feature selectivity in the primate temporal cortex. In: *Nature* 415, 318-320.

Small, D.M. / Zatorre, R.J. et al. (2001): Change in brain activity related to eating chocolate. From pleasure to aversion. In: *Brain* 124, 1720-1733.

Soden-Fraunhofen, R. et al. (2007): Die Rolle der motorischen Interaktion beim Erwerb begrifflichen Wissens. Eine Trainingsstunde mit künstlichen Objekten. In: *Zeitschrift für Pädagogische Psychologie* 22 (1), 47-58.

Spitzer, M. (2003): *Lernen. Gehirnforschung und die Schule des Lebens.* Heidelberg, Berlin.

Spitzer, M. (2008a): Pubertät im Kopf. In: *Nervenheilkunde* 7, 674-678.

Spitzer, M. (2008b): Spielen und Lernen. Friedrich Schiller und der Wachstumsfaktor BDNF. In: *Nervenheilkunde* 5, 458-462.

Spitzer, M. (2009a): Die Farben des Denkens. In: *Nervenheilkunde*, 28, 320-323.

Spitzer, M. (2009b): Kindertheater. Kreativität, Vorstellungen und Gehirnforschung. In: *Nervenheilkunde* 28, 97-102.

Spitzer, M. / Bertram, W. (Hrsg.) (2010): *Hirnforschung für Neu(ro)gierige*. Stuttgart.

Spitzer, M. (2010a): Automatik im Kopf. Wie das Unbewusste arbeitet. In: Spitzer, M./ Bertram, W. (Hrsg.): *Hirnforschung für Neu(ro)gierige*. Stuttgart, 107-129.

Spitzer, M. (2010b): *Medizin für die Bildung. Ein Weg aus der Krise.* Heidelberg.

Spitzer, M. (2010c): *Aufklärung 2.0. Gehirnforschung als Selbsterkenntnis*. Stuttgart.

Stern, S.L. (1981): Drama in Second Language Learning. From a Psycholinguistic Perspective. In: *Language Learning* 1, 77-97.

Stickgold, R. (2005): Sleep-dependent memory consolidation. In: *Nature* 437, 1272-1278.

Surkamp, C. (Hrsg.) (2010): *Metzler Lexikon Fremdsprachendidaktik*. Stuttgart.

Terhart, E. (2011): Has John Hattie really found the holy grail of research on teaching? An extended review of *Visible Learning.* In: *Curriculum Studies* 43 (3), 425-438.

Thaler, E. (2010): *Lernerfolg durch Balanced Teaching.* Berlin.

Thaler, E. (2012a): Heiter kommt man weiter. Humor im Fremdsprachenunterricht. In: *Praxis Fremdsprachenunterricht* 3, 5-8.

Thaler, E. (2012b): *Englisch unterrichten. Grundlagen, Kompetenzen, Methoden.* Berlin.

Thornbury, S. (2006): *An A – Z of ELT. A Dictionary of Terms and Concepts.* Oxford.

Tönshoff, W. (2007): Lernerstrategien. In: Königs, Frank G. und Ekkehard Zöfgen (Hrsg.): *Fremdsprachen Lernen und Lehren. Themenschwerpunkt: Wortschatz – Wortschatzerwerb – Wortschatzlernen.* Tübingen, 331-335.

Tselikas, E.I. (1999): *Dramapädagogik im Sprachunterricht.* Zürich.

Ulich, D. / Mayring, P. (1992): *Psychologie der Emotionen.* Stuttgart.

Villringer, A. (2011): Erkrankungen des Gehirns. In: Bonhoeffer, T. / Gruss, P. (Hrsg.): *Zukunft Gehirn. Neue Erkenntnisse, neue Herausforderungen.* München, 147-165.

Vogeley, K. (2013): Viel sagende Blicke. In: *Gehirn & Geist* Dossier, 68-73.

Vygotsky, L.S. (1964): *Denken und Sprechen.* Berlin.

Wagner, B.J. (1979): *Dorothy Heathcote. Drama as a learning medium.* London.

Walter, M. (2012): Theater und Fremdsprachenvermittlung. In: Nix, C. / Sachser, D. / Streisand, M. (Hrsg.): *Theaterpädagogik (= Lektionen 6). Theater der Zeit.* Berlin, 182-188.

Wartha, O. / Brandstetter, S. (2009): *Komm mit in das gesunde Boot.* Ein Projekt der Baden-Württemberg Stiftung; Bewegung, Ernährung und Freizeitgestaltung mit den Inselpiraten – Klasse 1./2. Donauwörth.

Wartha, O. / Kobel, S. / Weber, S. (2010): *Komm mit in das gesunde Boot.* Ein Projekt der Baden-Württemberg Stiftung; Bewegung, Ernährung und Freizeitgestaltung mit den Inselpiraten – Klasse 3./4. Donauwörth.

Weigel, M. (2013): *Szenisches Lernen und Aussprache im Englischunterricht.* FU Berlin, Masterarbeit (unveröffentlicht).

White, R. / Krämer-Albers, E.-M. / Trotter, J. (2009): Myelin macht Reize schnell. In: *Forschungsmagazin* der Johannes Gutenberg Universität Mainz 1, 49-52.

Wiegand, M.H. (2010): Hirnmüll oder Königsweg zum Unbewussten. Ist der Traum ein salonfähiges Forschungsthema? In: Spitzer, M. / Bertram, W. (Hrsg.): *Hirnforschung für Neu(ro)gierige.* Stuttgart, 130-147.

Wietasch, A.-K. (2007): Jugend, Körper und Emotion. Eine Schnittmenge aus neurobiologischer Sicht. In: *Diskurs Kindheits- und Jugendforschung* 2, 123-137.

Wild, B. (2011): Es gibt im Gehirn kein Humorzentrum. In: *Forschung & Lehre* 1, 12-13.

Willis, J. (2010): The Current Impact of Neuroscience on Teaching and Learning. In: Souse, D.A. et al. (Hrsg.): *Mind, brain, and education: neuroscience implications for the classroom,* 45-66.

Wolfe, P. [2](2001): *Brain Matters: Translating Research into Classroom Practice.* Alexandria (USA).

Wright, A. (2006): *Creating Stories with Children.* Oxford (Erstveröffentlichung 1997).

Zander, G. (2002): *Was ist LRS-Förderung im Englisch-Unterricht?* Mühlheim.

Zimmer, R. (1999): *Handbuch der Psychomotorik. Theorie und Praxis der psychomotorischen Förderung von Kindern.* Freiburg.

Zimmer, H.D. et al. (Hrsg.) (2001): *Memory for action: a distinct form of episodic memory?* Oxford.

Weitere Quellen im Netz & DVDs

Chein, J. / Albert, D./ O'Brien, L. et al. (2011): Peers increase adolescent risk taking by enhancing activity in the brain's reward circuitry. In: *Dev Sci.* 14 (2). http://www.ncbi.nlm.nih.gov/pmc/articles/PMC3075496/.

Deutscher Ethikrat (2012): Suizidales Verhalten in Deutschland. http://www.ethikrat.org/dateien/pdf/plenarsitzung-27-09-2012-schmidtke.pdf.

Deutschlandradio in der Reihe DRadio Wissen: *Generation Ritalin.* (Bericht gesendet am 5.4.2012).http://wissen.dradio.de/adhs-generation-ritalin.33.de.html?dram:article_id=15923.

DHS – Deutsche Hauptstelle für Suchtfragen (Hrsg.) (2012): *Hirndoping.* http://www.dhs.de/start/startmeldung-single/article/aktionswoche-alkohol-2013-kopie-1.html.

DHS – Deutsche Hauptstelle für Suchtfragen (Hrsg.) (2011): Hirndoping – sinnlos, riskant und teuer! Und ein Irrweg: Immer mehr Leistung mit immer mehr Pillen! (Positionspapier der DHS). http://www.dhs.de/fileadmin/user_upload/pdf/Broschueren/PMHirndoping.pdf.

DICE Consortium (Hrsg.) (2010): *The DICE has been cast. Research findings and recommendations on educational theatre and drama.* Budapest. www.dramanetwork.eu.

Domkowsky, R. (2011): *Theaterspielen – und seine Wirkungen.* Universität der Künste Berlin. Dissertation. http://opus.kobv.de/udk/volltexte/2011/37.

Ehrhard, K. / Lo, H. et al. (2008): *Günstigerer Umgang mit Abi-Stress.* www.znl-ulm.de/Themen/Schule/Emotionen-und-Lernen/Abistress/Umgang_mit_Abistress.pdf.

Fischer, K. (2005): Furchtbar schön. In: *Die ZEIT online.* http://www.zeit.de/zeit-wissen/2005/04/Angstlust.xml.

FOCUS online (20.1.2005): *Schlau trotz Mini-Hirn.* www.focus.de/wissen/einstein_aid_90435.html.

HBSC-Team Deutschland (2011): *Studie Health Behaviour in School-aged Children – Faktenblatt „Körperliche Aktivität bei Kindern und Jugendlichen".* Bielefeld.www.gbe-bund.de/gbe10/owards.prc_show_pdf?p_id=14462&p_sprache=d&p_uid=gastg&p_aid=96534650&p_lfd_nr=1.

Jäncke, L. (2012): The relationship between music and language. In: *Front. Psychology* 3 (123). www.frontiersin.org/Auditory_Cognitive_Neuroscience/10.3389/fpsyg.2012.00123/full.

Kandel, E. (2008): *Auf der Suche nach dem Gedächtnis.* (DVD, Dokumentation von Petra Seeger)

Kirchner, K. (2004): *Motivation beim Fremdsprachenerwerb: Eine qualitative Pilotstudie zur Motivation schwedischer Deutschlerner.* In: *Zeitschrift für Interkulturellen Fremdsprachenunterricht* 9(2), 1-32. www.ualberta.ca/~german/ejournal/Kirchner2.htm.

Köller, O. / Möller, J. (2012): Was wirklich wirkt: John Hattie resümiert die Forschungsergebnisse zu schulischem Lernen. Teil 1: Auf den Unterricht kommt es an! In: *Schulmanagement online* 4, 34-37. www.schulmanagement-online.de.

Kreis, O. (2012): Neues Licht = helle Köpfe? www.znl-ulm.de/Newsletter/newsletter.html#NL14-4.

Kultusministerkonferenz (KMK) (2012): *Bildungsstandards für die fortgeführte Fremdsprache (Englisch / Französisch) für die Allgemeine Hochschulreife.* http://www.kmk.org/fileadmin/veroeffentlichungen_beschluesse/2012/2012_10_18-Bildungs-standards-Fortgef-FS-Abi.pdf.

Miller, J.: *Jeff Miller's Backmasking Site.* http://jeffmilner.com/backmasking/index.html.

Moraitis, A. (2011): *Dramapädagogik – Dramagrammatik. Dramatische Arbeit in allen Fächern.* www.uni-due.de/imperia/md/content/prodaz/prodaz_dramapaed_ueberblick 20110505.pdf.

Ochmann, F. (2012): *Helden des Körpers – die Amydala.* www.stern.de/wissenschaft/gesund_leben/koerperhelden/helden-des-koerpers-die-amygdala-513716.html.

Playback Theater Die Spiegelneuronen: Playback Theater. www.playbacktheater-die-spiegelneuronen.de/berlin/playbacktheater.

Pressemeldung der Universität Bielefeld (2013): *Deutsche Jugendliche bewegen sich zu wenig.* http://ekvv.uni-bielefeld.de/blog/pressemitteilungen/entry/deutsche_jugendliche_bewegen_sich_zu.

Reinhardt, R.K. (2009): *Laufen macht schlau! Aerobes Ausdauer-Lauftraining, Genotyp und Kognition.* Universität Karlsruhe, Dissertation. http://digbib.ubka.uni-karlsruhe.de/volltexte/1000012032.

Robert Koch Institut (Hrsg.) (2006): *Erste Ergebnisse der KiGGS-Studie zur Gesundheit von Kindern und Jugendlichen in Deutschland.* www.rki.de/DE/Content/Gesundheitsmonitoring/Studien/Kiggs/Basiserhebung/Ergebnisbrosch%C3%BCre.pdf?_blob=publicationFile.

Rösing, H. (1992): Heavy Metal, Hardrock, Punk: Geheime Botschaften an das Unbewusste? In: *Beiträge zur Popularmusikforschung* Bd. 12 (Sonderband), http://geb.uni-giessen.de/geb/volltexte/2008/5288/pdf/Popularmusik-Sonderband_S163-185.pdf.

Scheich, H. (2003): Lernen unter der Dopamindusche. In: *Die ZEIT online.* http://www.zeit.de/2003/39/Neurodidaktik_2.

Sosic, Z. (2008): Nach dem Lernen braucht unser Gehirn eine Denkpause. In: *Spektrum Hören* 1, 8-11. http://www.spektrum-hoeren.de/downloads/sh_artikel_1.pdf.

Spiewak, M. (2013): Hattie-Studie. Ich bin superwichtig! In: *Die ZEIT online.* http://www.zeit.de/2013/02/Paedagogik-John-Hattie-Visible-Learning.

Stroth, S. (2009): *Einfluss eines Ausdauerlauftrainings auf exekutive Funktionen und deren hirnelektrische Korrelate unter Berücksichtigung eines genetischen Polymorphismus.* Universität Ulm, humanbiologische Doktorarbeit. http://vts.uni-ulm.de/doc.asp?id=7022.

Süßlin, W. (Institut für Demoskopie Allensbach) im Auftrag der Vodafone Stiftung (2012): *Lehre(r) in Zeiten der Bildungspanik: Eine Studie zum Prestige des Lehrerberufs und zur Situation an den Schulen in Deutschland,* www.vodafone-stiftung.de/scripts/getdata.php?DOWNLOAD=YES&id=16556.

Teepe, H. (2005): *Welche Bedeutung haben die Neurowissenschaften für die Fremdsprachendidaktik? Eine pro- und retrospektive Studie in Bezug auf Theorie und Praxis.* Rheinisch-Westfälische Technische Hochschule Aachen, Dissertation. http://dnb.info/975934724/34.

Vision Kino GmbH – Netzwerk für Film- und Medienkompetenz (2012): *Im falschen Film?* Eine Unterrichts-DVD zu Fragen des Urheberrechts und zum Schutz des geistigen Eigentums. Berlin. www.visionkino.de.

Von Campenhausen, J. (1996): Gefahrlos. In: *Die ZEIT online*. http://pdf.zeit.de/1996/40/Gefahrlos.pdf.

Die Welt (2011): Taxifahrer in London haben mehr graue Zellen. http://www.welt.de/wissenschaft/article13763013/Taxifahrer-in-London-haben-mehr-graue-Zellen.html